# 《美国-墨西哥-加拿大协定》研究

张小波　著

西南财经大学出版社

中国·成都

**图书在版编目(CIP)数据**

《美国-墨西哥-加拿大协定》研究/张小波著.
成都:西南财经大学出版社,2024.10. --ISBN 978-7-5504-6439-1

Ⅰ.F744

中国国家版本馆 CIP 数据核字第 2024KP6645 号


《美国-墨西哥-加拿大协定》研究
《MEIGUO-MOXIGE-JIANADA XIEDING》YANJIU

张小波　著

责任编辑:李思嘉
责任校对:李　琼
封面设计:墨创文化
责任印制:朱曼丽

| | |
|---|---|
| 出版发行 | 西南财经大学出版社(四川省成都市光华村街55号) |
| 网　　址 | http://cbs.swufe.edu.cn |
| 电子邮件 | bookcj@swufe.edu.cn |
| 邮政编码 | 610074 |
| 电　　话 | 028-87353785 |
| 照　　排 | 四川胜翔数码印务设计有限公司 |
| 印　　刷 | 郫县犀浦印刷厂 |
| 成品尺寸 | 170 mm×240 mm |
| 印　　张 | 13.75 |
| 字　　数 | 221 千字 |
| 版　　次 | 2024 年 10 月第 1 版 |
| 印　　次 | 2024 年 10 月第 1 次印刷 |
| 书　　号 | ISBN 978-7-5504-6439-1 |
| 定　　价 | 78.00 元 |

# 前言

　　本书全面探讨了《美国-墨西哥-加拿大协定》，对该协定的来源、谈判历程、与《北美自由贸易协定》（NAFTA）以及《跨太平洋伙伴关系协定》（TPP）之间的联系与差异进行了系统研究。此外，书中采用历史分析和比较研究的方法，较全面地参考了国内外相关文献，详细解读了条文的主要内容和变化，对美国贸易政策和北美自由贸易区的政策变化进行了剖析，阐述了该协定对三国经济的影响，以及对全球贸易体系可能产生的效应。笔者期望本书能够为《美国-墨西哥-加拿大协定》相关研究和实践工作提供参考和启发。

　　截至 2024 年年初，该协定已运行一段时间，并且出现了一些新变化和发展。笔者计划对该协定的运作进行跟踪研究。时间推移和国际形势的变化给世界经济带来了新挑战。因此，笔者期待进一步深入研究，从而以更加全面和更新的视角阐释《美国-墨西哥-加拿大协定》对北美地区乃至全球其他相关国家经济的影响。

　　本书的完成离不开 2020 年 1—10 月笔者在加拿大阿尔伯塔大学中国学院作为访问学者的经历。中国学院的院长 Gordon Houlden（侯秉东）教授和副院长王佳给予了笔者莫大的支持和帮助，在此表示感谢！笔者也特别感谢中加交流学者项目（2019—2020 年）的资助。该项目的经费支持为笔者的研究提供了必要的资源。同时，借此机会，笔者还要感谢父母的辛勤培育和无私奉献。

张小波

2024 年 2 月 21 日

# 目录

# 第一章 导论

## 第一节 研究背景及意义

2018 年 9 月 30 日夜间，美国与加拿大两国政府在谈判截止期限前宣布，双方就更新的《北美自由贸易协定》(The North American Free Trade Agreement, NAFTA) 达成了最终框架协议。在此之前，美国与墨西哥两国政府已于 2018 年 8 月 24 日达成了双边贸易协定。这就标志着美国与加拿大和墨西哥在经过了一年多艰巨的拉锯战后，最终完成了《北美自由贸易协定》(North America Free Trade Agreement, NAFTA) 的重新谈判。2018 年 11 月 30 日，美墨加三国领导人在阿根廷出席二十国集团（G20）峰会期间，签署了新的协定。这份协定被美方命名为《美国-墨西哥-加拿大协定》(The United States-Mexico-Canada Agreement, USMCA)。在不同背景和语境下，该协定也被称为"新北美自由贸易协定"或者《北美自由贸易协定》2.0"。2019 年 6 月 19 日，墨西哥国会参议院以 114 票对 4 票的压倒性优势通过该协定，使其成为三个国家中首先获得立法批准的国家。2019 年 12 月 10 日，美国、墨西哥和加拿大在墨西哥城签署了《美国-墨西哥-加拿大协定》的修订版。2019 年 12 月 19 日和 2020 年 1 月 16 日，美国众议院和参议院分别投票通过修订后的《美国-墨西哥-加拿大协定》。2020 年 3 月 13 日，加拿大议会通过新协定，成为最后一个在立法层面通过新协定的国家。《美国-墨西哥-加拿大协定》于 2020 年 7 月 1 日正式生效，取代了《北美自由贸易协定》。

《美国-墨西哥-加拿大协定》对北美经济，甚至对世界经济，所带来的影响和挑战不可忽视。《美国-墨西哥-加拿大协定》是位于北美地区的美国、墨西哥和加拿大三个国家在《北美自由贸易协定》基础上更新的贸易协定，因此该协定的新变化主要是体现出北美三国之间经济利益的重新分配，对于其成员国的经济影响更为直接。但是《美国-墨西哥-加拿大协定》也包含着不少美国将中国作为遏制或者排斥对象的章节和条款内容，这些无疑将对中国经济的外部经贸环境产生潜在影响。该协定保留了《北美自由贸易协定》的基本框架，并与《跨太平洋伙伴关系协定》（Trans-Pacific Partnership，TPP）有着密切联系，同时出现了一系列重大变化。这些重大变化不仅直接影响美国、加拿大和墨西哥三国的经济前景，还会对中美、中加和中墨等双边经贸关系产生连锁反应。该协定体现了美国政府新的贸易谈判策略。《美国-墨西哥-加拿大协定》中的变化体现在多个方面，如第三十二章第十款的"非市场经济"条款，以及有关宏观经济政策和汇率事项、知识产权、国有企业、数字贸易和金融服务等新规定。这些变化很可能对未来美国与日本、欧盟以及脱欧后的英国等经济体之间的贸易谈判产生影响，甚至对世界贸易组织（World Trade Organization，WTO）的改革走向产生示范效应。因此，《美国-墨西哥-加拿大协定》对北美经济和世界经济的影响和潜在挑战不可小觑。它将对北美和全球贸易格局，以及国际贸易规则产生重要影响，并引发其他国家在贸易谈判中的借鉴和调整。

## 第二节　国内外研究现状

　　《美国-墨西哥-加拿大协定》的国内外相关学术研究包括对其前身《北美自由贸易协定》和其本身两个方面的研究。大量国内外学者从不同的研究目的、不同的分析视角，运用不同的方法论，对《北美自由贸易协定》和《美国-墨西哥-加拿大协定》进行了论述和分析，从而从不同方面对《北美自由贸易协定》和《美国-墨西哥-加拿大协定》的相关研究作出了重要贡献，在整体上形成了丰富和比较完整的学术文献。

### 一、国内研究现状

　　从 20 世纪 90 年代初期开始，随着全球化的不断深入和区域经济一体化的发展，国内学术界相继出版和发表了大量与《北美自由贸易协定》以及北美自由贸易区的创立、发展和影响等相关话题的学术专著和期刊论文。这些文献极大地丰富了对《北美自由贸易协定》的相关研究。

在学术专著方面，陈芝芸在《北美自由贸易协定：南北经济一体化的尝试》中对《北美自由贸易协定》产生的背景、基本内容和主要特点进行了前瞻性研究；梁丹妮在《〈北美自由贸易协定〉投资争端仲裁机制研究》一书中，以投资争端仲裁机制为研究对象，深入剖析了《北美自由贸易协定》中的投资争端仲裁机制的理论分析和投资争端案件；史晓丽在《北美自由贸易区贸易救济法律制度研究》一书中，对北美自由贸易区贸易救济法律制度进行了研究；叶兴平在《国际争端机制的最新发展：北美自由贸易区的法律与实践》中，侧重分析《北美自由贸易协定》中的国际争端机制的发展与实践。叶兴平和陈满生对《北美自由贸易协定》文本文件进行了翻译。在期刊论文（中文社会科学索引 CSSCI）方面，对《北美自由贸易协定》的研究大致分为两个时期。第一个时期是 1992—1994 年，即《北美自由贸易协定》从签署到生效期间，贾怀勤、叶其湘、方东葵、王丽军、王海军、毕金华、黎国焜、邓力平、张忠如、罗丙志、宗合、江时学、杨斌、陈芝芸、刘清文、时学、吴桂兰等学者先后对《北美自由贸易协定》的达成以及其潜在影响进行了前瞻性的探讨。第二个时期是在《北美自由贸易协定》生效后，柳松、晓渔、陈芝芸，王绪苓、单沙、周忠菲、佟福全、刘文龙、向宠、黎国焜、高静、徐世澄、古国耀、王传龙、王晓德、仇华飞、白当伟、陈漓高、杨志敏、王翠文、张勇、李阳、谌园庭、冯峰、贺双荣、张学良、冯雷、郑秋生、赵海英、朱颖、张佳睿等学者对《北美自由贸易协定》的特点、运行效果以及影响（包括对成员国及世界经济的影响）进行了评估，其中特别是在《北美自由贸易协定》生效后的 10 周年前后出现了大量相关研究。除此之外，还有一些学者侧重于对《北美自由贸易协定》中的某些特定章节或者专门议题进行研究：张嵛青分析了《北美自由贸易协定》与《关税及贸易总协定》(General Agreement on Tariffs and Trade，GATT）之间的关系；郑成思分析了《北美自由贸易协定》与该地区的知识产权法；王伶、陈继勇、叶兴平、秦建荣等学者侧重分析《北美自由贸易协定》中的争端解决机制；邓子健、邓力平分析了北美自由贸易区与税收一体化；李寿平、柯建暖、冷木、肖曼、邹宁华、王效文等学者分析了《北美自由贸易协定》中的环境问题；胡建新、周桂荣、侯亚峰等学者分析了《北美自由贸易协定》对中国的影响；郭燕、历力、周芳文、朱雅妮、沈玉良、高磊等分析了《北美自由贸易协定》中的原产地规则；陈继勇、李婧、任学强、魏卿、张圣翠等学者分析了《北美自由贸易协定》中的投资规则问题；田素华分析了北美自由贸易区中的货币一体化前景；吴曼嘉分析了《北美自由贸易协定》中的劳工条款。

在《北美自由贸易协定》重新谈判期间，李春顶、张志敏、刘学东等学者分析了《北美自由贸易协定》重新谈判的动因、前景及潜在影响。自美国和加拿大自 2018 年 9 月 30 日达成协议以来，《美国－墨西哥－加拿大协定》的相关研究不断涌现。唐小松、孙玲、王学东、魏红霞、张小波、李成等学者分析了《北美自由贸易协定》重新谈判的起因和各方利益博弈，以及《美国、墨西哥－加拿大协定》的新变化和潜在影响。欧阳俊、邱琼分析了《美国－墨西哥－加拿大协定》中的目标、原则和治理机制。洪朝伟、崔凡分析了《美国－墨西哥－加拿大协定》对全球经贸格局的影响。王丽丽、李玉梅分析了《美国－墨西哥－加拿大协定》对中国出口贸易的影响及中国的对策。宋利芳、武皖分析了《美国－墨西哥－加拿大协定》对中墨经贸关系的影响及中国的对策。张生、张庆麟、殷敏、钟俐等学者分析了《美国－墨西哥－加拿大协定》中投资争端解决机制的新变化及影响。万军分析了《美国－墨西哥－加拿大协定》对北美三国投资的影响。廖凡、刁大明、宋鹏、王翠文等学者分析了《美国－墨西哥－加拿大协定》中反映的美国特朗普政府时期的单边主义、霸权主义及国内政策考量。吕晓莉分析了加拿大在《北美自由贸易协定》重新谈判中的利益博弈及《美国－墨西哥－加拿大协定》中特定于加拿大的条款变化。李西霞分析了《美国－墨西哥－加拿大协定》中的劳工标准的发展动向及潜在影响。孙益武、周念利、陈寰琦等学者分析了《美国－墨西哥－加拿大协定》中数字贸易规则的新变化及影响。陈靓、武雅斌分析了《美国－墨西哥－加拿大协定》中的服务贸易规则的新发展及影响。孙南翔分析了《美国－墨西哥－加拿大协定》中关于"非市场经济"国家的约束及其合法性。

## 二、国外研究现状

《北美自由贸易协定》的国外文献非常丰富。鉴于《北美自由贸易协定》对美墨加三国经济的重要性，北美的高校、智库、国会和政府相关的研究机构、商界团体等都发表过大量关于《北美自由贸易协定》的研究成果。通过使用谷歌学术搜索以"NAFTA"为标题的英语文献，文献（论文、报告和专著）总共有 4 440 篇；而通过使用谷歌学术搜索以 "North American Free Trade Agreement" 为标题的英语文献，文献（论文、报告和专著）总共有 741 篇。在《北美自由贸易协定》1994 年生效的前后一年（1993—1995 年）是《北美自由贸易协定》英语文献的高峰时期：前者共有 759 篇文献，占比 17.25%；后者为 226 篇文献，占比 30.5%。在《北美自由贸易协定》生效 10 周年的前后一年（2003—2005 年），《北美自由贸易协定》英语文献出现了第二次高峰，前者共有 577 篇文献，后者共有 35 篇文献。在《北美自由贸易协定》重新谈判期间（2017—2018 年），相关的英语文献出现了第三次高峰，前者共有 257 篇文献，后者共有 28 篇文献。在《北美自由贸易协定》的英语文献中，贸易、投资、劳工、环境、金融服务等为主要议题。

在《北美自由贸易协定》重新谈判期间，除了北美高校，北美大量知名智库如布鲁金斯学会、彼得森国际经济研究所、卡托学会、弗雷泽研究所、可持续性发展大数据国际研究中心、美国国会研究服务部、加拿大全球事务部等纷纷发布和出版了大量研究报告和书籍，对《北美自由贸易协定》进行了评估，以及对《北美自由贸易协定》重新谈判和未来走向进行分析。在美国和加拿大于 2018 年 9 月 30 日达成协议后，美国贸易代表办公室和加拿大全球事务部先后就《美国-墨西哥-加拿大协定》中出现的最新变化发布了公告，进行了详细说明，涉及原产地规则、知识产权、农业、中小企业、数字贸易、服务贸易、国有企业、劳工标准、环境保护、宏观经济和汇率政策等具体章节的新变化。加拿大弗雷泽研究所于 2018 年 11 月发布了《美国-墨西哥-加拿大协定：概述与展望》研究报告。美国贝克公共政策研究所于 2018 年 11 月 18 日发布了《美国-墨西哥-加拿大协定：概述与分析》。美国传统基金会于 2019 年 1 月 28 日发布了《美国-墨西哥-加拿大协定的分析》研究报告。国际货币基金组织于 2019 年 3 月发布了《从北美自由贸易协定到美国-墨西哥-加拿大协定：得到什么好处?》研究报告。美国国际贸易委员会于 2019 年 4 月 19 日发布了全面综合的《美国-墨西哥-加拿大协定对美国经济和特定行业的可能影响》研究报告。美国战略与国际研究中心于 2019 年 4 月发布了《原产地规则对供应链的影响：以美国-墨西哥-加拿大协定的汽车规则为例》。加拿大全球事务部于 2020 年 2 月 26 日发布了针对新协定对加拿大的经济影响的评估报告。

美国国会于 2020 年 3 月 2 日发布了《北美自由贸易协定与美国-墨西哥-加拿大协定》研究报告。同时，一些北美知名智库研究人员、高校教师、政府官员和法律专家对《美国-墨西哥-加拿大协定》进行了分析。彼得森国际经济研究所、卡托研究所等北美研究机构的研究人员针对《美国-墨西哥-加拿大协定》发布了大量评论，批评了新协定包含的贸易保护主义。他们分析了新版协定在环境和劳工、国有企业规则以及数字贸易方面的变化以及与《跨太平洋伙伴关系协定》相关规则的联系。克里斯蒂安·戈梅兹（Christian Gomez）分析了新协定与《北美自由贸易协定》和《跨太平洋伙伴关系协定》之间的联系。斯图尔特和斯图尔特律师事务所（Stewart and Stewart）逐条比较了新协定与《北美自由贸易协定》和《跨太平洋伙伴关系协定》之间的差异。梅丽莎·西里尔（Melissa Cyrill）特别分析了《美国-墨西哥-加拿大协定》对中国汽车零部件行业的影响。加拿大亚太基金会的专家休·斯蒂芬（Hugh Stephens）分析认为，《美国-墨西哥-加拿大协定》中的"非市场经济"条款特别针对中国。《华盛顿观察报》《国家邮报》《全球邮报》等大量北美媒体也纷纷发表了针对该"非市场经济"条款的评论。

### 三、国内外研究的不足

上述文献为本书的研究奠定了重要基础，但是仍存在着一些不足。第一，国内相关学术文献集中于《北美自由贸易协定》以及北美自由贸易区的研究，但是针对《北美自由贸易协定》重新谈判和《美国-墨西哥-加拿大协定》的新变化，国内媒体曾有大量报道新协定中"毒丸条款"，虽然已出现了一些学术研究，但是尚未形成规模化的学术性系统研究。第二，北美已经出现大量的相关学术研究，值得借鉴，但是国外文献侧重分析《美国-墨西哥-加拿大协定》对北美三国的利益分配和影响，但是《美国-墨西哥-加拿大协定》对世界经济和中国的影响分析不够充分，而且一些分析带有较强的西方价值观倾向。

## 第三节　研究思路和基本结构

### 一、本书的研究思路

本书旨在通过对《美国-墨西哥-加拿大协定》这一新生贸易协定的起源探究、《北美自由贸易协定》重新谈判的时事跟踪、《美国-墨西哥-加拿大协定》与《北美自由贸易协定》和《跨太平洋伙伴关系协定》之间的联系与差异的剖析、《美国-墨西哥-加拿大协定》的基本内容和新变化的详细说明，从而形成对《美国-墨西哥-加拿大协定》较为全面系统的论述，进而客观评估《美国-墨西哥-加拿大协定》的潜在影响，并且为我国应对《美国-墨西哥-加拿大协定》带来的挑战提供相关建议。

本书主要采用了历史分析法、比较分析法、文本分析、文献分析法等研究方法：本书运用发展、变化的观点分析从《北美自由贸易协定》到《美国-墨西哥-加拿大协定》的历史发展；比较《美国-墨西哥-加拿大协定》与《北美自由贸易协定》以及《跨太平洋伙伴关系》之间的差异；分析《美国-墨西哥-加拿大协定》出现新变化和基本特点，以及造成的影响；重视对《美国-墨西哥-加拿大协定》文本的分析，在研究中查证了美国代表办公室和加拿大全球事务部发布的《美国-墨西哥-加拿大协定》官方文件，借鉴了北美研究机构的研究成果，同时参考了国内相关文献，形成了比较全面的文献资料系统。

本书对北美自由贸易区经贸规则的重构以及影响等现实问题进行了比较深入的探讨和分析，有助于我们把握北美区域经济发展态势，亦可初步评估我国外部经贸环境所面临的挑战。鉴于《美国-墨西哥-加拿大协定》对我国外部经贸环境带来的影响和挑战不可忽视，该研究具有一定的理论和应用价值。

本书具有交叉性学科特点。本书以美墨加三国之间的政治经济利益博弈为核心分析范式，同时结合全球政治经济学的分析范式，通过利用传统经济一体化理论和贸易区域主义中的国家利益分配理论，从多维理论视角特别是贸易协定中的经济利益博弈以及国内政治因素，来解读从《北美自由贸易协定》到《美国-墨西哥-加拿大协定》的历史发展、变化及影响。

本书借鉴了包括北美研究机构在内的国内外关于《美国-墨西哥-加拿大协定》相关文献，剖析了美国政府贸易政策的特点和北美自由贸易区贸易规则的政策变化，其研究成果期望对于推动《美国-墨西哥-加拿大协定》研究的深度和广度起到抛砖引玉的作用，对于政府官员、商界人士，以及经济学、国际法、国际关系等学科领域的高校研究人员，具有一定的参考价值。

## 二、本书的基本结构

本书共分为六章：

第一章为"导论"。该章介绍了研究的背景及意义、相关文献、研究思路及基本结构。

第二章为"《美国-墨西哥-加拿大协定》的前身：《北美自由贸易协定》"。该章讨论了《北美自由贸易协定》的产生背景及形成过程、基本条文和管理机构，以及主要特点。

第三章为"《北美自由贸易协定》的积极影响、消极影响、争议及重新谈判"。该章分析了《北美自由贸易协定》的积极影响、消极影响、争议以及重新谈判的经历和结果。

第四章为"《美国-墨西哥-加拿大协定》的利益博弈、基本内容及新变化"。该章探讨了《美国-墨西哥-加拿大协定》中的利益博弈、基本内容，以及与《北美自由贸易协定》和《跨太平洋伙伴关系协定》之间的联系及新变化。

第五章为"《美国-墨西哥-加拿大协定》主要章节及条款的新变化"。该章详细介绍了《美国-墨西哥-加拿大协定》中新增章节的基本内容，重大修订章节的新变化，以及其他修订章节的新变化。

第六章为"《美国-墨西哥-加拿大协定》对北美地区及成员国的影响及争议"。该章分析了《美国-墨西哥-加拿大协定》对北美地区及成员国经济的影响及争议，包括对北美经济一体化，以及对美国、加拿大和墨西哥的具体影响及争议。

# 第二章 《美国-墨西哥-加拿大协定》的前身:《北美自由贸易协定》

《美国-墨西哥-加拿大协定》是基于其前身,即《北美自由贸易协定》基础上的更新和升级版。它由美国、墨西哥和加拿大三国经过激烈商定谈判而达成的。《北美自由贸易协定》于 1994 年 1 月 1 日正式生效,对北美地区的贸易投资关系进行了根本性的重塑,并对北美地区的经贸关系乃至世界经济走向产生了重要影响。本章首先会讨论《北美自由贸易协定》的产生背景及过程,其次介绍该协定的基本条文和相关机构,最后分析其主要特点和贡献。

## 第一节 《北美自由贸易协定》产生的背景及过程

《北美自由贸易协定》是由美国、加拿大和墨西哥于 1992 年 8 月 12 日最终达成协议的。随后,该协定于同年 12 月 17 日由美国时任总统乔治·赫伯特·沃克·布什(George Herbert Walker Bush,以下简称"老布什")、墨西哥时任总统卡洛斯·萨利纳斯(Carlos Salinas de Gortari)和加拿大时任总理马丁·布莱恩·马尔罗尼(Martin Brian Mulroney)分别在华盛顿、墨西哥城和渥太华正式签署。接着,经过三国各自立法机构或政府的批准,该协定最终于 1994 年 1 月 1 日正式生效。《北美自由贸易协定》的生效标志着当时世界上最大的自由贸易区,即北美自由贸易区的成立。按照1994 年的统计数据,北美自由贸易区的美墨加三国共拥有 3.9 亿人口,面积超过 2 130 多万平方千米，国内生产总值高达 10.5 万亿美元，年出口总额近 1.68 万亿美元，进口总额约 1.8 万亿美元，整体的经济实力和市场规模在当时都超过欧洲联盟①。从历史的角度来看，美国、加拿大与墨西哥在各自的政治制度、经济实力和文化特色上均存在着差异，三个国家对组成北美自由贸易区的动机和目的各不相同。美国与墨西哥和加拿大三国之所以最终能够达成《北美自由贸易协定》，是因为其背后有着深刻的历史背景。

## 一、《北美自由贸易协定》产生的历史背景

从本质上讲，北美自由贸易区是一个以美国为核心的区域经济合作组织。《北美自由贸易协定》在很大程度上反映了美国在北美地区进行区域经济合作中的战略意图。在该区域内部，美国拥有绝对的主导地位。根据当时的人口和经济实力对比，美国约占总人口的三分之二和总经济实力的90%；而加拿大仅占总人口的7%和总经济实力的8%；墨西哥虽然拥有总人口的26%，但经济实力不到总经济实力的2%。美国在《北美自由贸易协定》的构思、议程推动和最终签署过程中发挥了主导作用。北美自由贸易区的建立是美国对外贸易战略的历史延续和进一步发展。美国在建国后的很长时间内，美国的第一任财政部部长亚历山大·汉密尔顿（Alexander Hamilton）的贸易保护主义思想对其产生了深刻的影响，高关税贸易政策曾经成为保护本国幼稚产业的重要手段。但是 1929—1933 年那场影响世界的经济大萧条，以及 1930 年关税法案造成的经济混乱，引发了美国国内关于对外贸易政策的大辩论。这场辩论导致美国在对外贸易政策上发生了彻底的方向性变化。1934 年，美国时任总统富兰克林·德拉诺·罗斯福（Franklin Delano Roosevelt，以下简称"小罗斯福"）签署了《互惠贸易协定法案》。该法案授权行政部门与其他国家进行双边谈判，以取得关税减让互惠贸易协定。人们普遍认为，这项法律成为美国对外贸易和全球贸易政策的转折点，它开创了美国走向全球自由贸易政策的时代②。1934—1945，美国与 27 个国家签署了 32 项互惠贸易协定。二战后，美国注重

---

① 陈芝芸. 北美自由贸易协定：南北经济一体化的尝试 [M]. 北京：经济管理出版社，1996：3；李云，张敏. "让人欢喜让人忧"：浅谈世界经济形势及其对中国经济发展的影响 [J]. 延安大学学报（社会科学版），1995（2）：41-44.

② HISCOX M J. The magic bullet? The RTAA, institutional reform, and trade liberalization [J]. International organization, 1999, 53（4）：669-698.

以《关税及贸易总协定》为基本框架的多边贸易谈判，致力降低各国关税和其他贸易壁垒。自 20 世纪 80 年代中后期以来，美国的对外贸易政策经历了显著的变化，即尽管仍然重视多边贸易谈判，但更加注重双边和区域性贸易谈判。这一政策转变主要是因为美国在世界经济中的地位有所下降，并且 1986 年开始的乌拉圭回合多边贸易谈判进展缓慢，美国感到自身利益难以得到满足，因此寻求建立区域经济集团来应对新兴竞争对手。相比之下，1986 年欧洲共同体通过了《欧洲单一法案》，日本在 20 世纪 80 年代中后期提出了发展东亚经济圈的构想。因此，美国试图提高其在西半球的经济战略地位，以抵消欧洲经济一体化和日本经济崛起等外部压力的影响。美国先后与以色列、加拿大等国签署了双边自由贸易协定，并提出了建立北美自由贸易区的战略构想。美国的对外贸易战略旨在通过双边和区域性贸易投资合作，推广其主导下的双边和区域性贸易规则，并为美洲乃至全球的多边贸易谈判提供借鉴。

美国和加拿大两国之间紧密的双边战略伙伴关系，特别是《美加自由贸易协定》的签署，为《北美自由贸易协定》的确立奠定了基础。作为北美经济一体化的制度保障，《北美自由贸易协定》是北美地区长期而持续发展的成果。美加两国之间的紧密经济联系由来已久。早在 1854 年，美国与英属殖民地加拿大就签署了一项互惠条约，明确规定了双方商品免税进入对方市场。根据该条约，包括谷物、木材、面粉、煤炭、牲畜、肉类、鱼类等商品在内的货物可以自由贸易。此外，该条约还开放了加拿大的圣劳伦斯河和美国的密歇根湖，实现了双方的自由通航。双方还共同利用北纬 36°以北的大西洋沿海渔场，允许双方渔民自由捕捞。这些早期的互惠条约为美国和加拿大之间的经济合作奠定了坚实基础，并为后来的贸易协定和合作关系的发展打下了重要基础。在二战期间，加拿大与美国作为盟国，开始建立起稳定的经济和防务合作关系。具体而言，1940 年 8 月 17 日和 1941 年 4 月 20 日，加拿大时任总理威廉·莱昂·麦肯齐·金（William Lyon Mackenzie King）和美国时任总统小罗斯福先后进行了两次重要的会晤。这两次会晤达成了《奥格登斯堡宣言》和《海德公园宣言》等协议，从此两国关系密切程度迅速提升，双方的合作领域不断扩大，合作成果不断深化。在二战后，加拿大获得了大量来自美国公司的投资。由于与美国地理接壤、政治制度和文化相近，加拿大与美国之间的人员往来日益频繁，两国形成了特殊的合作关系。尽管加美关系存在一定程度的不对称性，有时加拿大会顾忌本国经济独立性而产生经济民族主义情绪，但随着历史的发展，两国形成了日益紧密的经贸关系。1965 年，加拿大和美国签署了《美加汽车产品贸易协定》，这标志着跨境供应链一体化概念的实质性进展。在 20 世纪 80 年代初，加拿大遭受失业率增加和竞争力下降的痛苦。1984 年，保守党执政后，马尔罗尼政府坚信需要通过走吸引外资、扩大贸易等经济自由化和市场化道路，才能促进加拿大的经济繁荣。1986 年，为了满足经济发展的需要以及对美国商品出口贸易提供保障，加拿大与美国开始进行自由贸易协定的谈判。1988 年 1 月 2 日，美国和加拿大签署了《美加自由贸易协定》。该协定于 1989 年 1 月 1 日正式生效。《美加自由贸易协定》为消除两国在商品和劳务方面的贸易壁垒、协调贸易争端，改善投资环境起到了积极作用。同时，它为后来的《北美自由贸易协定》的条款制定和谈判奠定了重要的基础。

墨西哥从 20 世纪 80 年代初开始进行的一系列贸易自由化改革，以及它随后对美国外交政策的立场转变，特别是改革后，对美加出口市场和吸引外资的需求增多，构成了《北美自由贸易协定》产生的另外一个重要背景。墨西哥与美国、加拿大两国在政治、经济和文化上存在着较大差异。由于美国在历史上曾经多次侵犯墨西哥，墨西哥人民一直对他们的北方强邻心怀戒备。二战后，墨西哥长期实行进口替代的工业发展战略。20 世纪 70 年代，墨西哥注重与第三世界国家的交往，强调多元化外交。然而从 20 世纪 80 年代初开始，墨西哥国内出现了增长停滞、高通货膨胀和资本外逃等众多经济问题，在国际上则是面临着国际债务危机和第二次石油危机的冲击。为了摆脱经济困境，从米格尔·德拉马德里·乌尔塔多（Miguel de la Madrid Hurtado）执政（1982—1988 年）开始，尤其在萨利纳斯执政期间（1988—1994 年），墨西哥进行了一系列贸易自由化的改革措施：逐步减少对进口许可证的限制；增加商业政策的透明度；简化行政手续；等等。1986 年，墨西哥成为《关税及贸易总协定》的成员，承诺将最高关税从 100% 降至 50%，后来进一步降至 20%。萨利纳斯政府大力调整了对外政策，强调以经济为主旨，注重发展与美国和加拿大的经济贸易合作，寻求实现经济一体化的发展道路。在美加签署了自由贸易协定后，萨利纳斯为了扭转墨西哥在北美经济格局中的不利经济地位，积极主张与美加签署自由贸易协定。墨西哥政府期望稳定外资对其进行贸易自由化改革的信心，吸引更多外来投资以刺激经济；通过引进美加两国的先进技术和管理来完成墨西哥的工业结构转型；扩大对美国和加拿大的商品出口贸易规模，以增加墨西哥的就业机会。

## 二、《北美自由贸易协定》产生的过程

我们不能不看到，北美自由贸易区的建设是一个长期和复杂的过程。因此，《北美自由贸易协定》从早期的设想、酝酿、谈判到签署和生效，经历了漫长而持续积累的发展历程。

（一）北美自由贸易区和《北美自由贸易协定》的早期思想

关于设立北美自由贸易区的思想，最早可以追溯至美国时任总统小罗斯福针对与拉美国家的外交政策提出的睦邻政策（good neighbor policy）。1933 年 3 月 4 日，小罗斯福在就职宣誓上提出了睦邻政策，旨在缓解与拉美国家的紧张关系，并重申美国对拉丁美洲的影响。该政策的主要原则是不干涉拉丁美洲内政。小罗斯福提出美国将成为"好邻居"并与拉美国家进行互惠交流的想法。他在宣誓中讲到"至于外交政策方面，我会尽本国所能，来作一个好邻居，尊重本国也尊重其他国家的权利，尊守它与世界其他邻居许下的诺言"。总的来说，小罗斯福政府期望这一新政策将以互惠形式带来新的经济发展机会，将促进美国与拉美国家合作的理念。在二战期间，睦邻政策的重要目的还在于劝说拉美国家加入二战盟军，并与美国保持良好的关系。一些国家比如墨西哥、哥伦比亚和委内瑞拉等，很快加入了二战盟军，并与美国保持良好关系。1940 年 8 月，为了抵制纳粹在拉丁美洲的宣传工作，美国还建立了美洲事务协调办公室。该机构对加强美洲内部经济商业领域的合作，以及文化交流活动起到了积极的促进作用。1943 年 4 月，小罗斯福在《星期六晚邮报》发表了《罗斯福的世界蓝图》。该文从世界主义出发，透露出他对二战后世界的设想和国际经济秩序的远景。他向美国人民提出忠告："我们美国人民有机会利用我们的影响支持建立一个更加统一、相互合作的世界。我们的所作所为将决定子孙后代的生活，至少能在我们控制的范围内。"[1]他首先提出了联合国这个名称。《联合国宪章》明确提出，要在国际金融和贸易领域采取有监管的自由贸易和市场开放的原则。

20 世纪六七十年代，世界各国的一些区域合作经验，特别是欧洲经济

---

① RATNER S. The tariff in American history [M]. New York：Van Nostrand，1972：155.

一体化和东盟等地区的区域经济合作经验，为北美自由贸易区的早期设想提供了启示。1957年，《罗马条约》建立了欧洲经济共同体和欧洲原子能共同体。20世纪七八十年代，欧洲经济体不断扩大，丹麦、爱尔兰、英国、希腊、葡萄牙、西班牙等国先后加入。1986年，《单一欧洲文件》使得单一欧洲市场得以建立，欧洲经济一体化进程加快。欧洲共同体为欧盟的成立奠定了基础。在亚洲范围内，马来亚（马来西亚前身）、菲律宾和泰国于1961年7月31日在曼谷成立了东南亚联盟，简称东盟。1967年8月8日，印度尼西亚、泰国、新加坡、菲律宾四国外交部部长和马来西亚副总理在曼谷举行会议，发表了《东南亚国家联盟成立宣言》，即"曼谷宣言"，正式宣告东盟成立，取代了东南亚联盟。以上这些区域经济合作化组织，体现出在全球化的背景下，相邻国家通过各自比较优势进行国际分工，签署贸易协定来消除贸易壁垒，从而达到合理配置资源，借助彼此经济合作来促进经济发展的目的。

（二）北美自由贸易区和《北美自由贸易协定》的酝酿讨论阶段

20世纪80年代前后，美国、加拿大和墨西哥在增强自身竞争力和推动经济增长方面都面临着各自特殊的挑战。在这种背景下，建立一个北美经济共同体的设想在北美学术界和政界开始酝酿讨论，甚至引起激烈的争论。一些加拿大经济学家研究了自由贸易协定可能带来的积极影响。他们得出结论：如果取消美国和加拿大的关税和其他贸易壁垒，加拿大工业能够以更大的规模进行更有效的生产，那么加拿大的国内生产总值将显著增加①。但是也有一些加拿大学者和政客，担心自由贸易会产生负面影响，特别是国际外包会导致资本外逃和就业不安全。他们还担忧与美国这个经济巨人建立更加紧密的经济联系，有可能会侵蚀加拿大的国家主权。20世纪80年代初，加拿大遭受失业率增加和竞争力下降的痛苦。1982年，加拿大的国内生产总值实际下降了3.4%，失业率上升到11%。人们还对美国日益增长的保护主义表示严重关切，因此考虑通过自由贸易协定来解决争端的呼声日益高涨。1982年，时任总理皮埃尔·艾略特·特鲁多（Pierre Elliot Trudeau，以下简称"老特鲁多"）的政府任命了加拿大经济联盟和发展前景皇家委员会（又称麦克唐纳委员会）。在1984年报告时，

---

① WONACOTT R, WONNACOTT P. Free trade between the United States and Canada: the potential economic effects [M]. Cambridge: Harvard University Press, 1967; HARRIS R G, COX D. Trade, industrial policy, and Canadian manufacturing [M]. Toronto: Ontario Economic Council, 1984.

委员会的主要建议之一就是与美国就自由贸易协定进行谈判，理由是自由贸易可以确保加拿大产品进入美国，并且增强加拿大的市场竞争力。1984年9月，获得大选的新总理马尔罗尼接受了这一建议，并计划在接下来的几年里将这一目标变为现实。

在美国方面，因为石油危机和世界经济危机的影响，一些美国实业界和政界的著名人士受到欧洲经济一体化的启示，开始思索酝酿建立由美国、加拿大和墨西哥组成的"北美共同市场"，但是在当时并没有引起美国国会和政府足够的重视。1979年，美国国会要求吉米·卡特（Jimmy Carter）总统的贸易特别代表研究达成协议的办法。1979年，美国国会颁布的贸易协定法案中，涉及美国与加拿大、墨西哥等国进行自由贸易协定谈判的立法管辖。1979年11月，罗纳德·威尔逊·里根（Ronald Wilson Reagan）在宣布参选美国总统的时候，因为受到1957年《罗马条约》和欧洲经济一体化的启示，首次正式提出了类似于《北美自由贸易协定》的想法。他提出了一项称为是没有贸易壁垒的"北美协议"，使得商业活动和民众可以自由跨越加拿大和墨西哥两国的边境。里根在他的竞选演讲中，讲到"我们生活在一个三个国家拥有资产使其成为地球上最强大、最繁荣和自给自足地区的大陆上。在这个北美大陆的边界内有食物、资源、技术和未开发的领上，如果管理得当，它们可以极大地提高所有居民的生活质量""加拿大、墨西哥和美国之间不断发展的亲密关系，即一项北美协议，这将使每个国家能够实现潜力""通过发展紧密合作的方法，我们将为更加广泛、更加重要的合作奠定基础"①。里根在入主白宫成为美国总统后，一直对自由贸易推崇备至，在多种场合赞扬自由贸易的好处。他曾经多次向墨、加两国领导人征求关于建立北美自由贸易区的意见，但是由于墨西哥和加拿大有民族主义情绪，担忧过于依赖美国而丧失国家独立性，一直没有得到积极回应。直到20世纪80年代中后期，建立北美自由贸易区才正式起步。

（三）《北美自由贸易协定》的萌芽阶段：《美加自由贸易协定》的产生

《北美自由贸易协定》的谈判分两个时期。第一个时期为美国与加拿大针对自由贸易协定的谈判。第二个时期为美国和墨西哥进行《美墨自由贸易协定》谈判，后加拿大加入，从而美国、加拿大和墨西哥就《北美自

---

① 参考1979年11月13日里根宣布参选美国总统时发表的演讲。

由贸易协定》进行谈判。《美加自由贸易协定》的谈判可以被视为《北美自由贸易协定》的起步或者萌芽阶段。《北美自由贸易协定》由《美加自由贸易协定》衍生而来，是在后者的基础上进一步扩展并改进而来的。从协定的发展过程来看，《北美自由贸易协定》可以被视为《美加自由贸易协定》的延续和扩展。

1984 年 9 月 4 日，保守党新领袖马尔罗尼在加拿大大选中成为加拿大总理。他随即接受了美国时任总统里根对他发出的在华盛顿举行双边会谈的邀请。1984 年 10 月 30 日，里根在白宫的玫瑰园内举行的仪式上，签署了贸易和关税法。这项法案授权总统获得特别权力机构能够更快地进行贸易协定谈判，由此就为后来的美国与加拿大和墨西哥进行自由贸易协定谈判做好了准备。1985 年 3 月，马尔罗尼与里根在会晤期间，探讨两国其后的经济构想。双方一致认为，在全球化背景下，美加两国应该加强经济合作、实行自由贸易的主张。1986 年 5 月，美国和加拿大就两国相互扩大市场以促进两国的贸易和投资，开始进行自由贸易协定的谈判。加拿大谈判代表团由财政部时任副部长西蒙·雷斯曼（Simon Reisman）率领，美国谈判代表团由美国驻日内瓦时任贸易代表彼得·墨菲（Peter O. Murphy）率领。《美加自由贸易协定》最终实现了实质性的自由贸易，取消了大部分剩余关税，自由贸易协定不仅覆盖商品贸易，而且包括双边劳务、投资、金融服务等众多议题。在谈判中，加拿大希望不受阻碍地进入美国经济市场，而美国则希望能够进入加拿大的能源和文化产业。最终，加拿大保留了保护其文化产业和教育、医疗等部门的权力，且一些资源（比如水资源）也被排除在协议之外。加拿大谈判代表还坚持保留争端解决机制。美方保证了在加拿大获得稳定的能源供应，并且改善了美国资本在加拿大的投资环境，提高了双边劳务贸易领域的自由化程度。在经历了一年多的艰苦谈判后，双方最终于 1987 年 10 月 4 日达成协定①。1988 年 1 月 2 日，美国时任总统里根和加拿大时任总理马尔罗尼分别代表两国的政府签署了《美加自由贸易协定》。1989 年 1 月 1 日，该协定正式生效。根据协定，有些商品进口关税自协定生效之日（1989 年 1 月 1 日）起立即取消；有些商品的进口关税在 5 年之内予以取消（每年减少 20%）；有些商品的进口关税在 10 年内取消（每年减少 10%）。到 1998 年，美加两国将取消全部进口关税。

---

① IBBITSON J. After 25 years, free-trade deal with US has helped Canada grow up [R]. Toronto: The Globe and Mail, 2012.

（四）《北美自由贸易协定》的准备阶段：《美墨自由贸易协定》谈判

在《美加自由贸易协定》生效一年后，即1990年，美国与墨西哥之间的自由贸易协定谈判重新回到议程上，这是经过10年的搁置后两国总统的互访所带来的结果。在此之前，里根政府曾经就建立北美自由贸易区的想法多次向墨西哥方面征求过意见，不过都遭到何塞·洛佩斯·波蒂略·帕切科（José López Portilloy Pacheco）和德拉马德里回绝。因为墨西哥与美国在历史上存在许多纠葛和冲突，所以墨西哥的外交政策长期以来注重维护国家利益和民族尊严，经济民族主义和反美情绪一直是墨西哥领导人巩固执政合法性的重要工具之一。然而，在20世纪80年代末至20世纪90年代初，随着冷战格局的急剧变化，以及墨西哥经济从内向型发展战略向外向型发展战略的转变，墨西哥普通民众开始对传统的外交模式产生疑虑。尤其是墨西哥以萨利纳斯为代表的新政治精英，他们大多在美国接受过教育，有亲美倾向，这为墨西哥改善与美国的关系提供了基础。他们希望通过加入北美自由贸易区来吸引外资，刺激墨西哥的经济发展。墨西哥政府认为需要一个大胆的贸易战略，消除两国数十年来的敌意，把墨西哥经济与美国经济牢固地联系起来，并将该国经济发展推向一个新的水平。先前美加两国签署的《美加自由贸易协定》，使得墨西哥在北美经济大格局中面临着被边缘化的处境。在这种背景下，1989年墨西哥在美国华盛顿设立办事处，不惜重金雇佣美国游说公司，去说服美国的高官和议员支持北美自由贸易区的设立。

1990年6月，墨西哥时任总统萨利纳斯在与美国时任总统老布什会谈中，提出与美国进行自由贸易协定的谈判。作为自由贸易倡导者里根的继任者，老布什接纳了萨利纳斯的提议。在冷战紧张氛围消退和自由贸易情绪上升以及墨西哥债务危机后改革等国际背景下，美国准备与它的南部邻国一道制定新的贸易发展战略，以便利用它低廉的劳动力资源和生产原料。1990年6月27日，老布什在白宫东厅向拉美国家外交使团发表讲话，提出了"开创美洲事业倡议"。该倡议宣布将要与拉美和加勒比海邻国建立一种"新的经济伙伴关系"，把开辟一个包括整个西半球的自由贸易区提上议事日程。在冷战后，美国对于与拉美国家经贸关系的设想中，北美自由贸易区成为在整个自由贸易网络中连接"美洲自由贸易区"的一个关键支柱。1990年8月8日，美国和墨西哥在两国部长联合声明中建议，双方将尽快正式开始自由贸易协定的谈判。1990年8月21日，墨西哥政府向布什政府发出正式信函，要求进行自由贸易协定谈判。1990 年 9 月 25 日，老布什正式通知美国国会，美国政府准备与墨西哥政府进行自由贸易协定的双边谈判。

（五）《北美自由贸易协定》的谈判、签署和批准阶段

对加拿大来说，美国宣布与墨西哥进行的自由贸易谈判给它造成了极大的压力。虽然加拿大已经在自己与美国双边贸易协定中锁定了对美国市场的优惠准入，但是它不愿看到自身的经济利益因为潜在的《美墨自由贸易协定》而受到侵蚀。同样作为一个发达国家，加拿大与美国一样，也对墨西哥潜在的出口市场、廉价的劳动力成本和生产资料抱有兴趣。加拿大决策者于 1991 年 2 月 5 日被邀请加入美墨双边贸易谈判的进程中，最终形成了三方的自由贸易谈判。《北美自由贸易协定》谈判于 1991 年 6 月正式启动。墨西哥寻求进入北美其他地区的全新市场准入，而加拿大和美国则借此机会对其现有的双边框架进行了改进。其中谈判异常复杂，但是协定许多部分采用的方法被证明具有变革性和持久性。墨西哥在美国要求的关于劳工和环境的平行协定等议题中做出了让步，但是它同时也维护了国家一些核心利益产业，如石油等能源部门不受《北美自由贸易协定》的规制。《北美自由贸易协定》还排除了包括与国家安全、加拿大文化产业有关的例外情况。最终美墨加三国在经历了 14 个月的艰苦谈判后，于 1992 年 8 月 2 日就《北美自由贸易协定》的文本原则上达成一致。1992 年 12 月 17 日，老布什虽然已经在美国总统大选中落败，但是抢在他即将离职前的一个月，与加拿大时任总理马尔罗尼及墨西哥时任总统萨利纳斯签署了《北美自由贸易协议》。这一时机的部分目的是让已经当选美国总统的比尔·克林顿（Bill Clinton）更难对《北美自由贸易协定》条文做出重大的改革[①]。老布什在协定签署后的当天，在白宫玫瑰园宣读了一项声明："通过签署《北美自由贸易协定》，我们致力于为我们的子孙后代创造更美好的未来。这项协定将消除全球最大的两个未设防边界的贸易和投资壁垒，并将美国与我们的第一和第三大贸易伙伴建立长期经济增长的伙伴关系。"[②]加拿大时任总理马尔罗尼在协定签署后发表声明说："《北美自由贸易协

---

① MILLER E. Remaking NAFTA: its origin, impact and future [R]. Ottawa: Canadian Global Affairs Institute, 2017.

② 参考老布什于 1992 年 12 月 7 日在美洲国家组织就《北美自由贸易协定》的讲话。

定》对加拿大的主要益处是将拓宽加拿大产品进入北美市场的渠道。"墨西哥时任总统萨利纳斯在协定签署当天也发表了讲话，声称："《北美自由贸易协定》给墨西哥带来了好处。因为它把我们和世界的经济中心联系起来了。""它给墨西哥带来了更多的就业机会，并降低了成本和提高了效率。"

虽然三国的政府首脑签署了《北美自由贸易协定》，但是该协定还需要经过立法机构的批准。然而，在当时，这一过程实际上变得非常艰难。1993 年 1 月，在美国总统选举中击败老布什的克林顿就任了美国总统。他曾在竞选中批评过《北美自由贸易协定》罔顾美国利益。同时，当时很多美国公众认为在《美加自由贸易协定》的基础上纳入相对落后的墨西哥，他们担心墨西哥的廉价进口商品会冲击美国市场，很多美国企业的投资会转向墨西哥，从而增加美国劳动密集型产业人员的失业率。因此，1993 年 8 月，超过三分之二的民主党众议员对《北美自由贸易协定》持反对立场，国会批准的概率非常小。但是，因为克林顿在上台后实行了以开拓国际市场，扩大出口为目标的贸易政策，他转向了去支持《北美自由贸易协定》。为了使该协定对其政党有利，克林顿要求增加两项附加协定，即《北美劳工合作协定》和《北美环境合作协定》，以保护劳工利益和环境。美国要求其合作伙伴遵守与自己类似的环境惯例和法规。附加协定也不受《北美自由贸易协定》争端解决机制的约束。不过，它们将建立体制机制，监测并在某种程度上温和地应对这三个国家的劳工和环境挑战。1993 年 8 月 13 日，美国、加拿大和墨西哥同时宣布，三国已就《北美自由贸易协定》的劳务和环境附加协定达成协议，从而最终为三国设立北美自由贸易区的道路扫清了障碍。

1993 年 10 月，加拿大也经历了国内政治的变革。早期的《美加自由贸易协定》就在加拿大国内引起过争议和分歧，并在 1988 年的加拿大大选中成为一个争论的焦点。在那次选举中，更多的加拿大选民投票支持反对自由贸易的自由党和新民主党。两党之间选票分散，支持自由贸易的进步保守党获得了最多的席位，使得加拿大议会批准了 1987 年的《美加自由贸易协定》。然而，随着马尔罗尼被金·坎贝尔（Kim Campbell）成为保守党领袖和总理，坎贝尔带领保守党参加了 1993 年 10 月的选举。他们在让·克雷蒂安（Jean Chretien）领导的自由党被彻底击败，后者竞选时批评前任在《北美自由贸易协定》谈判中让步过多，承诺重新谈判或废除该协定，尽管他的政纲宣布他原则上支持北美贸易协定。1993 年 11 月，克雷蒂安致电美国时任总统克林顿，要求重新谈判《北美自由贸易协定》的各个方面。然而，克林顿直截了当地拒绝了这一要求，并表示国会批准重新谈判的协议将非常困难。他指出，如果重新谈判协定，他将不得不再次提交谈判结果以供批准。克林顿告诉克雷蒂安，他可以选择取消《北美自由贸易协定》，或者接受原协定。他最多能做出一些表面上的让步，比如写一封信来表达美国对接管加拿大的能源和水资源不感兴趣。克雷蒂安选择了后者，并试图将克林顿写的信件描绘成美国对加拿大做出的一个重大让步，尽管在实际上克林顿的信件并没有法律约束力。1993 年 5 月 28 日，加拿大下议院以 140 票对 124 票通过了《北美自由贸易协定》。

　　为了确保《北美自由贸易协定》的通过，克林顿政府在美国国会展开了全面而密集的游说活动。它们不仅强调该协定将带来巨大的商机，还突出强调协定有助于推动墨西哥的民主化和市场化进程，进而在更广泛范围内传播美国的价值观，提升美国的国际领导地位。这种宣传战略在一定程度上缓解了许多人的担忧情绪。此外，各种利益集团出于经济利益的驱动加大了对国会的游说力度。这些因素共同导致议员们最终改变了立场。1993 年 11 月 17 日，美国众议院以惊险的投票结果，即 234 票对 200 票的微弱差距通过了《北美自由贸易协定实施法案》，支持率仅为 54%。这个协定的支持者包括 132 名共和党议员和 102 名民主党议员。接着，在参议院的投票中，1993 年 11 月 20 日以 61 票对 38 票通过协定，支持率达到62%。1993 年 12 月 8 日，克林顿签署了《北美自由贸易协定》，使其成为法律。在签署该协定时，克林顿发表了以下讲话："《北美自由贸易协定》意味着就业。美国将有更多高薪的工作。如果我不相信这一点，我就不会支持这项协定。""《北美自由贸易协定》将打破我们三国之间的贸易壁垒。它将创造世界上最大的贸易区，仅到 1995 年就将在这个国家创造 20 万个就业机会。我们政府谈判达成的环境和劳工方面的协定将使《北美自由贸易协定》成为促进社会进步和经济增长的力量。"①

　　1993 年 11 月 22 日，墨西哥参议院以 58 票对 2 票通过了《北美自由贸

---

① 参考克林顿于 1993 年 12 月 8 日在白宫就《北美自由贸易协定》发表的讲话。

易协定》。随后，墨西哥政府于 1993 年 12 月 8 日在联邦政府公报上正式公布了该协定。此外，墨西哥政府还于 1993 年 12 月 14 日颁布了《实施北美自由贸易协定的法令》，以及对各种法律的修改，以适应《北美自由贸易协定》的规定。

经过三年的波折，《北美自由贸易协定》最终成为现实。根据协定规定，自 1994 年 1 月 1 日起，美国、加拿大和墨西哥三个国家逐步取消了几乎所有商品贸易关税和其他非关税壁垒，这一过程在 15 年内完成。协定还规定，除了墨西哥的石油业、加拿大的文化产业以及美国的航空与无线电通信，大多数产业部门的投资限制被取消。协定放宽了白领工人的流动，但移民仍然受到限制。协定设立了由独立仲裁员组成的专门小组，负责解决因执行规定而产生的争端。如果因大量进口对某国国内工业造成损害，该国将被允许重新征收一定的关税。

## 第二节　《北美自由贸易协定》及附加协定的条文内容及相关机构

### 一、《北美自由贸易协定》的主要条文内容及相关机构

除序言以外，《北美自由贸易协定》的主要条文内容和框架（见表 2-1）包括 8 个部分（8 编），共 22 章、7 个附件以及 2 个平行协定。8 个部分涵盖：总则，货物贸易，技术性贸易壁垒，政府采购，投资、服务及相关事项，知识产权，行政与机构条款，其他规定。7 个附件包括《现行措施的保留与自由化承诺》《未来措施的保留》《国家保留的活动——墨西哥明细表》《最惠国待遇的例外》《数量限制》《其他承诺》和《保留、具体承诺和其他事项》。

表 2-1　《北美自由贸易协定》的主要条文内容及框架

| 序言 | |
| --- | --- |
| 第一编：总则 | 第一章：目标 |
| | 第二章：一般定义 |

表2-1(续)

| | 第三章：国民待遇与货物市场准入 |
|---|---|
| 第二编：货物贸易 | 第四章：原产地规则 |
| | 第五章：海关程序 |
| | 第六章：能源与基本石化产品 |
| | 第七章：农业、卫生与植物卫生措施 |
| | 第八章：紧急行动 |
| 第三编：技术性贸易壁垒 | 第九章：标准相关措施 |
| 第四编：政府采购 | 第十章：政府采购 |
| 第五编：投资、服务及相关事项 | 第十一章：投资 |
| | 第十二章：跨境服务贸易 |
| | 第十三章：电信 |
| | 第十四章：金融服务 |
| | 第十五章：竞争政策、垄断机构与国有企业 |
| | 第十六章：商务人员的临时入境 |
| 第六编：知识产权 | 第十七章：知识产权 |
| 第七编：行政与体制条款 | 第十八章：法律的公布、通报与实施 |
| | 第十九章：反倾销与反补贴税事项的审议与争端解决 |
| | 第二十章：机构安排与争端解决程序 |
| 第八编：其他规定 | 第二十一章：例外 |
| | 第二十二章：最后条款 |
| 附件一：《现有措施的保留和自由化承诺》。附件二：《未来措施的保留》。附件三：《国家保留的活动——墨西哥明细表》。附件四：《最惠国待遇的例外》。附件五：《数量限制》。附件六：《其他承诺》。附件七：《保留、具体承诺与其他事项》 | |

　　《北美自由贸易协定》在序言中，指出美国、加拿大和墨西哥签订协定的基本目的，即加强三国间特殊的友谊纽带与合作；促进世界贸易的和谐发展与扩大，推动更广泛的国际合作；为三国境内生产的货物和服务，创造一个更加广泛和稳定的市场；减少贸易扭曲；建立管理三国贸易的明确、互利的规则；为商务规划与投资，确立一个可以预测的商业框架；根据《关税及贸易总协定》以及其他多边和双边合作协定，明确各自的权利和义务；增强

三国企业在全球市场的竞争力；鼓励创造力和创新精神，促进拥有知识产权保护的货物和服务贸易的贸易发展；创造新的就业机会，改善各自境内的工作条件和提高生活水平；以环保的方式，开展上述各项活动；为保障公共福利，保持灵活性；促进可持续发展；加强环境法律法规的制定和执法；保护、扩大和落实劳工的基本权利。

《北美自由贸易协定》第一编为总则，包括第一章和第二章。第一章为目标，包括建立自由贸易区、目标、与其他协定的关系、与环境和保护协定的关系、义务范围，总共5项条款，另外它包含双边以及其他环境和保护协定的1个附件。《北美自由贸易协定》的目标在国民待遇、最惠国待遇和透明化等原则和规则中有更为具体的阐述。该协定的具体目标包括为各缔约方境内的货物和服务，消除贸易壁垒，促进跨境流动；改善自由贸易区内的公平竞争的条件；实质性增加在各缔约方境内的投资机会；在各缔约方的境内提供充分和有效的知识产权保护和执法；设立有效的程序，以贯彻和实施本协定，共同管理本协定，解决争端；建立一个深化区域和多边合作的框架，以扩大和增进本协定带来的利益。第二章为一般定义，包括普遍适用的定义的1项条款和国别定义的1个附件。

《北美自由贸易协定》第二编为货物贸易，包括从第三章到第八章，总共6章。这部分规定了国民待遇与货物市场准入，原产地规则，海关程序，能源与基本石化产品，农业、卫生与植物卫生措施，紧急行动等规则。其中，第三章国民待遇与货物市场准入，包括适用范围、国民待遇、关税的消除、对退税和关税延付的限制、关税豁免、货物的临时入境、某些商业样品和广告印刷品的免税入境、维修或改造之后重新入境的货物、某些货物的最惠国关税税率、进口与出口限制、海关使用费、原产地标记、葡萄酒和蒸馏酒、特色产品、出口税、其他出口措施、磋商与货物贸易委员会、第三国倾销、定义20项条款，以及第301条和309条的例外情况、关税的消除、不受第303条约束的货物、第303条生效的日期、原产国标志、汽车行业的贸易与投资、纺织品与服装、标签要求等众多附件。第四章原产地规则包括原产货物、区域价值内容、汽车产品、累积、微量允许、可替代的货物与材料、配件、备件和工具、间接材料、零售的包装材料及容器、运输的包装材料和容器、转运、不合格运作、解释和适用、磋商与修订、定义16项条款，以及第403条第1项的关税规定清单、部件和材料清单、区域价值含量计算等附件。第五章海关程序包括了原产地认证、与进口相关的义务、例外、与出口相关的义务、记录、原产地核查、保密、惩罚、预先裁定、审查和上诉、复审和上诉、统一规则、合作、工作组与海关小组、定义15项条款。第六章能源与基本石化产品，包括原则、适用范围、进出口限制、出口税、其他出口措施、能源监管措施、国家安全措施、其他规定、定义9项条款，以及保留和特别规定、第603条的例外、第605条的例外、国家安全、其他协定等附件。第七章农业、卫生与植物卫生措施，总共24项条款，其中：农业部分包括适用范围、国际责任、市场准入、国内支持、出口补贴、农业贸易委员会、农产品私人商事争端咨询委员会、定义8项条款，以及贸易条款的纳入、政府间咖啡协定、市场准入、特别保障货物等附件；卫生与植物卫生措施包括适用范围、与其他章节的关系、依靠非政府实体、基本权利与义务、国际标准与标准化组织、等效性、风险评估和合理的保护水平、适应地区条件、检查、检验与批准程序、消息的通报、公布和提供、质询点、技术合作、对信息规定的限制、卫生与植物卫生措施委员会、技术磋商、定义，总共19项条款。第八章紧急行动，包括双边行动、全球行动、紧急行动程序管理、紧急行动事项的争端解决、定义5项条款，以及双边行动、紧急行动程序管理、特定国别定义等附件。

《北美自由贸易协定》第三编为技术性贸易堡垒。第九章标准相关措施包括适用范围、义务范围、对《技术性贸易壁垒协定》和其他协定的确认、基本权利和义务、国际标准的使用、一致性和等效性、风险评估、合格评定、信息的通报、公布和提供、咨询点、技术合作、对信息提供的限制、标准相关措施委员会、技术磋商、定义，共16项针对技术性贸易壁垒的专门条款。该章并且包括合格评定程序的过渡性规则、陆地标准小组委员会、电信标准小组委员会、汽车标准理事会、纺织品和服装标签小组委员会等相关附件。

《北美自由贸易协定》第四编为政府采购。第十章政府采购包括适用范围及国民待遇、招标程序、投标异议、总则，总共4节规则。适用范围及国民待遇的规则包括适用范围、合同估价、国民待遇与非歧视、原产地规则、利益的拒绝给予、补偿的禁止、技术规格，总共7项条款。招标程序的规则包括招标程序、供应商资格、参与邀请、选择性招标程序、招标与支付期限、投标文件、谈判准则、投标书的提交、接收、开启与合同的授予、有限招标程序，总共9项条款。投标异议的规则包括投标异议的条款。总则的规则包括例外、信息的提供、技术合作、小型企业的联合项目、更正或修改、实体的剥离、进一步谈判、定义，总共 8 项条款。另外，第十章还包括联邦政府实体、政府企业、州和省级政府实体、货物、服务、墨西哥服务暂定明细表、通用分类系统、建筑服务、门槛价值（最低价值）的指数化及转换、墨西哥过渡性条款、一般说明、国别门槛价值（最低价值）、出版物等附件。

《北美自由贸易协定》第五编为投资、服务及其相关事项，包括从第十一章到第十六章。第十一章投资包括投资、一缔约方与另一缔约方投资者之间的争端解决、定义 3 节规则。投资规则包括 14 项条款；一缔约方与另一缔约方投资者之间的争端解决规则包括 24 项条款；定义规则包括 1 项条款和 4 个附件。第十二章跨境服务贸易包括适用范围、国民待遇、最惠国待遇、待遇标准、当地存在、保留、数量限制、非歧视性措施的自由化、程序、许可和认证、利益的拒绝给予、行业附件、定义 13 项条款，以及专业服务、土木工程师、陆路运输等附件或附录。第十三章电信包括适用范围、公共电信运输网络与服务的获得与使用、提供增强型或增值服务的条件、标准相关的措施、垄断企业、透明度、与其他各章节的关系、与国际组织与协定的关系、技术合作与其他磋商、定义，总共 10 项条款，以及合格评定程序的附件。第十四章金融服务包括适用范围、自律监管组织、金融机构的设立、跨境贸易、国民待遇、最惠国待遇、新的金融服务与数据处理、高级管理层与董事会、保留与具体承诺、例外、透明度、金融服务委员会、磋商、争端解决、金融服务的投资争端、定义 16 项条款，以及国别承诺、市场准入的审查、跨境贸易自由化的磋商、省与州的保留、负责金融服务的主管机构、进一步磋商和安排等附件。第十五章竞争政策、垄断机构与国有企业包括竞争法、垄断机构与国有企业、国有企业、贸易与竞争工作组、定义 5 项条款，以及特定国家的国有企业定义的附件。第十六章商务人士的临时入境包括一般原则、一般义务、临时入境许可、信息的提供、工作组、争端解决、与其他各章的关系、定义 8 项条款，以及商务人士的临时入境、商务访问者、现行移民的入境措施、专业人士、美国、信息的提供、国别定义等附件。

《北美自由贸易协定》第六编为知识产权，即第十七章。它包括义务的性质和范围、更为广泛的保护、国民待遇、对滥用或反竞争行为或条件的控制、版权、录音制品、对加密节目传输的卫星信号的保护、商标、专利、半导体集成电路布图设计、商业秘密、地理标识、工业设计、知识产权的实施（总则、民事和行政程序的具体程序与补救）、临时措施、刑事程序与刑罚、在边境实施知识产权、合作与技术援助、对现有主题的保护、定义，总共

20 项条款。该章还包括知识产权公约、版权、布图设计、知识产权的实施等附件。

《北美自由贸易协定》第七编为行政与体制条款，包括第十八章、第十九章和第二十章。第十八章法律的公布、通报和实施包括联络点、公布、信息的通报与提供、行政程序、审议与上诉、定义，总共 6 项条款。第十九章反倾销与反补贴税事项的审议与争端解决包括总则、对国内反倾销法和反补贴税法的保留、法定修正的审议、最终反倾销和反补贴税裁决的审议、保障专家审议制度、预期适用、磋商、特别秘书处条款、行为守则、杂项、定义 11 项条款，以及两国专家组的建立、第 1903 条下的专家组程序、特别异议程序、国内法的修正、特别委员会程序、国别定义等附件。第二十章机构安排和争端解决程序包括机构、争端解决、国内程序和私人商事争端解决 3 节规则。机构规则包括自由贸易委员会、秘书处总共 2 项条款。争端解决规则包括合作、诉诸争端解决程序、《关税与贸易总协定》争端解决、磋商、委员会-斡旋、调解和调停、成立仲裁小组的小组、名册、仲裁员的资格、仲裁小组的选定、程序规则、第三方参与、专家的作用、科学审议委员会、初步报告、最终报告、最终报告的履行、不履行-利益中止，总共 18 项条款。国内程序和私人商事争端解决规则包括司法或行政程序事宜的转交、私权、替代性争议解决 3 项条款，以及委员会与工作组、报酬与费用支付、利益丧失与减损等附件。

《北美自由贸易协定》第八编为其他规定，包括第二十一章例外和第二十二章最后条款。第二十一章包括一般例外、国家安全、征税、国际收支、信息披露、文化产业、定义 7 项条款，以及特定税收措施、主管机构、文化产业等附件。第二十二章包括附件、修正、生效、加入、退出、正本 6 项条款，以及附件 401 原产地规则。

另外，《北美自由贸易协定》包括 7 个附件，即《现有措施的保留和自由化承诺》《对未来措施的保留》《国家保留的活动——墨西哥明细表》《最惠国待遇的例外》《数量限制》《其他承诺》《保留、具体承诺与其他事项》。

《北美自由贸易协定》的治理机构主要集中在自由贸易委员会（Free Trade Commission）和秘书处。自由贸易委员会是《北美自由贸易协定》的中心机构，由来自三个成员国的部长级代表组成：加拿大全球贸易事务部长、美国贸易代表和墨西哥经济部长。《北美自由贸易协定》第 2001 条规定了自由贸易委员会的权力，明确授权委员会有权监督《北美自由贸易协定》

的执行和进一步拟订，解决和监督委员会和工作组工作的进一步完善，以及监督并帮助解决因为协定的解释而产生的争端。自由贸易委员会的日常工作由专家工作组和委员会进行。自由贸易委员会的权力可以分为技术性的、具体的和强制性的。秘书处是根据《北美自由贸易协定》第 2002 条设立的一个特定机构。它管理《北美自由贸易协定》规定的机制，以便及时和公正地解决国家工业和/或政府之间的贸易争端。按照《美加自由贸易协定》的规定，美国和加拿大曾设立过一个类似的行政机构，即两国秘书处，负责管理该协定的争端解决条款。它由两个办事处组成，被称为国家分部，一个在渥太华，另一个在华盛顿。根据《北美自由贸易协定》，缔约国有在每个国家设立永久性国家分部办公室的义务，加拿大和美国仅将其原有的国家分部分别更名为《北美自由贸易协定》秘书处加拿大分部和美国分部，墨西哥则建立了自己的国家分部。加拿大分部和美国分部仍位于渥太华和华盛顿，墨西哥分部位于墨西哥城。国家部门是彼此的"镜像"，由各自政府任命的秘书领导。缔约方负责其秘书处国家部门的运作费用。根据协定的规定，秘书处的任务包括向自由贸易委员会提供援助，管理争端解决程序（向专家组和法庭提供行政协助），协助自由贸易委员会或行政委员会要求的任何其他活动，协助委员会和工作组达成每项协议。

## 二、《北美劳工合作协定》的条文内容及相关机构

《北美劳工合作协定》是《北美自由贸易协定》的两个平行协定之一。1993 年 9 月，克林顿代表美国、萨利纳斯代表墨西哥、坎贝尔代表加拿大，一起签署了这项协议。《北美劳工合作协定》于 1994 年 1 月随着《北美自由贸易协定》生效而生效。《北美劳工合作协定》主要目标是改善签约国的工作条件和生活水平。协定提供了监督机制，旨在促进公众更好地了解劳动法，提高执法透明度，并且确保三个国家的劳动法都得到执行。该协定提供了援引贸易制裁作为一方不执行劳动法的最后手段的能力[①]。

《北美劳工合作协定》在序言中明确表示：美国、加拿大和墨西哥政府将在其领土上为生产的货物和服务创造一个更大的安全市场，增强三国公司在全球市场的竞争力，创造新的就业机会，改善各自领土的工作条件和生活水平，保护、增进和落实劳动者的基本权利；申明它们继续尊重每一政党的

---

① 参考美国劳工部关于《北美自由贸易协定》劳工合作的指南。

宪法和法律；希望在各自的国际承诺基础上再接再厉，加强在劳工问题上的合作；认识到实现它们的共同繁荣取决于促进以创新为基础的竞争和提高生产力和质量水平；寻求将北美自由贸易协定创造的经济机会与具有高生产率经济特征的人力资源开发、劳动管理合作和持续学习相补充；承认保护工人的基本权利将鼓励企业采取高生产率的竞争战略；决心根据各自的法律，通过以下方式促进北美高技能、高生产率的经济发展——投资于持续的人力资源开发，包括就业和失业期间的开发；通过转介和其他就业服务促进所有工人的就业保障和职业机会；加强劳动管理合作，促进工人组织与雇主之间的对话，培养工作场所的创造力和生产力；随着生产力的提高，提高生活水平；鼓励各国和北美劳工、企业和政府之间的协商和对话；促进投资，适当考虑劳动法和原则的重要性；鼓励每个国家的雇主和雇员遵守劳动法，共同努力维持进步、公平、安全和健康的工作环境；在加拿大、墨西哥和美国现有体制和机制的基础上，实现上述经济和社会目标①。

除序言以外，《北美劳工合作协定》包括 7 个部分（总共 55 项条款），以及 6 个附件。7 个部分包括目标、义务、劳动合作委员会、合作协商和评价、争端解决、总则、最后条款。6 个附件包括劳动原则、解释性裁定、货币执行评估、加拿大国内执法和征收、中止福利、义务范围。《北美劳工合作协定》的第一部分，即第一条款，指出该协定的目标：改善各方领土内的工作条件和生活水平；最大限度地促进附件列出的劳动原则；鼓励合作，促进创新，提高生产力和质量水平；鼓励信息的发布和交流、数据的开发和协调以及联合研究，以增进双方对各自领土内管理劳动的法律和机构的互利了解；在互利的基础上开展与劳动有关的合作活动；促进各方遵守并有效执行劳动法；增加劳动法管理的透明度②。

《北美劳工合作协定》的第二部分为义务，包括第二条款到第七条款，即保护水平、政府执法行动、私人诉讼、程序保证、公布、宣传和认识。《北美劳工合作协定》的第三部分为劳动合作委员，包括第八条款到第十九条款，即委员会、理事会的结构和程序、理事会的职能、合作活动、秘书处的结构和程序、秘书处的职能、秘书处的报告和研究、国家行政办公机构、国家行政办公室职能、国家咨询委员会、政府委员会、官方语言、正式语

---

① 参考加拿大全球事务部关于《北美自由贸易协定》劳工合作的说明。
② 参考美国劳工部关于《北美自由贸易协定》劳工合作的指南。

言。《北美劳工合作协定》的第四部分为合作咨询和评估，包括第二十条款到第二十六条款，即合作、合作协商、国家审计机关之间的协商、部长级磋商、部分评估、专家评审委员会、议事规则、评价报告草稿、最后评估报告。《北美劳工合作协定》的第五部分为争端解决，包括第二十七条款到第四十一条款，即协商、程序的启动、请求设立仲裁小组、名册、专家组成员的资格、小组选择、议事规则、第三方参与、专家的作用、初次报告、最后报告、最后报告的执行、执行情况审查、进一步程序、中止给付。《北美劳工合作协定》的第六部分为一般规定，包括第四十二条款到第四十九条款，即执行原则、私人权利、信息保护、与劳工组织的合作、义务范围、委员会的经费、特权和豁免、定义。《北美劳工合作协定》的第七部分为最终条款，包括第五十条款到第五十五条款，即附件、生效、修正、加入、撤回、真实文本。另外，《北美劳工合作协定》还包括劳动原则、解释性裁定、货币执行评估、加拿大国内执法和征收、福利中止、义务范围、特定国别定义等附件。

《北美劳工合作协定》建立了国际和国内机构。国际机构是劳工合作委员会，该委员会由一个部长理事会和一个设在华盛顿的三国秘书处组成。该委员会由三名内阁级劳工官员组成，是该委员会的管理机构。它的广泛任务是在劳工问题上进行合作，包括职业安全与健康、童工、工人福利、最低工资、劳资关系、关于组建工会的立法和解决劳资纠纷。独立秘书处由三个缔约方协商一致任命的执行主任领导，任期固定，向理事会提供技术支持。秘书处的职能之一是定期向理事会报告一系列广泛的劳工问题，包括劳工法和行政程序、与执行劳工法有关的趋势和行政战略、劳工市场状况和人力资源开发问题。国内机构是设在每个国家的国家行政办公室和国家或政府咨询委员会。每个国家都设立了国家行政办公室，以执行该协定，并充当委员会实体与各国政府之间的联络点。三个国家的国家行政办公室可以相互协商，交换有关劳动事项的信息。每一个国家都有权决定自己的国家审计机关的职能和权力以及如何配备人员。该协定还允许每个国家为该国行动机构设立国家和政府咨询委员会。《北美劳工合作协定》的国家咨询委员会成立于1995年，就该协定实施过程中出现的问题，以及在管理该协定过程中出现的其他问题，向美国国家劳工组织提供咨询服务。委员会由12名成员组成，其中4名代表劳工界，4名代表商界，2名代表学术界，2 名代表公众①。

### 三、《北美环境合作协定》的条文内容及相关机构

《北美环境合作协定》是《北美自由贸易协定》另外一个附加协定。《北美环境合作协定》于 1994 年 1 月 1 日随《北美自由贸易协定》的生效同时生效。《北美环境合作协定》在序言中指出，美国政府、加拿大政府和墨西哥政府：深信养护、保护和改善其领土内环境的重要性，以及在这些领域进行合作对实现可持续发展以造福今世后代的重要作用；重申各国根据本国环境和发展政策开发本国资源的主权权利；重申各国有责任确保其管辖或控制范围内的活动不对其他国家或国家管辖范围以外地区的环境造成损害；认识到它们所处环境的相互关系；承认它们之间日益增长的经济和社会联系，包括《北美自由贸易协定》；再次确认《北美自由贸易协定》环境目标的重要性，包括提高环境保护水平；强调公众参与保护、保护和改善环境的重要性；注意到它们各自的自然禀赋、气候和地理条件以及经济、技术和基础设施能力存在差异；重申 1972 年《斯德哥尔摩人类环境宣言》和 1992 年《里约环境与发展宣言》；回顾其环境合作的传统，并表示希望支持和发展国际环境协定和现行政策和法律，以促进它们之间的合作；深信建立一个框架，包括一个委员会，将有助于在其领土内养护、保护和改善环境方面进行有效合作。

除了序言，《北美环境合作协定》包括 7 个部分（总共 51 项条款），以及 5 个附件。7 个部分包括目标、义务、环境合作委员会、合作和提供信息、协商和争端解决、一般规定、最后条款。5 个附件包括货币执行和征收、加拿大国内执法和征收、福利中止、义务范围、特定国别定义。《北美环境合作协定》在第一部分，即第一项条款中的目标指出：促进保护和改善缔约方领土内的环境，造福今世后代；在合作和相互支持的环境和经济政策的基础上促进可持续发展；加强缔约方之间的合作，更好地保护和改善环境，包括野生动植物；支持北美自由贸易协定的环境目标；避免造成贸易扭曲或新的贸易壁垒；加强在制定和完善环境法律、法规、程序、政策和做法方面的合作；加强对环境法律法规的遵守和执行；增加环

① 参考美国劳工部关于《北美自由贸易协定》劳工合作的指南。

境法律、法规和政策制定的透明度和促进公众参与；推进促进经济高效发展和有效保护环境的措施；推广污染防治政策和做法。

《北美环境合作协定》的第二部分为义务，包括第二条款到第七条款，即一般承诺、保护等级、公布、政府执法行动、私人获得补救、程序保证。《北美环境合作协定》的第三部分为环境合作委员会，包括第八条款到第十九条款，即委员会、理事会结构、理事会的职能、秘书处的结构和程序、委员会的年度报告、秘书处的报告、关于执行事项的陈述、事实记录、联合公共咨询委员会、国家咨询委员会、政府委员会、正式语言。《北美环境合作协定》的第四部分为合作与提供信息，包括第二十条款和第二十一条款，即合作、提供信息。《北美环境合作协定》的第五部分为协商和解决争端，包括第二十二条款到三十六条款，即磋商、程序的启动、请求设立仲裁小组、名册、专家组成员的资格、专家组的选择、议事规则、第三方参与、初次报告、最后报告、最后报告的执行、执行情况的审查、进一步程序违反环境法的处罚、暂停利益。《北美环境合作协定》的第六部分为一般规定，包括第三十七条款到四十五条款，即执行原则、私人权利、信息保护、与其他环境协定的关系、义务范围、国家安全、委员会的经费、特权和豁免、定义。《北美环境合作协定》的第六部分为最终条款，包括第四十六条款到五十一条款，即附件、生效、修正案、加入、退出、真实文本。另外，《北美环境合作协定》还包括货币执行和征收、加拿大国内执法和征收、福利中止、义务范围、特别国定义等附件。

《北美环境合作协定》还规定于1994年成立一个政府间国际组织，即环境合作委员会。该委员会旨在加强《北美自由贸易协定》成员之间的环境合作，解决彼此关切的环境问题，应对自由贸易带来的环境挑战和机遇。环境合作委员会的任务是加强区域环境合作，减少潜在的贸易和环境冲突，促进环境法的有效执行。它还促进合作和公众参与促进保护和加强北美环境的努力。在美国、加拿大和、墨西哥之间的经济、贸易和社会联系日益密切的背景下，环境合作委员会为促进保护和改善北美洲环境起到重要作用。环境合作委员会由一个理事会、一个秘书处和一个联合公共咨询委员会组成。理事会是委员会的理事机构，由每个国家的内阁或同等代表组成。秘书处向理事会提供技术、行政和业务支助。联合公共咨询委员会就环境合作委员会范围内的任何事项向理事会提供咨询。环境合作委员会的年度预算为 900 万美元，其中加拿大、墨西哥和美国每年出资 300 万美元，并由协商一致（而非多数）管理①。

## 第三节 《北美自由贸易协定》的主要特点

《北美自由贸易协定》的特点鲜明，主要可以体现在以下三个方面：

### 一、南北合作、经济互补的自由贸易协定

《北美自由贸易协定》之所以意义重大，首先是因为它是两个富裕国家和一个低收入国家之间的自由贸易协定。北美自由贸易区是在区域经济合作进程中，世界上第一个由发达国家和发展中国家组成的区域经济集团。从历史经验来看，在差距如此之大的国家之间建立自由贸易区为首次尝试。在此之前以关税同盟、自由贸易区等形式形成的区域经济合作组织，都是在各成员大体相近的经济水平基础上发展起来的，例如欧洲共同体、东盟自由贸易区、拉丁美洲经济一体化协会以及非洲各种共同体等。在当时的区域经济合作的案例中，真正取得令人瞩目成绩的当属欧洲共同体。但是相比较而言，当时的欧洲共同体主要由经济发展水平上差距不大的成员国组成，而由发展中国家组成的经济合作集团产生的效果并不理想。由此似乎可以得出结论，区域经济合作组织只有在经济发展水平高的国家之间建立才可能成功，各成员国才能从合作中获得更大经济利益。

《北美自由贸易协定》是在全球化背景下的区域经济合作和产业分工的新尝试。在北美自由贸易区后来的实践证明，美国、加拿大和墨西哥通过《北美自由贸易协定》强化了它们之间的区域经济合作关系，并且这种新型的垂直产业分工总体上促进了各方经济的发展。北美自由贸易区内成员国的产业结构具有很强的互补性。美国是北美自由贸易区的倡导国。它在综合国力和经济发展水平上都占有绝对的优势，并拥有主导权和支配权。从自由贸易区内部的比较优势而言，美国占有 2/3 的人口和 90% 的经济实力；从经济实力、工业化程度和发展水平等方面来看，美国都处于绝

---

① 参考《北美环境合作协定》的环境合作委员会网站。

对的优势地位，对加拿大和墨西哥具有很强的影响力。加拿大处于北美自由贸易区的中端。它在自由贸易区内占有7%的人口和8%的经济实力。作为发达的工业化国家，加拿大在汽车制造等产业具备一定的竞争优势，并且拥有丰富的自然资源。相比较而言，墨西哥虽然虽拥有近26%的人口，但是经济实力则不到2%。不过，因为墨西哥的劳动力、生产成本和土地价格相对较低，所以在发展劳动密集型产业方面具有优势。美国和加拿大两国利用它们发达的技术和资本密集型产业，通过商品和资本的流动提高了它们与墨西哥之间产业分工的生产效率，并且扩大了在墨西哥的市场。墨西哥则利用本国廉价的劳动力来发展劳动密集型产品，通过扩大对美加两国的贸易出口，增加了就业机会，促进了经济增长；而且墨西哥获取了大量来自美国和加拿大的直接投资，通过引入技术和管理经验，促进了自身产业结构的更新换代。自《北美自由贸易协定》于1994年1月1日生效以来，身为发展中国家的墨西哥与作为发达国家的美国和加拿大比较成功地实现了资源互补和共同发展，综合经济实力和人民生活水平都有一定程度的提高，这就充分证明在相邻近的发展中国家与发达国家之间也是可以实行区域经济一体化，以提高和增强发展中国家的经济发展水平和竞争力。北美自由贸易区的成功经验证明，政治、经济、贸易、文化各方面差异较大的国家也可以走到一起组成区域性经济贸易组织，以共同推动区域经济贸易的发展。在当时全球化和区域合作高速发展的背景下，《北美自由贸易协定》为南北经济合作开创了典范，其成功经验特别是为发展中国家如何利用区域合作机遇，弥补与发达国家之间的发展差距，进行互惠合作提供了可以借鉴的经验。

### 二、覆盖全面、高标准、规则创新的自由贸易协定

《北美自由贸易协定》在内容和议题上，是当时世界上最全面综合的自由贸易协定。除序言和7个附件以外，《北美自由贸易协定》包括8个部分（总共22章），以及2个平行协定，即《北美环境合作协定》和《北美劳工合作协定》。在协定中所涵盖的范围和领域上，《北美自由贸易协定》远超当时《关税及贸易总协定》和后来的世界贸易组织所涵盖的广度。它不仅涉及货物、服务、投资、知识产权，还包括竞争政策、垄断及国有企业、劳工合作和环境保护等多个领域。《北美自由贸易协定》是在《美加自由贸易协定》的基础上进一步扩展而来的。从规则与内容来看，

《北美自由贸易协定》在总则，货物贸易，技术性贸易壁垒，政府采购，投资、服务及相关事宜，知识产权，行政与机构条款，其他条款 8 个方面内容的基础上，增加了《北美环境合作协定》和《北美劳工合作协定》2 个平行条款，并对原产地规则做出严格而详尽的规定。

《北美自由贸易协定》开拓了自由贸易协定中一系列新的政策议题，并且制定了大量高标准条款。这些章节和条款的创新对当时的自由贸易协定谈判的发展趋势起到了引领作用。例如，《北美自由贸易协定》制定了一系列包括知识产权保护、服务贸易、农业、政府采购规则、争端解决机制、劳工和环境等在内的新规则。《北美自由贸易协定》不仅是当时世界上自由贸易区协定中谈判内容最多、涉及面最广的一项协定，而且在深度上也远超以前的区域和多边自由贸易协定。它在许多贸易领域的规定和规则都具有开拓性，如服务贸易、投资、知识产权保护、贸易与环境保护、贸易与劳工标准和争端解决等条款规则。《北美自由贸易协定》深刻地影响了后来美国与其他国家进行的自由贸易协定谈判，特别是在多边这一级，如当时正在进行的乌拉圭回合中多边贸易自由化的谈判。

（一）环境保护规则

《北美自由贸易协定》是在自由贸易协定框架内第一次系统地制定了一套全面的环境标准规则，并旨在解决环境问题的重要尝试，因此它对将来如何平衡贸易与环境的关系具有极有价值的经验。北美自由贸易区建立后，美国、加拿大和墨西哥不仅在经济、贸易、投资、金融、资源和技术等多个领域加强了合作，同时还在环境保护方面取得了一定共识。《北美自由贸易协定》标志着美国第一次在世界上的自由贸易协定中嵌入环境条款。《北美自由贸易协定》在序言中明确规定了贸易自由和环境保护的双重目标，强调在实现自由贸易的同时要承担环境保护与保全的责任；保护贸易措施的适应性以保障公共福利；坚持可持续发展；加强环境法律、法规的制定与执行[①]。《北美自由贸易协定》在第七章第二节规定了卫生检疫措施，在第九章规定了除卫生检疫和政府采购规则以外的其他相关标准。这些规则都规定了各缔约方有权建立自己环境保护的适当标准，如果其中一国认为某项产品或服务会带来很大的环境危险，就可在非歧视基础上直接予以禁止进口。为了避免墨西哥以较低的环境成本来吸引美加两国的工

① VILLARREAL A M, FERGUSSON I F. NAFTA and United States-Mexico-Canada Agreement (USMCA) [R]. Washington DC: Congressional Research Service, 2020: 5-6.

业和投资，《北美自由贸易协定》对北美自由贸易区内工业转移和投资转移的方式做出了规定。协定的第 114 条第 2 款规定，各缔约方以放松国内健康、安全或环境措施的方式来鼓励投资是不适当的。另外，《北美自由贸易协定》中争端解决条款也包含着有助于协调区域内部贸易与环境问题的处理。除了《北美自由贸易协定》中涉及的环境问题，《北美环境合作协定》还直接规定了环境保护的宗旨、义务、北美环境合作委员会、合作和信息公开、争端解决。它成为北美自由贸易区环境法律制度的重要内容。《北美环境合作协定》要求各成员国注意各自的环境法，规定各方应通过适当的政府行为有效地实施其环境法律和法规，但各国可以在不妨碍自由贸易的前提下提高环境标准。

（二）劳工权益规则

《北美自由贸易协定》是全球第一个明确涉及劳工权益的自由贸易协定，其针对劳工标准的具体内容为后来欧美主导下的自由贸易协定的发展产生了重要影响。《北美自由贸易协定》在最初文本中，并没有纳入有关劳工标准的内容。后来美国国内利益集团考虑墨西哥的低廉劳动力可能会吸引大量的美国企业的投资，同时墨西哥劳动密集型产业对美国的出口会冲击美国的相关产业，所以它们支持《北美劳工合作协定》。这样可以消除墨西哥和加拿大对美国产品在劳工标准上的竞争优势。自《北美自由贸易协定》通过《北美劳工合作协定》吸纳劳工标准规则以后，可以看到的是，在以美国为首的发达国家签订或谈判的双边或者区域贸易协定中越来越多地出现了劳工条款。鉴于美国的经济实力及国际影响力，美国自由贸易协定中的劳工条款规则对后来的世界各国自由贸易协定谈判影响深远。毫无疑问，美国倡导劳工标准有着其经济利益，即确保美国劳工的竞争优势。但是也有一些劳工标准倡导者认为，提高劳工标准是为了人道主义目标，即通过美国签订的自由贸易协定，确保美国贸易伙伴执行最低限度的劳工标准，从而逐步提高全世界劳工的工作条件。除了在序言中规定创造新的就业机会、改善工作条件、加强和保障工人的基本权利，《北美自由贸易协定》还规定了劳工流动性。《北美劳工合作协定》具体规定了 11 项劳工标准，即结社自由和组织权，集体谈判权，罢工权，禁止强迫劳动，保护童工和青年工，最低就业标准，消除基于种族、宗教、年龄、性别等方面的就业歧视，男女同工同酬，防止职业伤害和疾病，对遭受职业伤害和疾病者给予补偿，保护移民工人。协定规定了各缔约方保有正确制定和适用其自己的劳工标准的权利。各缔约方的主要义务包括建立和保持高劳工标准，促进遵守法律和提高公众意识，以及有效实施其国内劳工法。

（三）知识产权规则

《北美自由贸易协定》是美国第一个包含保护知识产权义务的自由贸易协定。它是建立在当时正在进行的乌拉圭回合谈判的基础上，并且谈判将在世界贸易组织内建立与贸易有关的知识产权协定。1994 年 1 月生效的《北美自由贸易协定》将知识产权条款纳入贸易协定的理由是确保知识产权执法符合市场准入和不歧视的自由贸易原则。如果一个国家的法律不保护其贸易伙伴的知识产权，贸易就会受到抑制，但如果过激地执行知识产权也会使进口商处于竞争劣势，从而抑制贸易。为了达到所需的平衡，《北美自由贸易协定》采取了"三步走"的方法。首先，《北美自由贸易协定》根据主要国际知识产权公约规定的原则制定了保护知识产权的最低标准，并要求执行这些标准。其次，《北美自由贸易协定》要求在缔约国边界有效执行知识产权，以确保知识产权持有人免受进口产品的侵犯。最后，《北美自由贸易协定》建立了一个与贸易有关的制裁争端解决程序，在某些情况下，还规定了应向知识产权持有人支付的损害赔偿金，以便对侵犯知识产权的行为提供有效的追索。《北美自由贸易协定》第十七章规定了有关知识产权的条款，对知识产权的范围作了广义的界定。《北美自由贸易协定》第十七章第一条为每一个《北美自由贸易协定》缔约国规定了同样广泛的义务：向其他签订《北美自由贸易协定》国家的国民提供充分和有效的措施，以保护和执行知识产权，同时确保这些措施不会成为合法贸易的障碍。《北美自由贸易协定》各缔约方均须执行主要国际知识产权公约的实质性条款。此外，《北美自由贸易协定》各缔约方在保护和执行知识产权方面必须给予其他缔约方国民待遇。然后，《北美自由贸易协定》第十七章在其知识产权定义中阐述了与每一领域有关的一系列义务。这些义务参照了现有知识产权公约的许多关键条款，但也增加了一系列保护和执行的最低标准，包括版权和商标、专利、执行、边境措施等。《北美自由贸易协定》规定各缔约方应以《日内瓦公约》《伯尔尼公约》《巴黎公约》等为基础对本国相关法律进行修订，在保护版权、专利、商标和商业秘密等方面有具体的可执行承诺。

（四）争端解决机制及规则

《北美自由贸易协定》的重要成就之一就是为缔约方三国制定了一系

列明确和比较有效的争端解决机制。这些复杂的争端解决规则设计为北美自由贸易区的正常运行做出了极其重要的机制保障，同时它也为当代世界各国进行的贸易谈判中争端解决机制和程序规则提供了重要的启示。《北美自由贸易协定》中的争端解决机制是在《美加自由贸易协定》基础上发展而来。在一定程度上，《北美自由贸易协定》与关税及贸易总协定中的争端解决机制也有着一些联系。《北美自由贸易协定》（包括两个平行协定）包括五套明确的争端解决机制：第十九章规定了关于反补贴税和反倾销事项（不公平贸易实践）的争端解决条款；第二十章包括有关避免或解决与《北美自由贸易协定》的解释或适用有关所有争端的规定；第十一章包括与投资相关的解决争端机制；第十四章包括金融服务相关的争端解决机制；《北美劳工合作协定》争端解决机制和《北美环境合作协定》争端解决机制。总体而言，《北美自由贸易协定》是在《美加自由贸易协定》的基础上，吸收了《关税及贸易总协定》和以往贸易协定的实践经验，从而建立了强有力的争端解决机制和较完备的程序及确定的期限。《北美自由贸易协定》的受案范围不仅包括传统的货物贸易，而且把争端案件的范围扩展到如知识产权、卫生与植物卫生、环境保护、健康标准及服务等一些非传统领域，由此在相应的争端解决机制安排中出现了一系列新的程序规则配套。

（五）原产地规则

《北美自由贸易协定》中制定的原产地规则堪称是世界上最为严格和复杂的原产地优惠规则，其特别优惠措施在北美自由贸易区的实施过程中起到了非常重要的作用。《北美自由贸易协定》原产地优惠规则被认为是该协定中最具有特色的部分之一。其优惠规则模式被其后建立的不少区域自由贸易区仿效和借鉴。在世界范围内，主要存在有两种最为重要和成熟的原产地优惠规则模式：一种是以欧盟原产地规则为主体，同时兼顾欧洲自由贸易联盟、地中海和巴尔干半岛西部各国以及与欧盟签署自由贸易其他原产地规则；另外一种则是以《北美自由贸易协定》原产地规则为主体，并兼顾美墨加三国与其他国家签署自由贸易协定的原产地规则。当今世界上大多数区域经济一体化的原产地优惠规则都是参考了以上这两种原产地规则。《北美自由贸易协定》原产地规则的目的是保障北美自由贸易区的原产地产品方能享有优惠关税。这样可以避免非缔约国产品以转运或简单加工的方式搭便车，从而导致负面影响北美地区的产品利益，同时也为缔约国海关官员确定货物的优惠关税待遇提供了凭据。《北美自由贸易协定》原产地规则规定了缔约国对原产于北美自由贸易区的货物享受优惠关税，而对非成员国的货物保留外部关税。美国主导下的原产地优惠规则，目的在于刺激强化北美地区内部的生产与来源网络，促进北美区域内的经济一体化。《北美自由贸易协定》在第二部分的第四章规定了北美自由贸易区的原产地规则，内容包括15条规则和4个附件，相关规定非常复杂与严格。概括来说，《北美自由贸易协定》中原产地规则包括：一般原产地标准，针对汽车和纺织品的特殊原产地标准，累计规则、微小含量、丧失条款等附加规则。原产地规则对原产货物进行了定义，将其分为四种类型，并规定了判定标准。采用成交价格法和净成本法详细规定了区域价值成分的计算。累积规则分为完全累积和部分累积两大类。《北美自由贸易协定》还规定微小含量、资格丧失等条款，目的在于提高北美地区的价值含量。协定特别针对汽车和纺织品制定了比其他产业更为严格和苛刻的原产地规则，以确保北美区域内相关产品免受来自外部的竞争①。

（六）海关管理及执法

《北美自由贸易协定》对缔约国海关管理和执法进行了详细规定，以便确保只有符合原产地规则的货物才享有优惠关税待遇，并且为商业团体提供了具有确定性和简化的程序。例如，《北美自由贸易协定》就原产地规则的解释、适用和管理规定了缔约方之间的统一规则，对进口商、出口商的预先裁决，以及来自货物进口国海关当局的生产商，涉及下列事项：货物是否符合《北美自由贸易协定》原产地规则的要求；货物的拟议或实际标记是否满足原产地标记要求，双方之间在执行各自与《北美自由贸易协定》有关的海关法律或条例，侦查和防止非法转运纺织品和服装，在审查和上诉各方海关当局的原产地决定和预先裁决的权利方面给予国民待遇之间的合作等；设立一个原产地规则三方工作组，每年至少举行四次会议，以便监督原产地规则、标记规则和海关程序的执行和管理；处理未来对北美自由贸易区原产地规则和统一规则的修改；审议任何一方所提交的任何其他事项。《北美自由贸易协定》为一国海关当局在一个伙伴国进行调查以核实从该国进口的货物的原产地提供了详细的程序。核查可通过向出口商或生产商发出书面问卷；经出口商或生产商书面同意访问其经营场

---

① 厉力. 北美自由贸易区的原产地规则问题研究 [J]. 上海交通大学学报（哲学社会科学版），2011（6）：31-38.

所，审查记录并观察设施；有关国家同意的任何其他程序。海关官员要核实这些货物实际上是在《北美自由贸易协定》缔约国生产的，而不是从第三国进口的。

### 三、美国主导、非同步、协调发展的自由贸易协定

《北美自由贸易协定》是以美国占主导和支配地位的区域自由贸易协定。在北美自由贸易区内部，美国是《北美自由贸易协定》的主要倡导者，它在自由贸易区的运行中占有绝对的领导地位。《北美自由贸易协定》是美国对外贸易政策的一个重要里程碑。《北美自由贸易协定》是北美自由贸易区在投资和贸易自由化进程中的一个重要步骤。在内容和标准上，《北美自由贸易协定》体现出美国的贸易自由化理念和在北美地区的贸易战略利益诉求。该协定体现出一项核心原则就是，三国必须以类似对待本国公民和公司的方式对待跨境经商的个人和公司。这种互惠待遇原则在《北美自由贸易协定》关于货物、服务和投资贸易的义务中有明确规定。《北美自由贸易协定》的主要目标是减少北美地区的贸易壁垒，强化北美地区三边经济的合作，从而促进公平竞争，增加投资，创造就业机会。但是因为墨西哥与美国、加拿大的经济发展水平差距较大，而且在经济体制、政治结构和国家竞争力等方面存在着较大差别。为了平衡各国的经济发展进程，美国、加拿大和墨西哥根据各国的实际情况，决定采用务实的态度，在《北美自由贸易协定》中协调了各国实施关税减免等贸易自由化规则的时间进程，实施了有差别、非同步特征的贸易自由化进程。

在消除贸易关税和非贸易壁垒方面，《北美自由贸易协定》中的市场开放条款将逐步消除对北美在生产和交易商品上的几乎所有关税和大多数非关税壁垒，取消墨西哥对美国和加拿大产品的限制性关税、配额和进口许可证。按照《美加自由贸易协定》的规定，美国和加拿大之间的大部分贸易已经免税，到1998年它们之间的所有贸易都将免税。自1994年1月1日《北美自由贸易协定》生效开始，北美三国大约50%的商品关税立即被取消，而其余的关税则在5~15年按规定的时间表逐步取消。经过15年的过渡期，北美地区在2008年建成了一个取消所有商品和贸易障碍的自由贸易区，实现了生产要素在区内完全自由流动。《北美自由贸易协定》具体涵盖了建筑、工程、会计、广告、咨询管理、建筑、保健管理、商业教育和旅游业等广泛的产业领域。纺织、服装、汽车、农业、服务行业与金

融服务、投资与政府采购等领域发生了一些更为重大的变化。这些关键性领域的贸易壁垒消除情况总结如下：

（一）纺织和服装工业

在《北美自由贸易协定》之前，美国从墨西哥进口的服装中65%的产品是免税和免配额的，其余35%的产品面临17.9%的平均税率。墨西哥对美国纺织品和服装产品的平均关税为16%，部分产品的关税高达20%。美国在《北美自由贸易协定》针对纺织品和服装部分的谈判主要有三个目标，即通过接受从纱线认定原则，加强和简化《美加自由贸易协定》的原产地规则；为美国的进口敏感部门争取较长的过渡期；迅速进入墨西哥市场。《北美自由贸易协定》将逐步取消美国和墨西哥之间以及加拿大和墨西哥之间纺织品和服装的所有关税，对于在北美生产的符合《北美自由贸易协定》原产地规则的产品，要么立即取消，要么在10年内逐步取消。美国和加拿大之间的进口关税将继续按照《美加自由贸易协定》规定的时间表逐步取消。《北美自由贸易协定》提供了比《美加自由贸易协定》更为严格和详细的原产地规则。这些规则界定了《北美自由贸易协定》成员国间贸易的纺织品或服装何时有资格享受关税优惠待遇。《北美自由贸易协定》取代了《美加自由贸易协定》和《多种纤维协定》的规定，将规则适用于美国、加拿大和墨西哥。此外，美国和墨西哥之间的双边纺织品协定在《北美自由贸易协定》生效之日终止。《北美自由贸易协定》还为缔约国家规定了一道保障门槛，以对威胁或对国内工业造成严重损害的进口产品实行紧急保护。纺织品和服装这一保障门槛低于其他产品。

（二）汽车工业

汽车产品是美国、加拿大和墨西哥之间就制造业贸易谈判中最重要的组成部分。美国和加拿大就这一复杂而敏感的问题与墨西哥进行的谈判，集中在如何解除墨西哥对汽车贸易和投资的限制，并且将墨西哥受到高度保护的汽车工业与已经高度合作的美加汽车工业联合起来。《北美自由贸易协定》将逐步实现北美自由贸易区贸易和投资的完全自由化，并寻求建立更具竞争力的北美汽车工业。美国和加拿大的谈判代表渴望充分和不受限制地进入墨西哥受保护的市场，以增加汽车产品的销售，扩大对墨西哥汽车工业的投资。美国制造商希望确保非《北美自由贸易协定》成员国不能利用墨西哥作为出口平台进入美国和加拿大市场，从而获得《北美自由贸易协定》优惠待遇。美国谈判代表还坚持认为，每个国家都有权维护、颁布和执行自己认为必要的汽车标准，并防止进口任何不符合这些标准的汽车产品。墨西哥谈判代表认为，实施《北美自由贸易协定》是一个实现其汽车工业现代化和完全融入美国和加拿大市场的重要机会，尽管他们认识到创造这一机会需要一个艰难的过渡期。出于这种顾虑，墨西哥谈判代表认为，汽车贸易自由化的阶段应足够长，以便尽可能缓冲竞争的影响。具体而言，《北美自由贸易协定》在一个为期 10 年的过渡期内消除北美汽车产品的所有贸易壁垒和汽车行业的所有投资限制。《北美自由贸易协定》缔约国都将逐步降低对其进口的北美原产汽车、卡车和公共汽车的所有关税。墨西哥是这三个国家中最受保护的市场，因此有最多的贸易壁垒需要消除。为了使北美市场自由化和一体化，《北美自由贸易协定》当时计划在 10 年过渡期内消除北美汽车产品的所有贸易壁垒和汽车行业的所有投资限制。《美加自由贸易协定》在很大程度上仍将对美加贸易有效。在《北美自由贸易协定》之前，美国评估了从墨西哥进口的下列关税：汽车关税为 2.5%，轻型卡车关税为 25%，汽车零部件贸易平均关税税率为 3.1%。墨西哥对美国和加拿大汽车产品的关税如下：汽车和轻型卡车关税为 20%，汽车配件关税为 10%～20%。《北美自由贸易协定》逐步取消了对墨西哥的限制性汽车法令。它逐步取消了美国对从墨西哥进口的所有关税，并取消了墨西哥对美国和加拿大产品的关税，只要这些产品符合原产地规则的要求，即汽车、轻型卡车、发动机和变速箱的北美含量为 62.5%；其他车辆和汽车零部件的北美含量为 60%。一些关税立即取消，另外一些关税则是在 5～10 年逐步得到取消。墨西哥对美国出口墨西哥汽车零部件的 75%关税将在 5 年内降至零。对于从墨西哥进口的产品，美国将立即取消对乘用车的 2.5%关税，并将轻型卡车关税降至 1%。许多汽车零部件已根据普惠制免税进入美国，或根据美国的生产分成减征关税。《北美自由贸易协定》制定了汽车产品的关税淘汰期，规定了逐步取消墨西哥汽车法令和投资限制的明确规则，规定了严格的原产地规则要求，并建立了北美汽车标准委员会，以努力实现统一标准。

（三）农业

《北美自由贸易协定》分别就加拿大和墨西哥以及墨西哥和美国之间的跨境农业贸易做出了双边承诺。美国和加拿大在谈判中的目标是消除墨西哥的关税和非关税贸易壁垒，并确保适当的保障措施保护其生产商免受来自墨西哥的突然进口激增可能造成的冲击。墨西哥的目标是消除美国和加拿大的非关税壁垒，并尽可能缓慢地逐步减少关税，以保护敏感产业。《北美自由贸易协定》的农业章节包含了墨西哥和美国以及墨西哥和加拿大之间单独的双边市场准入协议。《美加自由贸易协定》规则将继续管理美国和加拿大之间的农业贸易。根据美国与墨西哥的双边协议，所有农产品关税要么立即取消，要么在5年、10年或15年的过渡期内取消，这取决于商品的敏感性。关于美国与墨西哥之间的农业贸易，《北美自由贸易协定》取消了农业贸易中的大多数非关税壁垒，或将其转换为关税配额或普通关税。关税在15年内逐步取消，糖和玉米等敏感产品的淘汰期最长。协定生效时，美国和墨西哥大约一半的农产品贸易获得免税。墨西哥和加拿大达成的协议还将立即或在长达15年的逐步淘汰期内消除大多数关税和非关税贸易壁垒；然而，该协议在乳制品、家禽、鸡蛋、糖等行业保持贸易壁垒。《北美自由贸易协定》保障各国在制定、采用和执行卫生和植物检疫措施方面的权利，这些措施保护人类、动物和植物的生命和健康，使其免受动植物病虫害、食品添加剂或污染物引起的风险。《北美自由贸易协定》明确承认各国有权确定确保农产品安全所需的保护水平。这种灵活性允许每个国家制定更严格的卫生和植物检疫法规，只要这些法规以科学为基础，并将进口产品与国内产品同等对待。同时，北美自由贸易区鼓励贸易伙伴采用国际卫生和植物检疫标准。除了涉及关税和非关税贸易壁垒的条款，《北美自由贸易协定》还通过保障措施、国内支持、出口补贴、原产地规则、商业争端解决、动植物卫生标准、投资机会等条款管理农业贸易。《北美自由贸易协定》设立了农业贸易联合委员会和卫生与植物检疫措施委员会，以监测双边农业协定中条款的执行[①]。

（四）服务行业与金融服务

《北美自由贸易协定》扩大了《美加自由贸易协定》促进服务贸易的举措。鉴于超过四分之三的美国劳动力从业于服务和金融部门，美国贸易谈判代表的目标是最大限度地消除服务贸易壁垒，包括北美服务业投资壁垒和禁止跨境服务贸易的壁垒。《北美自由贸易协定》重申并加强了《美加自由贸易协定》的"权利法案"，该法案将保证在伙伴国家的《北美自由贸易协定》服务提供者：①在任何新的法律和条例下与国内公司平等对

---

① VILLARREAL A M, FERGUSSON I F. The North American Free Trade Agreement（NAFTA）[R]. Washington DC：Congressional Research Service，2017；参考美国政府问责局（Government Accountability Office）发布的《北美自由贸易协定》评估报告。

待；②在某些服务部门投资的权利；③跨境销售服务的权利；④专业人员根据简化的签证程序越境的权利；⑤公众获取有关服务贸易的任何法律或法规信息的权利。《北美自由贸易协定》扩大了《美加自由贸易协定》对服务贸易的自由化程度，特别是某些电信、陆路运输和金融服务的自由化。但是，其他服务活动，如广播、电话服务和海运，仍将受到限制或禁止。《北美自由贸易协定》服务条款确立了伙伴国家间服务贸易的一套基本规则和义务，扩大了《美加自由贸易协定》和当时乌拉圭回合多边贸易谈判的服务条款。《北美自由贸易协定》给予缔约国的服务提供者在非歧视待遇、跨境销售和入境、投资和获取信息等方面的权利。一个该协定值得注意的特点是，除非明确豁免，否则这些原则将适用于所有服务。因此，未来创建的所有新服务将自动纳入《北美自由贸易协定》。此外，《北美自由贸易协定》在电信和陆路运输贸易自由化方面将取得超越《美加自由贸易协定》的规定。但是每个国家都有某些排除和保留的领域，其中包括海运（美国）、电影和出版（加拿大）以及石油和天然气钻探（墨西哥）。《北美自由贸易协定》中的综合原则也规范了政府在金融服务方面的措施，尽管每个国家都对这些原则做出了某些保留或其他豁免。虽然美国和加拿大的金融服务市场在双边基础上通过《美加自由贸易协定》已经实现了自由化，但《北美自由贸易协定》为美国和加拿人的公司提供了大量进入墨西哥金融服务市场的机会。例如，过渡期过后，美国和加拿大公司被允许在墨西哥的银行、证券、保险和其他非银行金融服务部门开展商业业务。《北美自由贸易协定》的金融服务章节（第十四章）规定银行、证券、保险和非银行金融服务公司部门的服务条款，但也规定了某些特定国家保留领域和过渡期。在金融和银行领域，《北美自由贸易协定》放开了墨西哥的某些服务部门，特别是金融服务，大大开放了其银行业。根据协定，加拿大给予美国的豁免扩大到墨西哥，墨西哥银行不受加拿大投资限制。反过来，墨西哥同意允许另一个《北美自由贸易协定》签约国的金融公司在墨西哥设立金融机构，但必须遵守在 2000 年结束的过渡期内适用的某些市场份额限制。在电信方面，《北美自由贸易协定》的合作伙伴同意在协议中允许提供基本电信服务，但并不强制要求各国使用这些服务。《北美自由贸易协定》授予电信服务的提供者和使用者一项"权利法案"，包括：获得公共电信服务；与反映经济成本并以统一费率定价的私人线路的连接；选择、购买的权利，或租赁最适合其需要的终端设备。

（五）投资和政府采购

在投资领域，《北美自由贸易协定》消除了重大投资壁垒，确保了对协定投资者的基本保护，确保了对投资者的基本保护，并为解决投资者与协定国家之间的争端提供了一个解决机制。《北美自由贸易协定》确立了保护外国投资者及其在自由贸易区投资的五项基本原则。这些原则包括：①非歧视性待遇；②免于履行要求；③与投资有关的资金自由转移；④仅根据国际法征收；⑤因违反协定保护而寻求国际仲裁的权利。《北美自由贸易协定》规定，协定缔约方在某些部门对其他缔约方的外国投资实行"非歧视待遇"。该协定包括针对具体国家的自由化承诺和国民待遇的例外。《北美自由贸易协定》的豁免包括墨西哥的能源部门，墨西哥政府保留禁止外国投资的权利。协定还包括与国家安全和加拿大文化产业有关的例外情况。《北美自由贸易协定》为北美能源公司和投资者提供了在墨西哥电力和石化领域实质性的投资机遇。协定允许北美地区公司在选定的能源市场上以非歧视的方式竞争政府合同，从而增加了政府采购领域的机会。但是，墨西哥保留了其宪法禁止外国或私人石油勘探、生产和精练活动的保护意见。在政府采购的规则方面，《北美自由贸易协定》在非歧视的基础上，向其他《北美自由贸易协定》国家的货物和服务供应商开放了每个国家很大一部分的政府采购市场。各国很大一部分政府采购市场会在非歧视的基础上向北美服务供应商开放。美国服务供应商得以有机会竞争许多加拿大和墨西哥主要国家实体部门的合同。

# 第三章 《北美自由贸易协定》的积极影响、消极影响、争议及重新谈判

　　《北美自由贸易协定》于 1994 年 1 月 1 日生效后，对北美自由贸易区和世界经济的发展都产生了巨大的影响。关于该协定的作用和影响，无论是在北美自由贸易区成员国，还是在其他地区，都存在着不同的看法。本章首先阐述了《北美自由贸易协定》对北美自由贸易区及各个成员国的积极影响，其次分析了《北美自由贸易协定》对北美自由贸易区及各个成员国的消极影响以及产生的各种争议、政治冲突，最后介绍了《北美自由贸易协定》重新谈判的过程和结果。

## 第一节　《北美自由贸易协定》对北美自由贸易区及成员国的积极影响

### 一、《北美自由贸易协定》对北美自由贸易区的积极影响

　　北美自由贸易区自正式成立和运行以来，因为涉及经济增长、进出口贸易、双边投资、通货膨胀、货币波动等多种经济变量，其经济影响难以得到全面评估。但是总体而言，在经济层面，北美自由贸易区通过大幅度降低关税和消除非贸易壁垒，为北美三国获得了宏观经济收益，极大地促进了彼此的贸易发展和劳务流通，并且提升了美国、加拿大和墨西哥各自在世界经济中的地位，增强了它们的国际经济竞争能力。作为美国、加拿大和墨西哥深化彼此经济合作的重要机制保障，《北美自由贸易协定》对

北美自由贸易区的经济一体化进程起到了无可估量的积极作用①。

第一，《北美自由贸易协定》创造了世界上最大的自由贸易区。北美自由贸易区总共拥有4.54亿人口，它连接了美国、加拿大和墨西哥的经济。2018年，美国国内生产总值为20.5万亿美元，加拿大为1.8万亿美元，墨西哥为1.2万亿美元。北美自由贸易区的国内生产总值高于欧盟28个国家的18.8万亿美元。自1994年以来，北美自由贸易协定的每一个成员国基本上都取得了稳定的经济增长、贸易和直接投资增加的成效。根据美国贸易代表办公室在2004年7月1日发布的《北美自由贸易协定》10周年的统计数据，1993—2003年成员国的国内生产总值都获得迅速的增长：美国的国内生产总值增长了38%；加拿大的国内生产总值增长了30.9%；墨西哥的国内生产总值增长了30%②。

第二，自《北美自由贸易协定》生效以来，北美自由贸易区内部贸易的高速增长令人印象深刻。北美自由贸易区的贸易壁垒解除和市场开放正面促进了美国、墨西哥和加拿大之间的贸易增长和经济的日益繁荣。1993—2019年，北美自由贸易区的三个成员国之间的贸易额从2 900多亿美元增至9 400亿美元。贸易的高速增长积极地促进了三个成员国的经济增长、增加了利润和就业机会，而消费者则享有更低的价格和更多的选择。

第三，《北美自由贸易协定》有力地促进了北美自由贸易区域内的直接投资和经济一体化进程，对增加成员国的就业机会，以及提高劳动生产率具有积极影响，只是对不同的工种及其工资水平、社区影响不一。美国的就业人口数从1993年的1.1亿上升到2003年的1.34亿，加拿大从1 290万上升到1 570万，墨西哥正规部门的工作岗位从3 280万个增加到4 060万个。在《北美自由贸易协定》生效后的前十年中，美国的生产率增长了28%，墨西哥的生产率增长了55%，加拿大的生产率增长了23%③。

2004年7月16日，美国时任贸易代表罗伯特·佐利克（Robert B. Zoellick）、加拿大国际贸易部时任部长詹姆斯·彼得森（James Peterson）和墨西哥经济部时任部长费尔南多·卡纳莱斯（Fernando Canales）在美国

---

① 参考美国国会研究服务部于2018年4月24日发布的《〈北美自由贸易协定〉研究报告》。
② 参考美国贸易代表于2004年7月1日发布的《北美自由贸易协定》成果清单。
③ HURFAUER G C, SCHOTT J. NAFTA revisited: achievements and challenges [M]. Washington DC: Peterson Institute for International Economics, 2005: 39.

德克萨斯州的圣安东尼奥发表联合声明，总结了《北美自由贸易协定》生效十年后获得的总体成果。他们认为《北美自由贸易协定》总体上是很成功的，北美自由贸易区的消除壁垒政策已使成员国之间的贸易和投资增加、就业增长和竞争力增强。自 1994 年 1 月 1 日《北美自由贸易协定》生效以来，成员国之间的三方贸易额已超过 6 230 亿美元，是《北美自由贸易协定》生效前的两倍多。1994—2003 年，成员国累计对外直接投资增加 1.7 万亿美元以上。直接投资的增加为消费者和生产者带来了越来越多的高薪工作，以及更低的成本和更多的选择。同样，《北美环境合作协定》和《北美劳工合作协定》也获得成功。这些协定自生效十年以来，也有效地促使北美拥有了更好的环境绩效和工作条件①。

2009 年 10 月 19 日，美国时任贸易代表罗恩·柯克（Ron Kirk）、加拿大国际贸易部时任部长斯托克韦尔·戴伊（Stockwell Day）和墨西哥经济部前部长杰拉尔多·鲁伊斯·马泰奥斯（Gerardo Ruiz Mateos）在美国德克萨斯州的达拉斯召开《北美自由贸易协定》自由贸易委员会会议，发布联合声明，肯定了《北美自由贸易协定》的总体成果。自《北美自由贸易协定》生效以来，成员国之间的贸易和投资量大幅增加，投资增长，经济变得更有竞争力。扩大贸易的好处使得企业、农民、工人和消费者获得收益。《北美自由贸易协定》伙伴国按时或在某些情况下提前实施了所有关税削减措施。因此，成员国之间的贸易更加繁荣了。1993—2008 年，北美自由贸易区国家之间的贸易额从 2 970 亿美元增加到 9 461 亿美元②。

2012 年 4 月 3 日，美国时任贸易代表柯克、加拿大国际贸易部时任部长爱德华·法斯特（Pierre S. Pettigrew）和墨西哥经济部时任部长布鲁诺·法拉利（Luis Ernesto Derbez）在美国华盛顿特区召开《北美自由贸易协定》自由贸易委员会会议，发布联合声明，肯定了《北美自由贸易协定》自 1994 年生效以来，有效地促进了北美自由贸易区成员国之间贸易和投资的增加，并提高了各国的经济竞争力。1993—2011 年，北美自由贸易区成员国之间贸易增长迅速。在分享《北美自由贸易协定》的持续利益的同时，成员国一致同意共同采取行动来扩大贸易和投资，降低行政成本，从而进一步增强北美自由贸易区的竞争力③。

①　参考美洲国家组织的外贸信息系统（www.sice.oas.org）。
②　参考美洲国家组织的外贸信息系统（www.sice.oas.org）。
③　参考加拿大全球事务部于 2017 年 3 月 17 日发布的北美自由贸易协定委员会会议的报道。

## 二、《北美自由贸易协定》对美国的积极影响

对美国来说，因为其经济规模远超墨西哥和加拿大两国，且与墨西哥和加拿大的贸易总额不到国内生产总值的5%，所以《北美自由贸易协定》对美国经济总体所产生的影响相比墨西哥和加拿大而言要小很多。不少研究报告都指出，《北美自由贸易协定》对美国的经济有积极影响，但是很小。同时，评估《北美自由贸易协定》成效的一个主要挑战是难以将该协定所产生的影响与其他因素分开。2003年，美国国会预算办公室发布的研究报告认为，鉴于多种要素的相互影响，很难精确衡量《北美自由贸易协定》对美国经济的影响。据估计，《北美自由贸易协定》可能会使美国的国内生产总值增加，但增幅很小。然而，《北美自由贸易协定》对一些与贸易有关的部门所产生的影响可能更为显著，特别是那些更容易被取消关税和非关税贸易壁垒的行业，如纺织、服装、汽车和农业行业。简单来说，《北美自由贸易协定》对美国的积极影响主要体现在：促进了美国与加拿大和墨西哥之间的贸易增长，增加了美国企业对墨西哥和加拿大的直接投资，提高了劳动生产率，降低了生产成本，有利于美国消费者。具体来说，《北美自由贸易协定》对美国的积极影响主要体现在以下三个方面：

第一，《北美自由贸易协定》取消或降低了三国之间的关税，积极地促进了美国与加拿大和墨西哥之间贸易的高速增长。自1993年《北美自由贸易协定》生效前一年到2004年，美国对墨西哥的商品进出口额分别增长了166%和290%，美墨双向商品贸易总额增长了227%。同样，美国与加拿大之间的贸易也延续了1989年《美加自由贸易协定》的强劲扩张势头。1989—2004年，美国对加拿大的出口额和从加拿大的进口额分别增长了140%和190%。相比较而言，美国与非《北美自由贸易协定》国家的贸易同期增长了124%。2004年，美国与《北美自由贸易协定》伙伴的贸易额占美国商品贸易总额的31%，分别高于1993年的29%和1989年的26%[①]。2016年，加拿大是美国的第一大出口市场，而墨西哥排名第二。2016年，这两个国家占美国出口总额的34%。在进口方面，加拿大和墨西哥在2016年分别排在美国进口市场的第二和第三位。这两个国家的进口额

---

① HURFAUER G C, SCHOTT J. NAFTA revisited: achievements and challenges [M]. Washington DC: Peterson Institute for International Economics, 2005.

占美国进口总额的 26%①。从加拿大和墨西哥的货物进口也间接地创造了美国的就业机会。有研究发现，大约 260 万个美国工作岗位依赖于对加拿大的出口，190 万个美国工作岗位依赖于对墨西哥的出口。从加拿大和墨西哥出口到美国的产品中，有很大一部分含有美国采购的零部件：美国从墨西哥进口产品价值的 40% 来自美国生产的零部件；从加拿大进口的产品中，来自美国生产的零部件比例为 25%②。一些墨西哥或加拿大的跨国公司选择在美国国内设计产品，然后在墨西哥和加拿大外包部分生产流程。

第二，《北美自由贸易协定》取消或降低了成员国之间的关税，降低了美国从加拿大和墨西哥的进口价格，因此降低了美国国内通货膨胀的风险，并能够允许美联储保持低利率以刺激美国的国内消费。2016 年，美国从加拿大和墨西哥进口的前五名产品依次为机动车辆、原油、机动车辆零部件、货物运输机动车辆和计算机硬件。美国通过加强与加拿大和墨西哥之间的能源合作，逐渐减少了对中东国家和委内瑞拉的石油依赖，降低了能源产品的成本。《北美自由贸易协定》以几乎相同的方式降低了食品价格。2017 年，美国从墨西哥和加拿大进口的食品分别为 260 亿美元和 240 亿美元，总和达到了 500 亿美元。这比 2008 年的 300 亿美元增加了 67%。如果没有《北美自由贸易协定》，美国的食品工业估计每年要多花 27 亿美元进口商品，而这一成本很可能会以涨价的形式转嫁给消费者。

第三，《北美自由贸易协定》特别是在汽车、农业和服务业等行业，对美国经济和就业的增长起到了积极的促进作用。《北美自由贸易协定》取消了墨西哥的汽车保护主义法令，并在这三个国家的汽车工业一体化中发挥了重要作用。协定生效后，北美自由贸易区的汽车行业经历了一些重大的产业和贸易调整。许多经济学家和观察家认为，《北美自由贸易协定》通过加强北美经济一体化和发展供应链，帮助美国制造业，尤其是美国汽车业增强了全球竞争力。《北美自由贸易协定》还促进了美国的农业出口。美国对加拿大和墨西哥的农产品出口从 1993 年的 110 亿美元增加到 2016 年的 430 亿美元。美国农产品出口额占食品出口总额的 25%，提供了 2 000 万个就业岗位。《北美自由贸易协定》取消了成员国之间在大多数服务业

① VILLARREAL A M, FERGUSSON I F. The North American Free Trade Agreement（NAFTA）[R]. Washington DC：Congressional Research Service，2017：11-12.

② WARREN S P. North American Free Trade Agreement：an overview［R］. Washington DC：Bipartisan Policy Center，2017.

中的贸易壁垒，刺激美国对加拿大和墨西哥的服务出口额从1993年的250亿美元提高到了2007年的峰值1068亿美元。《北美自由贸易协定》提高了知识产权、劳工和环境保护标准，这给予美国企业在墨西哥和加拿大市场有了更多的发展和开拓市场的机会，从而增加了美国企业的利润。自《北美自由贸易协定》生效后，美国对墨西哥和加拿大的直接投资大幅增加。2017年，美国对加拿大的直接投资达3912亿美元，对墨西哥的直接投资达1097亿美元。

### 三、《北美自由贸易协定》对加拿大的积极影响

总体而言，《北美自由贸易协定》推动了加拿大经济的进一步发展。在《北美自由贸易协定》签署之前，加拿大已经与美国于1988年签署了《美加自由贸易协定》。该协定于1989年1月1日生效，因此加拿大与美国之间的贸易壁垒大多在1989—1993年已经消除，其余的贸易壁垒按照协定会在1998年前逐步消除，从而实现两国间的完全自由贸易。《北美自由贸易协定》实施后，关税降低和贸易壁垒消除降低了成员国之间的贸易成本，有力地推动了北美自由贸易区经济一体化和竞争性市场的发展。《北美自由贸易协定》进一步强化了加拿大与美国的双边经贸关系，影响了加拿大在北美自由贸易区中的产业分工，带来了加拿大与墨西哥之间的双边贸易和投资关系的变化。同时，加拿大与美国和墨西哥之间的服务贸易、银行和金融业都获得了长足的发展。

具体来说，《北美自由贸易协定》对加拿大的积极影响主要体现在以下方面：

第一，《北美自由贸易协定》进一步稳固发展了加拿大与美国之间紧密的经贸关系，它正面促进了加拿大与美国之间贸易和投资的持续增长。自1989年《美加自由贸易协定》生效后，加拿大与美国的双边贸易就经历了巨大的增长。1994年《北美自由贸易协定》的实施进一步使得两国的双边贸易加速增长，虽然2000年后的增长速度有所放缓。2018年，加拿大对美国的商品出口总额达到4383亿美元，是1989年1016亿美元的四倍多。自1989年以来，加拿大从美国的商品进口额获得大幅增长，从1989年的881亿美元增长到2018年的3047亿美元。加拿大保持了多年对美国的贸易顺差。而且，自《美加自由贸易协定》和《北美自由贸易协定》实施以后，美国对加拿大的直接投资获得大幅度增长。1993年美国

对加拿大的直接投资存量是 699 亿美元，2015 年年底达到了 3 877 亿美元，占比超过 50%①。

第二，《北美自由贸易协定》显著地推动了加拿大与墨西哥之间积极的贸易往来，并且促进了加拿大对墨西哥的直接投资。在 1994 年之前，加拿大与墨西哥两国之间的贸易非常有限。1990 年，在墨西哥投资的约有 700 家外国公司，但是仅几家是加拿大公司。1994 年，加拿大与墨西哥的双边贸易额仅占其进出口总额的 1.4%。自从《北美自由贸易协定》生效后，加拿大与墨西哥的双边经贸关系得以稳步加强，之所以两国的贸易不太平衡，是因为加拿大从墨西哥的商品进口增长比向墨西哥的商品出口增长更快。1993—2018 年，加拿大从墨西哥的商品进口总额增长近 9 倍，从 37 亿美元增至 368 亿美元；加拿大对墨西哥的商品出口总额增长了 9 倍多，从 8 亿美元增至 82 亿美元②。2019 年，加拿大与墨西哥的双向商品贸易额超过了 440 亿美元，加拿大从墨西哥的商品进口总额为 369 亿美元，加拿大对墨西哥的商品出口总额为 73 亿美元。墨西哥是加拿大的第三大商品贸易伙伴、第三大商品进口来源国和第五大商品出口目的地。同时，墨西哥成为加拿大企业对外直接投资的一个具有吸引力的目的地。2018 年，加拿大在墨西哥的直接投资存量达 225 亿美元，是加拿大第十大直接投资目的地。同期，墨西哥在加拿大的直接投资的存量达 27 亿美元。加拿大政府自 2000 年以来在墨西哥设立了一个区域办事处，提供与加拿大在墨西哥的出口和投资有关的广泛金融服务③。

第三，由于《美加自由贸易协定》和《北美自由贸易协定》的实施，加拿大的贸易方向和经济结构发生了显著变化。其中一个特别重要的变化就是，加拿大的经济结构已变得更加以贸易为导向，并且深深地融入北美自由贸易区的经济一体化体系和产业分工中。在这种背景下，加拿大在巩固与美国和墨西哥经济合作的同时，也在努力地创造条件以寻求多元化贸易发展。20 世纪 80 年代初，美国约占加拿大全球商品出口额的 60%。到 21 世纪初，美国已经占加拿大全球商品出口额的 87%。21 世纪初以来，

---

① 朱颖，张佳睿. 北美自由贸易区运行 20 年的经济效应：国外文献综述 [J]. 上海师范大学学报（哲学社会科学版），2016，45（1）：43-50.

② 参考加拿大全球事务部于 2020 年 2 月 26 日发布的《美国-墨西哥-加拿大协定：经济影响评估》。

③ 参考墨西哥驻加拿大大使馆于 2020 年 3 月 26 日发布的墨西哥与加拿大关系的评论。

美国作为加拿大出口目的地的相对重要性有所下降，尽管 2018 年美国仍占加拿大商品出口额的 75%。加拿大商品出口额占国内生产总值的比重从 20 世纪 80 年代末的 21% 上升到 2008 年（金融危机前）近 30% 的峰值，之后下降到 2018 年（金融危机后）的 26.3%。

第四，《北美自由贸易协定》促进了加拿大与美国和墨西哥之间在服务业、银行业、金融等领域的双边贸易，创造了大量就业机会。在《美加自由贸易协定》和《北美自由贸易协定》运行期间，加拿大与美国和墨西哥的服务贸易大幅度增加。自《美加自由贸易协定》生效以来，加拿大从美国服务进口总额不断增加，从 1988 年的 152 亿美元增加到 2018 年的 787 亿美元。加拿大对美国的服务出口总额也同样增长，从 1988 年的 114 亿美元增长到 2018 年的 666 亿美元。自 1994 年《北美自由贸易协定》生效以来，加拿大与墨西哥之间的服务贸易额逐渐增加。加拿大从墨西哥进口的服务贸易总额从 1993 年的 4 亿美元增长到 2018 年的 29 亿美元，而加拿大对墨西哥出口的服务贸易总额从 1993 年的 2 亿美元增长到 2018 年的 14 亿美元。

多项民意调查机构的调查结果证明，多年来加拿大民众对《北美自由贸易协定》持积极态度。安格斯·里德研究所在 2012 年 5 月 7—8 日针对《北美自由贸易协定》进行了一项在线民意调查发现，一半以上的加拿大受访者认为《北美自由贸易协定》有利于国民经济（54%）、制造商（52%）和雇主（50%），还有接近一半的加拿大受访者（46%）认为贸易协定对旅游者有利。然而，只有大概三分之一的加拿大受访者（34%）认为《北美自由贸易协定》对加拿大工人有利。与其他省份的受访者相比，加拿大阿尔伯塔省民众对《北美自由贸易协定》的影响表达了更积极的看法[1]。2017 年，埃科斯进行的一项年度调查发现，81% 的加拿大受访者同意加拿大、美国和墨西哥之间应该有自由贸易，其中包括 70% 的支持新民主党的受访者对《北美自由贸易协定》持积极的看法，而支持自由党和保守党的受访者分别为 82% 和 83%。这一比例创下了历史新高[2]。

来自加拿大的大多数联邦政府代表都认同《北美自由贸易协定》对加拿大的经济具有非常有益的影响。加拿大全球事务部在 2018 年 1 月 22 日发布的关于《北美自由贸易协定》事实介绍资料中，主要从两个方面高度

---

① 参考安格斯·里德研究所（Angus Reid Institute）于 2016 年 1 月 29 日发布的民意调查结果。
② 参考加拿大公共政策研究院（Institute for Research on Public Policy）于 2018 年 4 月 19 日发布的民意调查结果。

评价了《北美自由贸易协定》对北美自由贸易区三个成员国，特别是加拿大的经济发展所作出的重要贡献。

第一，《北美自由贸易协定》自 1994 年生效后，它为协定的三个成员国带来了经济的增长和人民生活水平的提高。通过强化对整个北美自由贸易区贸易和投资的规则和程序，《北美自由贸易协定》已被证明是加拿大未来繁荣的坚实基础。《北美自由贸易协定》对加拿大经济产生了压倒性的积极影响。它开辟了新的出口机会，刺激了具有国际竞争力的企业，并帮助吸引了大量外国投资。无论以何种方式衡量，《北美自由贸易协定》都是一项成功的协定，它作为发展北美三边和双边关系的基础，其结果不言而喻。这种一体化有助于最大限度地发挥成员国的能力，使北美自由贸易区的经济更具创新性和竞争力。2016 年，以每个国家从《北美自由贸易协定》其他两个伙伴国的进口总额衡量，三方商品贸易总额近 10 万亿美元，是 1993 年的 3 倍多。2016 年，北美三国占世界人口的比重不到 7%，但是占全球生产总值的比重为 28%。《北美自由贸易协定》实施以来，北美自由贸易区的经济规模不断扩大。2016 年，美国、加拿大和墨西哥的国内生产总值总和达到 21.1 万亿美元。三国通过《北美自由贸易协定》的合作创造了一个北美自由贸易区，加拿大、美国和墨西哥的公司在这里做的不仅仅是相互制造和销售产品，而是越来越多地与其他成员国公司一起合作制造和销售产品。

第二，《北美自由贸易协定》的条款通过保证在整个自由贸易区对投资者及其投资的公平、透明和非歧视性待遇，确保了投资决策的更大确定性和稳定性。《北美自由贸易协定》有助于增强加拿大对外国投资者的吸引力，同时为加拿大人在《北美自由贸易协定》合作伙伴的经济中提供了更多的投资机会。投资是经济增长的关键支柱。截至 2016 年年底，《北美自由贸易协定》合作伙伴在加拿大的投资存量为 3 938 亿加元（美国为 3 921 亿加元，墨西哥为 17 亿加元），而加拿大对美国和墨西哥这两个《北美自由贸易协定》合作伙伴的投资存量为 4 912 亿加元（美国为 4 744 亿加元，墨西哥为 168 亿加元）。加拿大的统计数据显示，2016 年，加拿大和美国的双边投资总额超过 8 664 亿加元，是世界上最大的投资关系之一。自《北美自由贸易协定》生效以来，加拿大在墨西哥的直接投资存量急剧增加，2016 年达到近 168 亿加元，高于 1993 年的 5.3 亿加元[①]。

---

① 参考加拿大全球事务部于 2018 年 1 月 22 日发布的《北美自由贸易协定》事实清单。

### 四、《北美自由贸易协定》对墨西哥的积极影响

一般认为，作为发展中国家的墨西哥是北美自由贸易区成员国中的最大受益者。相较美国和加拿大而言，《北美自由贸易协定》更为明显地刺激了墨西哥经济的增长。墨西哥获得的利益主要包括扩大了对美国和加拿大的出口，吸收到大量来自美国和加拿大的直接投资，引进了先进的技术和管理经验，提高了劳动生产率，缩短了与美国和加拿大之间的经济差距等。大多数关于《北美自由贸易协定》对墨西哥经济影响的研究认为，协定对墨西哥经济的总体影响应该是积极的。总体而言，虽然效益没有在墨西哥国内获得平均分配，但《北美自由贸易协定》给墨西哥经济带来的是正面的经济和社会效益。2011年，世界银行关于《北美自由贸易协定》对墨西哥经济影响的评估报告认为，北美自由贸易区经济一体化对提升墨西哥的制造业生产能力具有积极作用；《北美自由贸易协定》帮助墨西哥接近美国和加拿大的发展水平；《北美自由贸易协定》帮助墨西哥制造商能够更快地适应美国的技术创新；《北美自由贸易协定》可能对墨西哥的就业的数量和质量产生积极影响[1]。墨西哥时任总统比森特·福克斯·克萨达（Vicente Fox Quesada）就曾对《北美自由贸易协定》给予了高度评价。他认为该协定极大地促进了墨西哥的经济发展，并且使墨西哥获得工作、经验、技术转让等大量利益。

具体来说，《北美自由贸易协定》对墨西哥的积极影响主要体现在以下方面：

第一，在《北美自由贸易协定》生效后，墨西哥在摆脱金融危机后保持着持续高速经济增长的态势。墨西哥在1994—1995年爆发了金融危机。《北美自由贸易协定》在美国帮助应对墨西哥金融危机的政策反应中发挥了重要作用。正是因为墨西哥已经加入了北美自由贸易区，美国担心墨西哥的金融危机可能波及整个自由贸易区，所以克林顿政府对墨西哥施以了援手。墨西哥在经历了金融危机后迅速恢复。随后，墨西哥的经济增长率一直高于整个地区。1996—2002年，其年均增长率为4%，高出同地区的阿根廷（增长率为-0.3%）、巴西（增长率为2.0%）和智利（增长率为3.7%）。墨西哥经济获得持续的高速增长很大程度上与加入北美自由贸易

---

① 参考美国国会研究服务部于2017年5月24日发布的《〈北美自由贸易协定〉研究报告》。

区有着密切的关联。这些积极因素包括：北美自由贸易区成立后产生的投资促进效应，增加了墨西哥投资和就业机会，有力地加速了墨西哥的经济增长；区域内贸易的扩大而对经济增长产生的积极的刺激作用，有效带动了墨西哥国内生产总值的增长；由于墨西哥对美国和加拿大市场机遇的扩大，竞争的加剧所产生的动态效应积极促进了墨西哥经济增长。

第二，北美自由贸易区成立后，墨西哥与美国和加拿大之间的贸易获得大幅度增长。《北美自由贸易协定》生效前的1993年，墨西哥对美国和加拿大两国的双边贸易额总和为925亿美元，此后连续四年呈两位数的增长率，1997年对两国的贸易总额已升至1 822亿美元。其中，墨西哥对美国的出口额由1993年的400亿美元扩大到2009年的2 160亿美元；而墨西哥从美国的进口额由1993年的420亿美元扩大到1 510亿美元。通过增加双边贸易，墨西哥和美国的经济变得越来越相互依存。2009年，墨西哥是美国第三大贸易伙伴，占美国2009年贸易总额的近12%。墨西哥在很大程度上依赖美国经济。2009年，美国经济占墨西哥进口总额的51%，占出口总额高达84%。在很大程度上，墨西哥依赖美国这一出口市场；当然这种依赖在后来已经有小幅度降低。墨西哥对美国出口总额的占比从1993年的83%下降到2018年的76.4%。2018年，美国是墨西哥第一大出口市场和第一大进口来源国。2018年，墨西哥对美国出口总额为3 443.2亿美元，占比为76.4%；墨西哥从美国进口总额为2 158.2亿美元，占比为46.5%[①]。除了墨西哥和美国之间紧密的经济关系，墨西哥与加拿大的贸易关系在《北美自由贸易协定》影响下也获得稳定发展。尽管墨西哥与加拿大的双边贸易对北美三边贸易的重要性小很多，但是1993—2008年墨西哥与加拿大的双边贸易增长超过了5倍，从40亿美元增至260亿美元。1993—2018年，墨西哥对加拿大的商品出口总额从37亿美元增至368亿美元，增长近9倍；墨西哥从加拿大的商品进口总额从8亿美元增至82亿美元，增长超过9倍。

第三，《北美自由贸易协定》导致了北美自由贸易区贸易壁垒的消除、关税的消除或者大幅度降低，增强了墨西哥制造业的商品在美国、加拿大以及世界市场的贸易竞争能力。在加入北美自由贸易区之前，墨西哥长期受到贸易逆差的困扰。1992年和1993年，墨西哥的贸易逆差曾经高达159

---

① 参考中国商务部发布的《墨西哥货物贸易及中墨双边贸易概况》。

亿美元和 135 亿美元。自 1994 年《北美自由贸易协定》生效以后，墨西哥在北美自由贸易区内的贸易收支长期保持着盈余，这为墨西哥的国际贸易收支平衡起到了非常重要的作用。在《北美自由贸易协定》生效之前，墨西哥对美国和加拿大两国的贸易之和为逆差状态，但自 1994 年以后，在对区内贸易总量增长迅速的同时，墨西哥出口（主要对美国）增幅更快，至 2017 年已经接近 1 340 亿美元，其中 1 324 亿来自美国，共约占当年国内生产总值的 12%。墨西哥将其与美国的双边商品贸易差额从 1993 年的 20 亿美元逆差转为 2007 年的 740 亿美元峰值顺差，2009 年回落至 480 亿美元。2017 年，墨西哥对美国的贸易顺差为 1 324.2 亿美元。2018 年，墨西哥对美国的贸易顺差为 1 285 亿美元。自从加入北美自由贸易区以来，墨西哥出口贸易的增长表现令人印象深刻。例如，1993—2002 年，世界出口贸易总额增长不到 75%，而墨西哥的出口贸易增长约为 300%。墨西哥与非《北美自由贸易协定》国家的贸易在 1993—2002 年增长了近 3 倍，这反映了墨西哥在世界贸易中的地位明显提升。此外，在《北美自由贸易协定》生效后的时期，墨西哥的出口贸易增长高于大多数新兴市场经济体。例如，1996—2002 年，只有韩国和土耳其的出口贸易增长率高于墨西哥。同期，墨西哥的进口贸易增长率是新兴经济体中最高的。墨西哥的开放度（贸易额与国内生产总值之比）从 1980—1993 年的 32% 上升到 1994—2002 年的 58%[①]。

第四，通过《北美自由贸易协定》的实施，墨西哥成功吸引到大量来自美国和加拿大两国的直接投资，并且墨西哥的外来直接投资形成了良性的集群效应。毫无疑问，美国占墨西哥吸引外国直接投资流入的最大份额。2008 年，美国的外国直接投资流入占墨西哥总流入量的 41%（2009 年上升至 53%）。墨西哥经济受益于外国直接投资的大幅增长，不仅得益于其《北美自由贸易协定》伙伴，而且得益于其他试图借助墨西哥进入北美市场的竞争对手。《北美自由贸易协定》大大加快了区域贸易和投资流动的增长，有利于日益依赖北美贸易伙伴的墨西哥经济。根据联合国贸易和发展会议的数据，流入墨西哥的外国直接投资总额从 1987—1993 年的年均 35 亿美元增加到 1994—2000 年的 124 亿美元，增加了 2 倍多；外国直接投

---

① KOSE M, AYHAN G M, TOWE C. How has NAFTA affected the Mexican economy? Review and evidence of monetary policy and macroeconomic stabilization in Latin America [M]. Berlin: Springer, 2005: 35-81.

资存量总额从 1993 年的 410 亿美元猛增至 2008 年的 2 950 亿美元。通过引进先进技术和管理经验，墨西哥提高了劳动生产率，促进了经济增长。由此墨西哥的出口商品结构发生了重大变化，从传统以原料和初级产品为主变成了制成品为主体的商品出口模式。在《北美自由贸易协定》生效后，墨西哥的出口贸易基础转向制成品。尽管制成品在出口商品中所占的份额自 1980 年起一直在增加，但在《北美自由贸易协定》实施后，墨西哥多样化的发展步伐明显加快，因为《北美自由贸易协定》实施时期（1994—2002 年）的平均制造业份额相比《北美自由贸易协定》实施前时期（1980—1993 年）从 37% 左右增加到 80% 以上。因此，墨西哥已成为新兴市场经济体中进出口最多元化的国家之一。

## 第二节 《北美自由贸易协定》对北美自由贸易区 及成员国的消极影响和争议

大多数经济学家都认为，《北美自由贸易协定》在总体上促进了北美自由贸易区及成员国的经济发展。但是与此同时，在《北美自由贸易协定》二十多年的运作过程中，关于《北美自由贸易协定》对就业和工资的复杂影响与争论一直没有停止过。由于竞争加剧，一些成员国的工人和行业失去了市场份额，而另一些工人和行业从新的创造的市场机会中获益，因此这种利益的重新分配经常造成不同立场人士的激烈辩论。一些社会学家、人类学家、公共卫生工作者、无政府组织和研究机构则是从环境污染、劳工标准、工资水平、贫困问题、非法移民等视野，来审视和分析《北美自由贸易协定》所带来的消极影响。在他们看来，《北美自由贸易协定》确实有很多需要改进的地方。相比较而言，《北美自由贸易协定》更容易在北美自由贸易区成员国的国内政治活动中产生争议。它经常被一些政治人物在国内选举中用来煽动民众情绪，以获取他们的选票。美国、加拿大和墨西哥国内都曾就《北美自由贸易协定》的影响产生过激烈争论，使其成为重要的政治议题。

### 一、《北美自由贸易协定》在美国国内引起的争论

1994 年《北美自由贸易协定》正式生效后，美国民众对该协定的看法

随着时间的推移发生过变化。早期公众对《北美自由贸易协定》的看法是矛盾的，多数受访美国人要么对《北美自由贸易协定》不确定，要么对《北美自由贸易协定》没有看法。随着对《北美自由贸易协定》的公众舆论的演变，支持和反对《北美自由贸易协定》的民意调查出现过间歇性的转变。美国民众对《北美自由贸易协定》最主要的负面情绪是关于就业机会和贸易逆差问题。在2016年美国总统大选期间，特朗普带有民粹特色并具有煽动性的对《北美自由贸易协定》的攻击成为《北美自由贸易协定》舆论出现短暂两极分化的重要推动力。那时候对《北美自由贸易协定》的负面看法不仅在共和党选民中扩散，而且在普通民众中也普遍存在。

《北美自由贸易协定》的重新谈判是由美国特朗普政府主动发起的。特朗普的核心诉求是缩小美国在北美自由贸易区的贸易逆差，并且增加美国的就业机会。鉴于美国在北美自由贸易区的绝对支配和主导地位，从《北美自由贸易协定》重新谈判的最初启动，一直到《美国-墨西哥-加拿大协定》的达成协议，在很大程度上体现出了美国的贸易战略诉求。美国基本上成功地实现了在关税、原产地规则等大多数诉求，因此新协定在本质上与美国国内的利益诉求是一脉相承的。自北美自由贸易区成立后，墨西哥在区域内的贸易增长最快，并处于与美国较大的贸易顺差状态。从数据上看，尽管美国对加墨两国的贸易额增长明显，但由于进口增幅大于出口，致使美国对两国出现持续的贸易逆差。事实上，在协定生效的第二年，即1995年，美国相应逆差即从1993年的125亿美元飙升至387亿美元。而在2008年世界金融危机之前的2007年，更进一步扩至1 454亿美元。其后虽有减少，但在2017年仍旧高达975亿美元。在很大程度上，这也成为特朗普政府大力推动修改《北美自由贸易协定》的直接动因。美国国内反对者包括一些代表劳工团体和消费者利益的利益集团。他们认为，《北美自由贸易协定》造成了制造业向墨西哥外流，降低了美国工人工资，也给美国带来了失业；美国国内的工资水平被压制，造成中下层工人的贫困问题。美国智库经济政策研究所的研究结论是，由于《北美自由贸易协定》的实施，1993—2013年美国失去了约85万个工作岗位①。该所的一些统计数据显示，美国50个州和哥伦比亚特区都经历了净失业。1993—2000年，美国实际和潜在失业人数为766 030人。每个州的净失业人数从阿拉

①　SCOTT R E. Heading South：US-Mexico trade and job displacement after NAFTA［R］. Washington DC：Economic Policy Institute，2011.

斯加的最低的失业人数 395 人到加利福尼亚的最高失业人数 82 354 人。其他遭受重创的州包括密歇根、纽约、德克萨斯、俄亥俄、伊利诺伊、宾夕法尼亚、北卡罗来纳、印第安纳、佛罗里达、田纳西和佐治亚，每个州都有超过 20 000 个工作岗位流失。这些州都拥有高度集中的各类工业，包括汽车、纺织品和服装、计算机和电器等，自《北美自由贸易协定》实施以来，这些工业得以在墨西哥一些地区迅速扩张①。

即使在特朗普之前，美国国内政治关于《北美自由贸易协定》产生的效果一直都存在着争论，因此这是多年来美国国内各大利益集团博弈交锋的战场之一。在历届美国总统大选中，《北美自由贸易协定》曾经屡次充当了民主党和共和党候选人辩论的重要话题。

早在《北美自由贸易协定》的谈判期间，协定可能造成的消极影响就曾在美国国内引起过较大的争议。在 1992 年的美国总统大选中，独立候选人罗斯·佩罗（Ross Perot）把反对《北美自由贸易协定》作为他全国竞选的基石。他警告美国选民，由于美国、加拿大和墨西哥之间巨大的工资差距，《北美自由贸易协定》将让墨西哥吸走了美国数百万个就业机会。在 1992 年 10 月举行的第二次总统辩论中，他批评竞争对手说：如果你实施《北美自由贸易协定》，他们每小时付给人们一美元，没有医疗保健，没有退休，没有污染控制，你将听到一个巨大的吸吮声，工作岗位被撤出这个国家。虽然经济学家认为佩罗的说法是大错特错的，然而佩罗的警告还是引起了美国大量工人、环保人士和从事制造业的城镇居民的共鸣。这帮助他赢得了当年美国总统大选的 2 000 万张选票，约占总选票的 19%。

在 1992 年美国总统大选中，作为民主党的候选人克林顿也曾批评过《北美自由贸易协定》罔顾美国利益。不过在一年后，作为美国总统的他却在这份协定上签字。为了争取《北美自由贸易协定》在国会的通过，克林顿政府进行了大量的游说工作，并且特意加入了两份附加协定，以获得民主党在劳工问题和环境保护方面的支持。作为与发展中国家签署的第一个自由贸易协定，《北美自由贸易协定》引起了美国劳工组织的极大忧虑和反对。他们担心墨西哥的廉价劳动力会吸引更多的美国资本外流，进而带来更多的进口，在两个方面对美国的蓝领工人构成竞争压力。但美国的商业界则全力支持这一协定，他们将此看作利用墨西哥廉价劳动力，寻求

---

① SCOTT R E. NAFTA's impact on the states: the industries and states that suffered the most in the agreement's first seven years [R]. Washington DC: Economic Policy Institute, 2011.

更高资本回报的良机。美国纺织服装业界也出现了分裂，纺织业由于得到了原产地规则的保护，转而支持《北美自由贸易协定》，而服装业则仍然坚决反对。而且环保、劳工标准等问题也是成为《北美自由贸易协定》辩论的焦点话题，在最终国会的投票记录中，众议院的民主党议员有 156 票反对（102 票赞成），共和党议员有 43 票反对（132 票赞成），一名独立党议员反对；参议院的民主党参议员有 28 票反对（27 票赞成），共和党参议员有 10 票反对（34 票赞成）。时任密苏里州的众议院多数党领袖的理查德·盖普哈特和密歇根州的众议院多数党鞭大卫·博尼奥尔都投票反对这项协定，这反映了该协定产生的分歧。他们认为这项协定的实施将导致美国失业率上升，降低美国人民的生活水平。

2008 年美国大选中民主党初选中，奥巴马对《北美自由贸易协定》持严厉的批评态度。他曾经表示如果当选美国总统，将与加拿大和墨西哥重新谈判，尤其要修改不利于美方劳工和环境的有关条款。虽然奥巴马声称《北美自由贸易协定》具有"破坏性"，并且是个"大错误"，但是后来证明他反对《北美自由贸易协定》更多的是出于初选时期的竞选策略。北美自由贸易区是克林顿总统任期内的一项标志性成就，但是同时也是工会领袖、草根运动者和中西部人士的攻击目标。这些群体认为家乡工厂的倒闭是由自由贸易区造成的。在初选中，奥巴马选择反对《北美自由贸易协定》，是为了体现出在政策上与当时民主党最有竞争力的候选人希拉里（克林顿的夫人）的差异。但是奥巴马在获得民主党提名后，他调整了对《北美自由贸易协定》的态度。奥巴马在接受《财富》杂志采访时，表示应该与加拿大和墨西哥"开启对话"，并且"想办法如何使自由贸易惠及所有人"。奥巴马成为美国总统后，他的注意力后来转向了《跨太平洋伙伴关系协定》。奥巴马把《跨太平洋伙伴关系协定》定位为《北美自由贸易协定》的重新谈判。他下决心确保该协定的劳工和环境保障措施更加有力，具有约束力，并成为协定中的核心。

## 二、《北美自由贸易协定》对加拿大引起的消极影响及争论

尽管主流的经济学家和政策制定者均倾向同意自由贸易促进了加拿大的经济发展，但是也有一些加拿大经济民族主义者批评说，《美加自由贸易协定》和《北美自由贸易协定》损害了加拿大的国家主权，并且导致了加拿大国家认同意识的丧失。还有一些贸易保护主义者则强调对加拿大国

内传统产业的保护，认为自由贸易导致了本土失去就业机会，是加拿大经济困难的根源。在1988年加拿大选举期间，加拿大的民族主义情绪成为一个重要话题，争论的焦点是1987年10月与美国达成的《美加自由贸易协定》。加拿大民族主义者反对该协定，声称该协定将导致美国不可避免地完全同化和统治加拿大。当时的一些民意调查显示，实际上有更多的加拿大人反对与美国签订自由贸易协定。在《美加自由贸易协定》谈判过程中，加拿大最初对墨西哥加入自由贸易区持怀疑态度，后来是因为为了保护自身的利益才加入三方谈判。加拿大对美国的主要顾虑是担心失去国家主权，而对墨西哥的主要顾虑是担心墨西哥廉价劳动力冲击加拿大经济。经济民族主义者、贸易保护主义者以及劳工组织担忧《北美自由贸易协定》的实施将导致投资从加拿大外流，墨西哥将利用较低的工资结构使得加拿大和美国企业转移至墨西哥，工作机会的大量流失将把加拿大的工资水平拉低到墨西哥的水平。随着北美自由贸易区的发展，越来越多的加拿大民众认同了《北美自由贸易协定》的积极意义。不过他们也认为，美国或墨西哥比加拿大在协定中获得了更多一些的利益。比如，安格斯·里德研究所在针对《北美自由贸易协定》的民意调查中发现，几乎一半（46%）的加拿大人认为美国是在《北美自由贸易协定》中受益最多的国家①。

加拿大国内针对《北美自由贸易协定》一些负面评价，主要体现在以下四个方面：

第一，因为加拿大在劳动生产率、研发和信息技术等方面均落后于美国，同时又不得不面临来自墨西哥廉价劳动力的压力，所以在《北美自由贸易协定》生效后初期导致了加拿大不少中小企业难以生存，加拿大的制造业、农业等领域受到较大冲击。例如，《北美自由贸易协定》的实施导致北美汽车制造业格局发生了深刻的变化。汽车行业是加拿大重要的国际经济部门之一。加拿大曾是世界第四大汽车生产国，但是由于《北美自由贸易协定》实施，大批美国和加拿大的汽车制造企业转向劳动力成本低廉的墨西哥设厂投资，而加拿大在汽车或零部件行业获得的新投资相对较少，并且大量生产设施不得不关闭，相关行业的从业人数不断减少。近年来，加拿大对美国美汽车出口占比降幅明显。加拿大在北美汽车生产中的

---

① 参考安格斯·里德研究所（Angus Reid Institute）于2016年1月29日的民意调查结果。

份额已经下降到不到13%，是其自20世纪80年代中期以来的最低水平。与此同时，墨西哥在北美地区生产中所占的份额几乎增加了两倍，从《北美自由贸易协定》实施之前的7%增加到20%，预计将继续爬升。

第二，加拿大还出现了贫富分化加大、环境污染等社会问题。在《北美自由贸易协定》的影响下，加拿大已经成为一个明显更加不平等的社会。大多数加拿大人的实际收入下降，1999年的收入中值比1990年下降了1 100美元，降幅为2%。虽然这种下降不能完全归咎于《北美自由贸易协定》，但不可否认的是，工资的下降压力、有保障的全职工作的流失以及社会转移支付的大幅削减极大地促进了不平等的加剧。自由贸易和其他新自由主义经济政策也导致财富分配明显更加不平等。1984—1999年，最贫穷的40%的加拿大人的总财富份额从占所有个人资产的1.8%下降到只有1.1%。在同一时期，最富有的10%人口的净值从占全部财富的51.8%上升到55.7%①。

第三，《北美自由贸易协定》进一步加深了加拿大对美国经济的高度依赖关系。长期以来，美国都是加拿大最重要的贸易伙伴，但是它们在经济实力和人口等因素上实力相差悬殊，随着北美自由贸易区经济一体化的深入发展，加拿大愈来愈与美国经济形成不对称的依赖关系。根据加拿大统计局的数据，2017年加拿大对美国的货物出口总额为3 196.5亿美元，占加拿大贸易出口总额的76%；从美国进口的货物总额为2 220亿美元，占加拿大货物出口总额的51.3%。加拿大在能源、木材、汽车等贸易产品上严重依赖美国的市场。因此当美国经济繁荣发展的时候，北美自由贸易区为加拿大带来了出口繁荣、经济增长和投资增加的利益，但是一旦美国的经济出现衰退，北美自由贸易区经济一体化就容易放大对加拿大经济产生冲击的风险，加拿大经济往往会被拖累。在全球化的大背景下，加拿大如何在北美经济一体化的前提下，做到开拓多元化出口市场，趋利避害、减少单一市场风险，是当今对外贸易发展战略的重要课题。

第四，一些加拿大的政治评论家认为，《北美自由贸易协定》被美国利用来危害或削弱了加拿大的国家主权，以服务美国的经济与战略需求。按照比例分享条款，加拿大必须保证对美国市场一定比例的能源出口，即使加拿大出现能源短缺，国内市场供应不足。自《北美自由贸易协定》签

---

① HELLINGER S, HANSEN-KUHN K, et al. Lessons from NAFTA: the high cost of free trade [R]. Ottawa: Canadian Centre for Policy Alternatives, 2003.

订以来，加拿大对美国出口的石油和天然气不断增加。1992 年加拿大对美国石油出口占其总产量的 44%，2006 年已增加到 63%。美国从加拿大的石油进口在战略上有助于其摆脱对以前对海湾地区的进口依赖，但是该条款被批评说阻碍了加拿大联邦政府和各省在向低碳未来过渡的过程中逐步停止石油和天然气的生产。协定第 11 章投资关于投资人国家争端解决条款也经常在加拿大国内受到批评。根据该协定的这一条款，加拿大成为被起诉最多的目标国家，1995—2018 年共有 41 起针对加拿大的索赔，占索赔总额的 48%。加拿大在输掉或协商调解了 8 起案件后，支付了 2.19 亿美元的赔偿金。墨西哥输掉了 5 起案件，赔偿金额超过 2.05 亿美元。美国从未输掉这类案例。截至 2018 年 1 月底，8 起针对加拿大的案件仍未结案，索赔金额超过 4.75 亿美元。批评者声称，第 11 章不可接受，侵犯了加拿大主权，威胁到加拿大国家保护环境的能力，因为该章多次被用来挑战可能对外国投资者的业务产生负面影响的环境立法。

### 三、《北美自由贸易协定》对墨西哥引起的消极影响及争论

长期以来，大多数墨西哥人支持《北美自由贸易协定》。根据 2018 年恩迪亚和拉雷多的民意调查，59% 的墨西哥受访者认为《北美自由贸易协定》对墨西哥经济有益，28% 的墨西哥受访者认为《北美自由贸易协定》对墨西哥经济不利，13% 的墨西哥受访者表示不知道或没有回答①。在 2017 年皮尤研究中心的民意调查中，60% 的墨西哥受访者认为《北美自由贸易协定》对墨西哥有好处②。墨西哥民众对《北美自由贸易协定》经济影响的态度因阶级而异。工人阶级对《北美自由贸易协定》有负面抱怨，认为协定做出的承诺与实际效果有差异，而精英阶层和自由贸易倡导者认为《北美自由贸易协定》给墨西哥带来的好处多于坏处。世界银行所做的《北美自由贸易协定》对墨西哥经济影响的研究课题指出，总体说来，《北美自由贸易协定》对墨西哥经济的积极影响是主要的，但是也不可否认的是，《北美自由贸易协定》对墨西哥也带来不少消极影响，比如：由于大量美国和加拿大的进口商品以及外资的涌入，墨西哥的农业和民族工业等领域受到严重冲击，出现大量失业人口，还造成了贫富分化加剧、环境污

---

① 参考威尔逊中心（Wilson Center）于 2018 年 4 月 3 日发布的民意调查结果。
② 参考皮尤研究中心（Pew Research Center）于 2017 年 5 月 9 日发布的民意调查结果。

染、大量墨西哥人偷渡去美国等社会问题。墨西哥的经济变得过度依赖美国市场，贸易多元化目标难以实现，墨西哥的外交独立性减弱。

第一，在《北美自由贸易协定》的影响下，墨西哥的农业受到的消极影响最为严重。《北美自由贸易协定》生效后，美国和加拿大两国，尤其是美国的农产品大量进入墨西哥市场，导致墨西哥的传统的农业经历了严峻的考验。同美国相比，墨西哥农业生产力低下，规模小、管理差、效率低、成本高，因此无法与高度机械化且享有高额补贴的美国农业相竞争。与此同时，墨西哥政府将对农业的补贴从1990年占农业总收入的33.2%减少到2001年的13.2%，并且其中大部分补贴都用于墨西哥的大型农场。这些因素的存在导致许多墨西哥农业工作者受到沉重打击。在《北美自由贸易协定》严重冲击下，墨西哥在10年内大约失去了130万个农业工作岗位。来自在墨西哥南部的农民受到的冲击最为强烈。这些农业工作者主要是在农村地区从事玉米和大豆生产的小农和自给自足的农民。这些农民中的大多数人因为受教育程度不高，无法将原技能转移应用到新创造的就业岗位上。如今墨西哥42%的粮食依赖进口，美国农作物的倾销价格迫使墨西哥农民退出市场。墨西哥国立自治大学的一项研究表明，自《北美自由贸易协定》生效至2005年，墨西哥农作物种植面积缩小了400万公顷，同期农业提供的就业机会减少了10%。这一状况随着农产品关税的进一步降低而恶化。

第二，在《北美自由贸易协定》的影响下，墨西哥国内还出现了收入差距拉大和地区发展不平衡等严重的社会问题。贫富分化的加剧对墨西哥的经济发展社会稳定构成了深刻的多重威胁。自《北美自由贸易协定》生效以来，墨西哥的收入不平等现象一直在加剧。北美自由贸易区经济一体化增加了墨西哥技术工人的就业机会，提高了靠近美国边境墨西哥各州人民的生活水平，但是也造成了大量农村农民的破产和南部地区的贫困人口的增加。从个人收入来看，1994年墨西哥的基尼系数为0.54，到2000年上升到0.6。2003年，墨西哥极端贫困人口占31%，一般贫困人口占18%。根据墨西哥国家社会发展政策评估委员会的数据，2015年虽然只有约21%的人口生活在农村地区，但他们约占贫困人口的三分之二。农村地区的差距更为明显，61%的土著农村人口极端贫困，而极端贫困的非土著农村人口占比只有19%①。北美自由贸易区的贸易和投资开放政策导致墨西哥地区经济发展差距的大幅增加，扭转了《北美自由贸易协定》实施前墨西哥地区收入趋同的状况。墨西哥北部和西北部的美墨边境地区成为墨西哥新的制造业中心，并以此为中心向周边区域辐射。外国投资绝大多数集中在奇瓦瓦州和圣路易斯波托西州，这两个州标榜其设计精良的基础设施和通往美国边境的便捷通道。在墨西哥南部是传统的农业区，工业缺乏竞争力和外来投资。农业地区由于取消对农业，尤其是对玉米的关税和补贴，面对大量外来农产品的涌入，造成了大量的失业，引发了移民和社会动荡。这些因素的存在导致墨西哥南部地区的贫困落后明显，且差距越来越大，由此产生的政治、经济和社会矛盾日益突出。根据墨西哥官方统计的数据，与得克萨斯州接壤的墨西哥最富裕的新莱昂州60%的人口是中产阶级，而恰帕斯州80%的人却生活在贫困之中。2016年，墨西哥北部新莱昂州的地区生产总值增速超过5%，而南部瓦哈卡州的增长率仅为0.5%。

第三，在北美自由贸易区一体化的背景下，墨西哥与美国的边境还出现了环境污染、非法移民、毒品和武器走私等问题。首先，随着美国和加拿大将大量劳动密集型产业转移到墨西哥，墨西哥境内以及美国边境出现了严重的环境污染问题。在北美自由贸易区建立之初，美国与墨西哥之间3 218.69千米的边境因为贸易量大增而使得环境处于非常危险的境地。人口激增、交通大量增加，工业化的加深导致双方边境的公共卫生和环境水平下降。《北美自由贸易协定》生效后的10年内，墨西哥北部墨美边境地区迅速出现了大量加工工厂，随之而来的是大量的工业垃圾，其中多数是对人体健康和环境构成危害的有毒废料。美国和墨西哥针对双方边境的环境污染问题进行了一些合作，取得了一定的成绩，但是环境治理的效果还有待进一步加强。墨西哥农业综合企业为了应对来自《北美自由贸易协定》的竞争压力，使用了更多的肥料和其他化学品，每年造成大量污染。其次，《北美自由贸易协定》造成了墨西哥在美墨边境的大量非法移民、毒品交易和武器走私等问题。美国和墨西哥政府的官方数据表明，在美国的1 180万名非法移民中，有580万名来自墨西哥，其余大部分来自中美洲国家，而来自中美洲、南美洲地区的非法移民大多也是经由墨西哥的北

---

① FRANCESCUTTI C. Investing in rural people in Mexico [R]. Rome：International Fund for Agricultural Development，2013.

部边境进入美国的。墨西哥北部与美国接壤边境的毒品交易、武器走私等现象非常猖獗，难以治理。这些刑事和社会治安问题经常让美国和墨西哥两国政府倍感头疼。美国国土安全部报告显示，每年从墨西哥贩卖到美国的海洛因、大麻、可卡因和冰毒等毒品的黑市总价值高达近 200 亿美元。

第五，随着墨西哥与美国在经贸合作的不断深入，墨西哥也如加拿大一样，与美国形成了非常密切但不太平衡的双边经贸关系。墨西哥在对外经贸领域严重依赖美国市场，受美国经济风险的影响十分明显。美国是墨西哥的第一出口市场、第一大进口国、第一大投资来源国和最主要的贸易顺差来源。根据墨西哥经济秘书处统计，2017 年墨西哥货物进出口额为 8 298.5 亿美元。美国是墨西哥的最大贸易伙伴，2017 年墨西哥对美国出口 3 269.6 亿美元，占墨西哥出口总额的 79.9%；自美国进口 1 945.4 亿美元，占墨西哥进口总额的 46.3%。墨西哥的贸易顺差主要来源于美国，2017 年贸易顺差额为 1 324.2 亿美元。一些经济民族主义者批评，墨西哥对美国的这种不平衡关系削弱了墨西哥的国家主权和自主性。墨西哥在北美自由贸易区的贸易和产业分工在很大程度上是服务于美国的战略需求。墨西哥是拉丁美洲仅次于巴西的第二大经济体，曾经长期奉行独立自主的外交政策，在国际舞台上具有一定的影响力。这些批评家认为，自加入北美自由贸易区后，墨西哥渐渐地被国际社会视为美国的"小伙伴"，由于墨西哥在北美自由贸易区所处的附属地位，其政治独立性的地位明显下降。因此，墨西哥迫切需要继续开辟除美国以外的国际市场，提升自身的地缘政治价值，以促使政治关系和对外经贸关系获得多样化发展。

## 第三节 《北美自由贸易协定》重新谈判的经历和结果

特朗普在 2016 年美国总统竞选期间，曾经多次批评《北美自由贸易协定》。他承诺在就任美国总统后，即与加拿大和墨西哥展开针对该协定的重新谈判工作。《北美自由贸易协定》的重新谈判于 2017 年 8 月正式启动，到 2018 年 9 月 30 日美国与加拿大达成协议。《北美自由贸易协定》到《美国-墨西哥-加拿大协定》，总共经历了三个阶段：《北美自由贸易协定》重新谈判的启动阶段、《北美自由贸易协定》重新谈判的正式谈判到最终美墨加三国达成协议阶段、《美国-墨西哥-加拿大协定》在美墨加三国的批准到生效阶段。

## 一、《北美自由贸易协定》重新谈判的启动阶段

2016 年 6 月 28 日，特朗普在宾夕法尼亚州匹兹堡的竞选演讲中，声称他对《北美自由贸易协定》的反感。匹兹堡是一个美国铁锈地带的中心。他认为"《北美自由贸易协定》是美国历史上最糟糕的贸易协定"。他誓言如果当选美国总统，会迫使加拿大和墨西哥开展针对《北美自由贸易协定》的重新谈判工作，以作为保护和恢复美国就业努力的一部分。如果加拿大和墨西哥拒绝重新谈判，特朗普说美国将退出该自由贸易协定，并且这还将导致对这些国家向美国出口的商品征收关税。这位共和党总统候选人还表示，他将终止奥巴马谈判的《跨太平洋伙伴关系贸易协定》。

2016 年 11 月特朗普当选美国总统后不久，加拿大总理贾斯丁·特鲁多（Justin Trudeau）和加拿大时任驻美大使大卫·麦克诺顿（David Mac-Naughton）先后表示，加拿大愿意与美国和墨西哥重新谈判《北美自由贸易协定》。墨西哥外交部时任部长克劳迪娅·鲁伊斯·马谢乌（Claudia Ruiz Massieu）在接受媒体采访时表示，墨西哥政府愿意与美国政府以及加拿大政府一起更新《北美自由贸易协定》，使该协定对三方都有益，但是并不赞成重新谈判和大幅度修改。

2017 年 1 月 22 日，特朗普在就任美国总统仅几天后就表示，他将在同加拿大和墨西哥领导人会面时开始重新谈判《北美自由贸易协定》。他说："移民、边境安全等部分都要重新谈判。"针对特朗普的讲话，墨西哥时任总统恩里克·培尼亚·涅托（Enrique Pena Nieto）同加拿大总理特鲁多通电话，强调墨加关系、《北美自由贸易协定》以及投资自由流动的重要性。2017 年 1 月 23 日，特朗普总统就退出《跨太平洋伙伴关系协定》发表了备忘录，宣布退出该协定。这预示着他也将履行关于《北美自由贸易协定》重新谈判的承诺。2017 年 5 月 11 日，美国参议院以 82 票赞成、14 票反对的结果，确认提名罗伯特·艾米特·莱特希泽（Robert Emmet Lighthizer）为美国贸易代表。美国的贸易协定谈判通常是由贸易代表带队。莱特希泽的确认显示出美国已经就与加拿大和墨西哥进行《北美自由贸易协定》重新谈判的首席谈判代表人选到位。作为一位资深和精明的贸易谈判专家，莱特希泽在华盛顿律师界是公认的强硬派。同时他也是一名主张贸易保护主义的共和党人，这与特朗普在贸易问题上的态度非常吻合。

2017 年 5 月 18 日，时任美国贸易代表的莱特希泽正式向美国国会发出了一份 90 天的通知，表示特朗普政府计划与墨西哥和加拿大就《北美自由贸易协定》展开重新磋商。通过这些谈判，美国将寻求通过改善美国与加拿大和墨西哥的贸易机会，支持美国的高薪工作，并促进美国经济增长。莱特希泽在致国会的信中表示，特朗普政府承诺结束谈判，为美国消费者、企业、农民、牧场主和工人带来及时和实质性的成果。这些目标将与美国的优先事项以及国会在 2015 年两党国会贸易优先事项和责任法案中确立的谈判目标保持一致。《北美自由贸易协定》重新谈判不早于 2017 年 8 月 16 日开始。随后，美国贸易代表办公室在《联邦登记》上发布公告，向公众就《北美自由贸易协定》谈判的方向、重点和内容征求意见。美国贸易代表办公室收到了 12 000 多份答复，并在三天的公开听证会上直接听取了 140 多名证人的证词。这些为《北美自由贸易协定》重新谈判提供了各种各样的诉求。

2017 年 7 月 17 日，美国贸易代表办公室发布了针对《北美自由贸易协定》一份详细全面的重新谈判的目标清单，强调通过《北美自由贸易协定》的重新谈判，特朗普政府将通过改善美国制造业、农业和服务业在加拿大和墨西哥的市场准入，以减少美国的贸易逆差。美国贸易代表办公室首次将削减贸易赤字作为《北美自由贸易协定》谈判的具体目标。自 1994 年《北美自由贸易协定》实施以来，美国与墨西哥的双边货物贸易差额已从 13 亿美元的顺差增至 2016 年的 640 亿美元逆差。加拿大在乳制品、葡萄酒、谷物和其他产品方面出现了市场准入问题，而协议无法扫除这些障碍。谈判目标还包括增加一个数字经济章节，并纳入和加强《北美自由贸易协定》附加协定中的劳工和环境义务。此外，政府还努力消除不公平的补贴、国有企业扭曲市场的做法以及对知识产权的沉重限制①。

2017 年 7 月 19 日，美国时任贸易代表莱特希泽宣布，《北美自由贸易协定》的首轮重新谈判于 2017 年 8 月 16 日至 20 日在华盛顿举行。美国时任西半球贸易代表助理约翰·梅勒（John Melle）担任这轮谈判的首席谈判官。他负责指导日常谈判。梅勒是一名职业谈判代表，他于 1988 年加入美国贸易代表办公室，在那里他协助监督《北美自由贸易协定》和其他贸易协定。美国时任贸易代表莱特希泽和商务部部长威尔伯·罗斯（Wilbur

---

① 参考美国贸易代表于 2017 年 7 月 17 日发布的《北美自由贸易协定谈判目标》。

Ross）是负责贸易谈判的主要内阁官员。时任总统特朗普负责监督美国的贸易谈判。

墨西哥政府任命了经验丰富的肯尼思·史密斯·拉莫斯（Kenneth Smith Ramos）为首席谈判官，并且还成立了由各政府部门官员和专家组成的强大后援团队。拉莫斯曾任墨西哥《北美自由贸易协定》驻华盛顿办事处主任。墨西哥经济部时任部长伊尔德丰索·瓜亚尔多（Ildefonso Guajardo）负责监控墨西哥的贸易谈判进程。墨西哥被认为是美国这次重启《北美自由贸易协定》谈判的重点施压对象，对此墨西哥冷静应对，采取措施，同时做好了美国退出北美自由贸易区的准备。

当时加拿大政府的首席谈判官为史蒂夫·沃赫尔（Steve Verheul）。维赫尔在国际贸易界广受尊重。他长期担任农业贸易谈判代表。2009—2017年，他一直是加拿大与欧盟针对《加拿大-欧盟全面经济与贸易协定》谈判的关键人物。加拿大外交部时任部长克里斯蒂娅·弗里兰（Chrystia Freeland）负责监督加拿大谈判小组。弗里兰得到了一个咨询委员会的支持，其中包括时任保守党领袖罗娜·安布罗斯（Rona Ambrose）和时任哈珀内阁部长詹姆斯·摩尔（James Moore）、原住民议会时任议长佩里·贝勒加德（Perry Bellegarde）和加拿大劳工大会时任主席哈桑·尤瑟夫（Hassan Yussuff）[1]。

## 二、《北美自由贸易协定》重新谈判的正式谈判阶段

在正式谈判阶段，美国、加拿大和墨西哥从2017年8月16日到2018年3月5日，先后进行了七轮的三方谈判。在前四轮正式谈判中，美墨加三国相对进展得比较顺利，虽然三方在劳工标准、争端解决、自由贸易限制等问题上存在分歧，但是在中小企业现代化、电信、竞争政策、数字贸易、良好监管做法、海关和贸易便利化等领域的一些议题中取得进展，并且形成了初步具有实质性文本提案。在后三轮正式的谈判中，美墨加三国基本上没有取得实质性进展，三方谈判陷入了僵局。美墨加三国谈判面临的主要障碍包括汽车原产地规则、争端解决机制、日落条款、政府采购以及主要市场准入等规则。

2017年8月16—20日，美墨加三国在美国首都华盛顿进行了为期

---

① 参考加拿大国际事务部于2018年1月发布的声明。

5 天的针对《北美自由贸易协定》的首轮三方谈判。参与谈判的美国、加拿大、墨西哥发表联合声明，称在 5 天时间内，三方就 20 多项议题进行了谈判，并已开始着手推进文本内容，在未来两周时间内三方将继续提交额外文本、评论和替代方案。联合声明提出，三方制定快速的谈判节奏，第二轮谈判于同年 9 月 1 日—5 日在墨西哥举行，第三轮谈判于同年 9 月底在加拿大进行，第四轮谈判于同年 10 月回到美国举行，2017 年剩余时间内的后续谈判计划也正在制定中。面对艰巨的谈判任务，联合声明称，三方承诺致力于快速、全面的谈判①。

2017 年 9 月 1—5 日，美墨加三国在墨西哥首都墨西哥城举行了为期 5 天的第二轮谈判。美国时任贸易代表莱特希泽、墨西哥经济部时任部长索瓜哈尔多、加拿大外交部时任部长弗里兰发布的三方声明指出，由贸易专家和技术官员组成的 20 多个工作组努力推动讨论，交流信息和建议。在几个小组中，这种接触使得提案合并成为一个单一的文本，并在随后的谈判回合中继续商讨。各方在许多领域都取得了重要进展，当时预计几周后将取得更大进展。三国继续各自的内部磋商进程，为同年 9 月 23—27 日在加拿大渥太华举行的第三轮谈判做准备。墨西哥、美国和加拿大的部长们重申，他们致力于快速和全面的谈判，共同目标是在 2017 年年底结束这一进程。

2017 年 9 月 23—27 日，美墨加三国在加拿大首都渥太华举行了为期 5 天的第三轮谈判。根据美国贸易办公室发布的声明，三方谈判在合并文本提案、缩小差距、同意谈判文本内容等方面取得重大进展。谈判人员特别是在电信、竞争政策、数字贸易、良好监管做法、海关和贸易便利化等领域取得了重大进展。缔约方还交换了政府采购市场准入方面的初步报价，特别是基本上完成关于中小企业领域的讨论，同意将在《北美自由贸易协定中》列入中小企业一章。谈判者还在努力使协定中有利于中小企业的其他方面现代化，包括海关和贸易便利化、数字贸易和良好的监管做法。讨论还涉及能源贸易、性别和土著居民等议题，谈判在竞争这一章中也取得了实质性进展，谈判者期望在下一轮谈判之前完成这一章的谈判。

2017 年 10 月 11—17 日，美墨加三国在美国弗吉尼亚州阿灵顿举行了为期 7 天的第四轮谈判。根据美国贸易办公室发布的声明，在前三轮谈判

---

① 参考美洲国家组织的外贸信息系统（www.sice.oas.org）。

取得进展的基础上，美墨加三国已经实质性地完成了关于竞争一章的讨论。此外，三方在其他几个谈判小组中也取得了进展，其中包括海关和贸易便利化、数字贸易、良好监管做法和某些部门附件。美国、加拿大和墨西哥已经提出了具有实质性的所有初步文本提案，但是新的提案也带来了非常大的挑战。美国提出的增加协定 5 年自动失效的日落条款、修改汽车原产地规则、废除争端解决机制等引发了巨大争议。加拿大外交部时任部长弗里兰在当天谈判结束后举行的联合记者会上表示，美国提出了一系列"非常规要求"，可能逆转北美自由贸易区 23 年的开放和合作，甚至可能有违世界贸易组织的规定。鉴于各方在概念上的重大差距，三方计划在下一轮谈判之前有较长的闭会期间，以便评估所有提案。

2017 年 11 月 17—21 日，美墨加三国在墨西哥首都墨西哥城举行了第五轮谈判。这轮谈判聚集了近 30 个谈判小组的会面。三方在一些章节中取得了进展，并且同意于 2018 年 1 月 23 日至 29 日在加拿大蒙特利举行第六轮谈判。与此同时，谈判人员将在闭会期间直至同年 12 月中旬会议上继续工作，并将向首席谈判人员汇报所取得的进展。第五轮谈判的步伐明显放缓，因为三方谈判已经深入到争议较大的议题。三方在一些关键性领域的磋商几乎无进展。加拿大和墨西哥难以接受美国在前两轮谈判中所提出的一系列苛刻要求。在争端解决、乳制品和家禽的市场准入、汽车原产地规则、日落条款、政府采购五个方面，加拿大与美国存在着重大分歧，并且断然拒绝了其中一些要求。墨西哥也反对美方提出了日落条款和政府采购等要求。在谈判结束后，美国时任贸易代表莱特希泽发表声明，声称对谈判进展感到担忧。他希望各方能够化解关键性的分歧，在下月的谈判中拿出诚意，推动谈判取得务实成果。有分析认为，第五轮谈判未能取得重大进展，这表明加拿大和墨西哥尚未下定决心对美国做出重大让步。墨西哥于 2018 年 7 月举行总统大选，谈判在墨西哥总统大选前没有获得实质性的突破。

2018 年 1 月 23—29 日，美墨加三国在加拿大蒙特利尔举行了为期 7 天的第六轮谈判。在这次谈判中，各方完成了反腐败章节的谈判，在卫生和植物检疫措施、电信、海关和贸易便利化以及贸易技术壁垒等问题上取得了积极进展，但在汽车原产地规则、日落条款、投资者和国家争端解决机制三个事关谈判前景的核心问题上的分歧依旧存在。加拿大提出的包括汽车原产地的妥协性方案被美国拒绝。尽管经过 6 个月的密集高强度的谈判，美墨加三国在解决汽车原产地规则和争端解决程序等重大问题上还是进展甚微。第六轮谈判仍没有取得实质性的进展。加拿大贸易界对该协定的未来越来越感到悲观，因为这几个月，特朗普不断威胁要退出这项协定。随着 2018 年墨西哥总统大选和美国中期选举的临近，美墨加三国最终能够成功达成协议所剩下的时间已经不多了。

2018 年 2 月 25 日至 3 月 5 日，美墨加三国在墨西哥首都墨西哥城举行了第七轮贸易谈判。美墨加三国代表依旧未能够在重大问题上取得显著突破。美国时任贸易代表莱特希泽表示，如果美国、加拿大和墨西哥无法在两个月内结束谈判，那么美国方面有意将谈判推迟到墨西哥大选之后。莱特希泽表示，时间窗口已经相当小了，根据他的判断，对《北美自由贸易协定》的重新谈判不太可能在 2018 年 5 月底结束，因此三方需要放慢谈判节奏并努力确保谈判得以维持下去，直到 2018 年 7 月墨西哥总统大选后再进行。

自 2017 年 8 月中旬美国启动《北美自由贸易协定》重新谈判至 2018 年 3 月 5 日，美墨加三国已经完成了七轮正式的贸易谈判，虽然三国在一些议题上取得进展，但是在核心问题上仍然进展缓慢。在全部 30 个章节中，美墨加仅在其中 6 个章节达成了一致。其间，虽然美国一直态度强硬，但是加拿大和墨西哥仍然没有在关键分歧上做出让步。

在第七轮谈判遭受挫折后，美国时任贸易代表莱特希泽取消了原定于 2018 年 4 月在华盛顿召开的第八轮正式谈判，取而代之的是部长级以及小型代表团的不断定期会晤。从 2018 年 4 月到 7 月底，重新谈判的形式被改成了"永久性谈判回合"。美墨加三国部长和谈判代表不断会晤以求达成协定。在此期间，美国时任总统特朗普多次发出威胁要退出《北美自由贸易协定》，而且美国在对中国的贸易摩擦背景下，加拿大和墨西哥的利益也受到影响，《北美自由贸易协定》谈判前景愈发蒙上阴影。2018 年 3 月 8 日，特朗普正式签署对进口的钢、铝产品分别征收 25% 和 10% 关税的公告。尽管特朗普政府指责中国的钢铁出口损害了美国利益，但是受其关税计划冲击最大的却是加拿大。加拿大外交部时任部长弗里兰很快表态声称，加拿大会采取应对措施来维护自己的贸易利益和本国工人。加拿大国际贸易部时任部长弗朗索瓦·菲利普·尚帕涅（François-Philippe Champagne）称，特朗普对进口钢、铝产品施加关税是不可接受的。2018 年 3 月 14 日，加拿大总理特鲁多在安大略省视察阿尔戈马钢铁公司表示，加拿大不会在《北美自由贸易协定》谈判中被"击倒"。2018 年 5 月 31 日，特朗普对加拿大、墨西哥和欧盟的钢、铝产品进口分别征收 25% 和 10% 的关税。作为报复，加拿大对 126 亿美元的美国进口产品征收关税。2018 年 6 月 11 日，特朗普在社交媒体推特上指责特鲁多"非常不诚实和软弱"，并威胁将考虑对进口汽车加征关税。尽管两国领导人发表了愤怒的言论，两国关系陷入低谷，但贸易协定的谈判代表仍试图向前迈进。

2018 年 7 月 1 日，左翼政党候选人安德烈斯·曼努埃尔·洛佩斯·奥夫拉多尔（Andrés Manuel López Obrador）在墨西哥总统大选中获得压倒性胜利，于同年 12 月 1 日正式就任总统。由于墨西哥新旧政府对《北美自由贸易协定》中议题存在着分歧，奥夫拉多尔可能会阻止该协定关于能源投资等议题的内容，这意味着《北美自由贸易协定》重新谈判有可能将更加复杂化。涅托在 2018 年 11 月底卸任墨西哥总统。他希望在卸任前留下一笔政治遗产。美国国会对双边协定有 90 天的评估期，因此要想让协定赶在当选墨西哥总统的奥夫拉多尔就职前生效，就必须保证在 8 月底前双方能够谈妥。同时，美国在 2018 年 11 月会迎来中期选举，特朗普政府希望在此之前改善自己在对外贸易上四处树敌的形象，为共和党争取选票。在这种背景下，美国与墨西哥开展了双边贸易谈判，并且拒绝加拿大的加入。2018 年 7 月 18 日，在内阁会议前会见记者时，特朗普暗示，美国和墨西哥可能正在接近达成一个双边贸易协议。他声称，美国可能会单独跟墨西哥达成一个双边贸易协定，稍后再与加拿大谈判贸易协定。由于美墨两国各有所求，双方谈判进展迅速，最终在汽车、日落条款、能源等棘手问题获得重大突破。2018 年 8 月 27 日，美国贸易代表办公室发布声明，宣布美国和墨西哥两国达成了初步的贸易协定。

美国贸易办公室于 2018 年 8 月 27 日发布了关于美墨两国达成的初步贸易协定原则中的事实清单，特别是列举了美国和墨西哥在制造业、农业、知识产权、数字经济、小额贸易免税、金融服务、劳工和环境等领域达成的协议。美墨双边贸易协定制造业提高了本地区的原产地标准，75%以上的汽车零部件要由美国和墨西哥生产、40%～45%的汽车零部件的制造工人时薪至少要 16 美元才可享受关税优惠。对于纺织业，新协定鼓励美国和墨西哥在纺织品和服装贸易中扩大生产，加强海关执法，并促进双方就纺织品和服装贸易问题进行更广泛的协商与合作。美墨协定还涉及知识产权、数字贸易、小额贸易免税、金融服务、劳工和环境等内容。新协定约束并强化了知识产权执法，设置了严格的贸易秘密保护、对各类创新活动的全面保护，明确劳工集体谈判权，并强化环境保护。

在很大程度上，美国与墨西哥达成的双边贸易协定触发了加拿大与美国之间贸易谈判进程的加速。2018 年 8 月 27 日，特朗普表示，他即将致电加拿大总理特鲁多商谈贸易协定，同时他威胁，对加拿大加征汽车进口关税比将加拿大纳入美墨协议容易。美国表示，加拿大必须在期限到期前同意美墨两国达成的协定，才能保留在三国贸易协定之中。墨西哥时任总统涅托表示，美墨协议有利于美墨两国，他非常希望加拿大成为美墨协议的参与方。加拿大外交部时任部长弗里兰不得不提前结束欧洲行程，前往华盛顿，并且于 2018 年 8 月 28 日参与会谈，但是加拿大与美国并没有能够在美方设定的 8 月 31 日的期限前达成协议，由此继而把谈判期限延长至 9 月 30 日。特朗普威胁，如果 9 月 30 日以前不能达成协议文本，他将向加拿大加征汽车进口关税。2018 年 9 月 30 日深夜，就在截止日期的最后一刻，美国与加拿大最终达成协议，从而挽救了两国与墨西哥的三边贸易协定。加拿大在乳制品市场准入上做出了重要让步，而美国在贸易争端机制问题上做出了让步，同意保留这一机制。莱特希泽和弗里兰发布联合声明称，"协定将使得中产阶级更加强大，为将近 5 亿、认同'北美是自己家园'的人民创造良好高薪工作和新机遇"。

根据美国贸易代表办公室发布的《美国-墨西哥-加拿大协定》，新协定不仅包括市场准入、原产地规则、农业、贸易救济、投资、数字贸易、争端解决、知识产权等 30 多个章节，还包括美墨、美加就部分问题所达成的附加双边协议，总共 1 812 页。就美国、加拿大和墨西哥三国而言，它们都做出了某种程度的让步，同时也会有不同程度的受益，当然毫无疑问，美国是三方中最大的受益方。在与美国达成协定后，加拿大国内的反对意见经历了反弹，影响了协定的签署和批准进程。加拿大奶农强烈反对加拿大政府在乳制品市场准入的让步，认为这是涉及国家主权的问题。加拿大奶制品联合会致信特鲁多总理，要求他不要签署这项协定。尽管特鲁多政府承诺对奶农进行补贴，但是奶农依然反应愤慨。时任加拿大联邦反对党、保守党领袖的希尔认为，特鲁多不应该签署这项协定，因为加方让步太大。他还批评说，特鲁多在美国没有取消关税的情况下，就出席了协定签字仪式，这是对加拿大更大的羞辱。联邦新民主党也批评特鲁多让步太大，这是向特朗普投降。在国内压力下，特鲁多向美国威胁，如果美方不取消关税，他将不出席签字仪式。于是美国在一份单独的文件中做出承诺，同意在不超过加拿大汽车进口限额的情况下，不对加拿大汽车征收惩罚性进口关税。在签署协定前的48小时里，特朗普的工作人员花费了大量时间，终于成功劝说特鲁多同意参加新协定的签署仪式。

### 三、《美国-墨西哥-加拿大协定》的签署、修改和批准

2018年11月30日，特朗普、特鲁多和涅托在阿根廷首都布宜诺斯艾利斯参加20国集团（G20）领导人第13次峰会期间，发布新闻发布会，签署了《美国-墨西哥-加拿大协定》。特朗普一直批评说原来的《北美自由贸易协定》对美国不公平，因此他把这份新协定称为《美国-墨西哥-加拿大协定》，以替代已经运行了24年的《北美自由贸易协定》。特鲁多在讲话中并没有把新协定称为《美国-墨西哥-加拿大协定》，而是称为"新北美自由贸易协定"。他的目的是强调新旧协定之间的连续性，以应对国内批评的声浪。2018年11月30日是涅托执政的最后一天。他在发言中说，新协定"开启新时期"。

在2018年11月30日的首次签署仪式之后，《美国-墨西哥-加拿大协定》还须清除三项单独的障碍，即该协定还有待三个国家的立法机构批准，才能获得生效。

（一）《美国-墨西哥-加拿大协定》在墨西哥立法机构的批准经历

墨西哥于2019年6月19日成为第一个批准该协定的国家，当时墨西哥参议院以114票对4票通过了该协定。墨西哥时任总统奥夫拉多尔表示，投票通过是"非常好的消息"，这意味着"就业、贸易和外国投资""我们再次重申我们的决心和信念，我们要与加拿大和美国保持友好合作关系，共同促进发展"。2019年12月12日，墨西哥参议院以压倒性多数的107票对1票通过了修订后的新协定，承诺将成立"特别跟踪委员会"，以保新协定的各项条款顺利实施。在审议辩论会上，墨西哥反对党革命制度党议员代表要求国会创建"特别跟踪委员会"，以保障并扩大墨西哥劳工权益，增强墨企竞争力，墨西哥参议院政策协调委员会主席里卡多对此表示赞同。2020年4月3日，墨西哥宣布准备实施该协定，但要求给其汽车工

业更多时间来遵守该协定。因为墨西哥与美国之间贸易关系至关重要，以及新协定在墨西哥相对缺乏被政治化，所以墨西哥能够获得这种支持。相比较而言，《美国-墨西哥-加拿大协定》在美国和加拿大的立法机构被批准的经历要复杂很多。

（二）《美国-墨西哥-加拿大协定》在美国立法机构的批准经历

按照美国贸易相关的规定，所有影响美国联邦财政收入的法案都需要先在美国国会的众议院上得到通过，之后才能在参议院获得最终通过。在2018年11月6日美国中期选举结果出来后，很多人猜测民主党在众议院的席位增加将会干扰《美国-墨西哥-加拿大协定》的通过。美国国会众议院民主党人对协定中的劳工权益、环境保护等条款表示不满，要求对协定进行修订。时任加州民主党议员南希·帕特里夏·佩洛西（Nancy Patricia Pelosi）形容《美国-墨西哥-加拿大协定》是一项"正在进行的工作"，并警告当时的草案远远不够，"有关工人和工作环境的规定，都没有得到足够保证"。时任纽约州民主党参议员查克·伊利斯·舒默（Charles Ellis Schumer）表示，如果不对《美国-墨西哥-加拿大协定》做出改变，特朗普"将很难得到民主党人的支持"。另外，还有40多名共和党议员写信给特朗普，要求删除协定中关于承诺三国都支持"保护工人免受基于性别的就业歧视的政策，包括在怀孕、性骚扰、性取向、性别认同等方面的政策"的言语措辞。立法者也敦促特朗普不要签署协议，除非该语言被删除。

在这种背景下，美国贸易代表办公室与众议院的一些成员进行了密集的谈判，修订了《美国-墨西哥-加拿大协定》文本，其中大部分是关于劳工议题标准的修订。这引起了墨西哥和加拿大国内的关注。首先，墨西哥国内对一些相关修订提出了异议，要求言语措辞修改为每个国家承诺只执行"其认为适当的政策，以保护工人免受就业歧视"，并要求美方澄清将不会出台任何额外的非歧视性法律。同时，加拿大政府对此文本变化也表达了关注。美国贸易代表办公室随后与加拿大和墨西哥就修正版再次进行了谈判。2018年12月2日，特朗普表示，他很快就会正式通知国会，将终止《北美自由贸易协定》，并敦促国会批准他与墨西哥和加拿大两国首脑签署的《美国-墨西哥-加拿大协定》。2019年12月10日，美国、加拿大和墨西哥高级官员签署了《美国-墨西哥-加拿大协定》的一项修正议定书，修改了新协议在国家间争端解决、劳工、环境、知识产权和原产地规则等方面的某些内容。这为美国和加拿大的立法机构批准该协定铺平了道路。签约仪式在墨西哥城举行。墨西哥时任总统奥夫拉多尔、加拿大副总理弗里兰、美国时任贸易代表莱特希泽以及时任白宫顾问贾里德·科里·库什纳（Jared Corey Kushner）出席签字仪式。对于新的修改稿，美国众议院前议长佩洛西表示，经过修改的《美国-墨西哥-加拿大协定》比特朗普政府最初提议的要好得多。她表示，新协议是"美国工人的胜利"。她还表示，《美国-墨西哥-加拿大协定》已准备好在众议院进行投票表决。众议院筹款委员会时任主席理查德·尼尔（Richard Neal）表示，这是属于有组织的劳工和"美国各地工人"的"胜利"。至此，特朗普政府与由民主党控制的美国众议院已经达成协议。

2018年12月19日，美国众议院以385票赞成、41票反对的结果通过了修订后的《美国-墨西哥-加拿大协定》，为协定最终生效扫除了主要障碍。2020年1月16日，由共和党控制的参议院以89票赞成、10票反对的结果通过修订后的《美国-墨西哥-加拿大协定》。2020年1月29日，特朗普在白宫签署了《美国-墨西哥-加拿大协定》，使得这份替代《北美自由贸易协定》的贸易新框架即将正式生效。白宫在当天发表声明，特别强调《美国-墨西哥-加拿大协定》对美国农业、汽车制造的促进作用。该声明称，《美国-墨西哥-加拿大协定》将提供更多的就业机会和更好的劳工权益保护措施，使得美国工人为之受益，并促进美国企业的发展。

(三)《美国-墨西哥-加拿大协定》在加拿大立法机构的批准经历

2019年5月29日，加拿大自由党政府在下议院提出了旨在批准《加拿大-美国-墨西哥协定》的法案。这是在美国特朗普政府宣布取消对加拿大钢、铝出口产品关税不到两周后加拿大政府采取的行动。特鲁多在发表的一份声明中表示，在关税现已取消的情况下，本议会的成员现在可以付诸行动开始"新北美自由贸易协定"的审批程序了。根据贸易数据，加拿大是美国最大的钢、铝供应国。加拿大官员此前将美国取消对加拿大的钢、铝关税定为批准新协定的先决条件。特鲁多政府提出这一立法程序是在美国时任副总统迈克·彭斯（Mike Pence）访问渥太华之前进行的。彭斯访问加拿大并会晤特鲁多的首要任务就是催促加拿大进行推动议会批准新协定。2019年9月11日，加拿大时任总督朱莉·帕耶特（Julie Payette）

宣布解散第 42 届加拿大议会，并正式发布了 2019 年加拿大联邦选举的选举令。议会解散后，所有待决立法均被废除，这意味着新协定的实施法案需要在 2019 年 12 月 5 日举办的第 43 届加拿大议会中重新提出。

2019 年 12 月 10 日，美国、墨西哥和加拿大三国达成了经过再次修订的《美国-墨西哥-加拿大协定》。2020 年 1 月 29 日，加拿大副总理弗里兰在下议院提出了"新北美自由贸易协定"，未经记录表决一读通过。2 月 6 日，该法案以 275 票对 28 票在下议院二读通过，魁北克集团投反对票，其他所有党派投赞成票，并于 2020 年 2 月 27 日提交国际贸易常设委员会审议，委员会投票决定将该法案提交全体议员三读，无须修改。2020 年 3 月 13 日，下议院通过了实施"新北美自由贸易协定"的 C-4 法案，随后因疫情暴发而暂停 6 周。由于"特殊情况"，该法案的三读即最后一读被视为未经记录表决获得通过，这是全体与会成员一致通过的综合休会动议的一部分。同一天，参议院未经记录表决通过了该法案的一读、二读和三读，随后不久，加拿大时任总督帕耶特将其签署为法律，从此完成了加拿大对该法案的批准。

2020 年 4 月 3 日，加拿大特鲁多政府通知美国和墨西哥，加拿大已经完成了对《加拿大-美国-墨西哥协定》（其称"新北美自由贸易协定"）的国内批准程序。同日，加拿大副总理弗里兰就加拿大批准"新北美自由贸易协定"发表声明，"加拿大现在已经通知美国和墨西哥，我们已经完成了对'新北美自由贸易协定'的国内批准程序。这是朝着执行这一重要贸易协定迈出的重要一步。""加拿大政府将继续与美国和墨西哥政府合作，确定互利的生效日期。我们希望确保'新北美自由贸易协定'强有力地支持经济复苏，我们须把新冠疫情大流行抛在脑后。""'新北美自由贸易协定'对加拿大人，对我们经济中的每个地区和部门都有好处。它对工人、家庭、企业家和企业也都有好处。它支持我国各地社区的繁荣。""在整个谈判过程中，我们与各省和地区进行了磋商。我们与来自各行各业的加拿大人，包括劳工组织、土著人民、妇女、青年和民间社会人士等进行了接触，以达成一项最有利于整个加拿大的协定。通过这一步骤，我希望'新北美自由贸易协定'将于 2020 年晚些时候生效。"①

---

① 参考加拿大全球事务部于 2020 年 4 月 3 日发布批准"新北美自由贸易协定"的声明。

## 四、《美国-墨西哥-加拿大协定》的生效

2020 年 7 月 1 日，《美国-墨西哥-加拿大协定》正式生效，取代了《北美自由贸易协定》。但是，《美国-墨西哥-加拿大协定》的生效并不意味着北美三国之间贸易纠纷结束。2020 年 8 月 6 日，美国时任总统特朗普以国家安全为由，突然宣布对加拿大出口到美国的部分铝产品恢复加征 10% 的关税，加征时间从 8 月 16 日开始。随后，加拿大也宣布实施对等反制措施。美加之间的贸易摩擦为《美国-墨西哥-加拿大协定》中新规则的落实和执行蒙上一层阴影。同时，因为受到全球经济衰退、《美国-墨西哥-加拿大协定》部分新规则在运行过程中面临着受错综复杂的问题的影响，北美三国在如何落实该协定上还要经历艰巨挑战。《美国-墨西哥-加拿大协定》生效后的运行效果以及对北美三国的经济影响，还有待更长时间的检验和深入评估。

# 第四章 《美国-墨西哥-加拿大协定》的利益博弈、基本内容及新变化

由于《美国-墨西哥-加拿大协定》中涉及原产地规则和原产地程序、农业和乳制品、跨境服务贸易、知识产权、数字贸易等大量重要议题，在《北美自由贸易协定》重新谈判过程中，三国代表着不同利益群体所组成的谈判团队展开了激烈的利益博弈，而最终达成的《美国-墨西哥-加拿大协定》则是各成员国之间妥协的产物。本章首先阐述了《美国-墨西哥-加拿大协定》中美国与加拿大和墨西哥之间的利益博弈及利益再分配，以及新协定的基本变化；其次论述了《美国-墨西哥-加拿大协定》文本的基本内容；最后分析了《美国-墨西哥-加拿大协定》与《北美自由贸易协定》和《跨太平洋伙伴关系协定》之间的联系和差异，以及《美国-墨西哥-加拿大协定》的主要特点及新变化。

## 第一节 《美国-墨西哥-加拿大协定》中的美墨加三国的利益博弈

### 一、《美国-墨西哥-加拿大协定》的不同名称

《美国-墨西哥-加拿大协定》的英语名称是 United States - Mexico - Canada Agreement，英语缩写为 USMCA。它还有其他一些比较常见的称谓，比如"新北美自由贸易协定""北美自由贸易协定 2.0 版"等。

美国特朗普政府一般使用《美国-墨西哥-加拿大协定》( United States -

Mexico-Canada Agreement，USMCA）这个名称，其用意在于凸显出特朗普政府在贸易谈判中所取得的成就。特朗普曾经多次批评《北美自由贸易协定》是一项糟糕的协定，他声称，1994 年该项协定生效导致了美国大量制造业的就业机会流失。在 2018 年 9 月 30 日加拿大宣布将加入美国和墨西哥的三方协定后，特朗普就立即开始了对新贸易协定的名称品牌重塑工作。特朗普坚持将《北美自由贸易协定》重新更名，他声称该英语名称及英语缩写 NAFTA 在美国许多地区都被负面看待。在当时，他坚持以USMCA 为英语缩写的《美国-墨西哥-加拿大协定》名称对新协定有着很好的影响。

在加拿大，更新后的《北美自由贸易协定》被特鲁多自由党政府称为《加拿大-美国-墨西哥协定》（英语：Canada-United States-Mexico Agreement，CUSMA。法语：Accord Canad-États-Unis-Mexique，ACEUM）。这种名称体现出加拿大的主体性。在很多场合，加拿大特鲁多政府更频繁地使用"新北美自由贸易协定"这一名称。比如，特鲁多总理在 2018 年11 月 30 日参加该协定的签署仪式和副总理弗里兰在 2020 年 4 月 3 日宣布加拿大批准该协定的时候，都有意识地使用了"新北美自由贸易协定"这个名称，其目的在于强调新旧协定之间的连续性，从而避免因在谈判中做出的一些让步而受到责难。

与此同时，墨西哥时任总统奥夫拉多尔曾经表示，USMCA 的英语缩写对墨西哥本国不起作用。在西班牙语中，《北美自由贸易协定》被称为Tratado de Libre Comercio de América del Norte（TLCAN）。他曾经在推特上发布一项民意调查，调查墨西哥人们对新贸易协定可能名称的看法。墨西哥官方对新协定的西班牙语名称为 Tratado entre México，Estados Unidosy Canadá（T-MEC）。

## 二、《美国-墨西哥-加拿大协定》中的各方利益博弈

自美国特朗普政府于 2017 年 5 月 18 日正式通知国会有关启动《北美自由贸易协定》重新谈判的意向，到与加拿大于 2018 年 9 月 30 日达成协定，再到最后与美加两国于 2018 年 11 月 30 日签署《美国-墨西哥-加拿大协定》以及于 2019 年 12 月 10 日签署修订新协定的整个过程中，我们可以看到美国与墨西哥和加拿大之间激烈的利益博弈。《美国-墨西哥-加拿大协定》在历经了一年多的艰苦拉锯战才得以达成，而且在后来又经过了

文本的修订过程，在此期间美国与加拿大和墨西哥之间的分歧不少，各自的诉求存在着很多差异。这既体现出美国与墨西哥和加拿大在国际层面的利益博弈，也反映出它们受各自国内政治、党派政治格局、工商业团体、企业及工会等利益集团多种因素的影响。

（一）美国在《北美自由贸易协定》重新谈判中的基本诉求及谈判策略

美国在《北美自由贸易协定》重新谈判过程中一直占据着主导地位。这当然是由美国在北美自由贸易区的实力地位所决定的。美国贸易代表办公室在 2017 年 7 月 17 日向国会提交，并且在 11 月 17 日更新的《北美自由贸易协定》重新谈判的目标文本，集中体现出特朗普政府对加拿大和墨西哥的贸易谈判诉求。根据该文本，美国贸易代表办公室将"寻求一个通过改善美国制造业、农业和服务业在加拿大和墨西哥的市场准入，减少美国的贸易赤字，并对所有美国人公平的更好的协定"。美国贸易代表办公室指出，"自 1994 年《北美自由贸易协定》实施以来，美国与墨西哥的双边货物贸易差额已从 13 亿美元的顺差增至 2016 年的 640 亿美元逆差。加拿大在乳制品、葡萄酒、谷物和其他产品方面出现了市场准入问题，而目前的协议没有解决这些障碍。"美国贸易代表办公室的谈判目标还包括增加有关环境和劳工（之前是附加协定）和数字经济（如数据流动）的章节，以及"消除不公平补贴、国有企业扭曲市场的做法以及对知识产权的沉重限制"[①]。

美国在《北美自由贸易协定》重新谈判中的核心人员是时任贸易代表莱特希泽。作为美国贸易谈判的资深人士，莱特希泽一向以态度强硬、精明难缠著称。早在里根政府时期，他就已经出任美国贸易副代表，亲自参与并主导了与日本、欧洲的贸易大战。他当时通过一系列高强度谈判，力阻日本对美国的钢铁和汽车出口大潮。在这些过程中，他十分娴熟地使用"301 条款"等世界贸易组织时期的单边贸易工具，实行强硬的贸易保护主义政策。在 1985 年影响日元汇率深远的广场协议背后，也有着莱特希泽的影子。特朗普选择了莱特希泽，是基于他在推行"美国优先"政策，致力于彻底推翻或改变美国所谓的"不平等"贸易协定，有着非常相同的政治理念。莱特希泽在美国与加拿大和墨西哥进行的《北美自由贸易协定》中推进美国议程发挥了重要影响力。特别是在 2018 年 10 月举行的第四轮三

---

① 参考美国贸易代表于 2017 年 11 月 17 日发布的《北美自由贸易协定》谈判目标的更新声明。

82　《美国-墨西哥-加拿大协定》研究

方正式谈判中，莱特希泽提出了一系列令加拿大和墨西哥震惊的提案。这些提案强调以美国为中心，明显地破坏了自由贸易准则。这些提议包括增加一项日落条款，要求这些国家每五年就是否留在《北美自由贸易协定》进行一次投票。专家们表示，这一条款从未在现代贸易协议中出现过，将使整个地区的商业关系陷入混乱。美国还提出了一些规定，包括要求北美制造的汽车零部件更多地在美国制造，这将使美国制造商比加拿大和墨西哥制造商有更大的优势。从美墨加三国最终达成的《美国-墨西哥-加拿大协定》条款，可以看出莱特希泽的影响力。一些人把莱特希泽称为《美国-墨西哥-加拿大协定》的首席"构架师"。

特朗普的个性特征、政策偏好对《北美自由贸易协定》重新谈判的进程也产生了直接影响。特朗普是一个性格特点非常鲜明的美国总统。他的商人背景影响了他对美国经济利益的高度关注。在美国与加拿大和墨西哥贸易谈判期间，特朗普多次制造紧张氛围，威胁退出《北美自由贸易协定》，并且使用关税威胁手段对墨西哥和加拿大施加压力。特朗普的目的在于利用加拿大和墨西哥担心美国退出《北美自由贸易协定》的心理，并且使用征收高额关税的恫吓手段，迫使两国做出重大让步。在对待贸易谈判的方式方面，特朗普认为美国在多边贸易协定中让步过多，而倾向推动双边贸易谈判来追求最高利益。在他看来，一些国家要么是在军事和外交等方面高度依赖美国，要么是在出口依赖美国的市场，因此在经贸问题上容易被迫让步。同时双边谈判操作方便，涉及国家少，针对性强，在短时间内容易取得成效。《美国-墨西哥-加拿大协定》虽然经历了七轮正式的三方谈判，但是最终实质性的突破是通过双边贸易谈判而取得的。2017年8月开始，美国与墨西哥和加拿大进行第一轮正式三方谈判，但是在进行了三轮正式谈判后数次陷入困境，美国与加拿大和墨西哥僵持不下。

2017年10月11日，正值更新《北美自由贸易协定》的第四轮三方正式谈判在美国弗吉尼亚州阿灵顿举行之际，特朗普发表讲话，再次警告美国可能退出《北美自由贸易协定》，并且威胁可能单独与加拿大和墨西哥缔结双边协定以替代《北美自由贸易协定》。特朗普肯定地回答，他会考虑与加拿大和墨西哥单独达成协定。他说，也许不能达成三方协定，但是会缔结双边协定。2018年6月5日，美国白宫国家经济委员会时任主任劳伦斯·艾伦·库德洛（Lawrence Alan Kudlow）在接受福克斯新闻采访时声称，特朗普正在十分认真地考虑在《北美自由贸易协定》协商中进行调整，他倾向于一对一与加拿大和墨西哥谈判。2018 年 7 月，美国另辟蹊径，选择单独与墨西哥进行双边贸易谈判，并且拒绝加拿大加入。这种方式体现出美国在经历了多轮三方谈判后，感觉进展缓慢，特别是加拿大和墨西哥联合起来难以攻破，于是采用了各个击破策略：先迫使最为弱势的墨西哥在双边贸易谈判中让步，再用与墨西哥达成的成果来逼迫加拿大就范。8 月 27 日，美国贸易代表办公室宣布，美国与墨西哥达成双边贸易协议。美国表示，加拿大必须在期限到期前同意美墨两国达成的协议，才能保留在三国之间的贸易协定之中。这种"极限施压""先易后难""各个击破"双边贸易谈判的方式，有可能成为美国将来与日本、欧盟、英国等经济体进行贸易协定谈判的模式。

（二）墨西哥在《北美自由贸易协定》重新谈判中的基本诉求及谈判策略

墨西哥和加拿大都是《北美自由贸易协定》重新谈判的被动方，其中尤其是以墨西哥最为弱势。墨西哥和加拿大都在经济领域严重地依赖美国，因此两国都非常担忧美国退出《北美自由贸易协定》可能对它们造成负面冲击。在《北美自由贸易协定》启动重新谈判的前一年（2016 年），美国与墨西哥间的贸易额为 5 250 亿美元，美国对墨西哥贸易逆差达 630 亿美元；美国与加拿大的 5 450 亿美元贸易额中，美国对加拿大贸易逆差为 110 亿美元。美国是墨西哥的第一大贸易伙伴、第一大出口市场和投资来源国。2016 年，墨西哥对美国出口总额为 3 028.62 亿美元，占墨西哥出口总额的 81%。墨西哥汽车工业协会的数据显示，2016 年墨西哥向超过 100 个国家出口汽车，对美国出口共计超过 213 万辆汽车，占出口总量的 77%。美国也是加拿大的第一大出口市场。根据加拿大统计局的数据，2016 年，加拿大对美国的出口总额为 2 976.6 亿美元，占加拿大出口总额的 76.4%。美国是加拿大最主要的贸易顺差国，顺差额达 873.2 亿美元。

2017 年 1 月 23 日，墨西哥时任总统涅托提出了五项谈判原则和十个谈判目标，以作为墨西哥进行《北美自由贸易协定》重新谈判的指南。这五项谈判原则包括：①国家主权：墨西哥将坚定捍卫自己的国家利益，同时承认美国与墨西哥的关系也是非常重要的。②尊重法治：相互尊重法治应成为互动的基础。③建设性的愿景：墨西哥将保持双赢的焦点，寻求新颖务实的解决方案。④北美一体化：该地区的活力和竞争力取决于联合行动所有三个国家。⑤全面谈判：墨西哥将处理贸易问题以及移民、安全问题。这十个谈判目标包括：①获得美国政府关于尊重墨西哥移民的权利的承诺。②确保美国对无证移民的遣返工作有条不紊地进行协调一致的方式，维持或改进关于这个问题的现有协议。③与美国政府共同推动中美洲国家发展，它们是经由墨西哥非法移民到美国的来源。④确保墨西哥人在美国的汇款自由流动，避免任何新的困难或费用。⑤美国政府应承诺与墨西哥合作，阻止来自非法来源的武器和现金的流动。⑥保持加拿大、美国和墨西哥之间的自由贸易。⑦将电信、能源和电子商务等新部门纳入更新后的《北美自由贸易协定》。⑧确保与美国达成的任何新协议都能为墨西哥人带来更好的工资收入。⑨保护投资流入墨西哥，墨西哥政府将确保仍然是一个安全和有吸引力的投资目的地。⑩努力创造团结而不是分裂的边界。墨西哥承认主权国家，保证自己的安全，但不相信围墙①。

2017年3月3日，墨西哥经济部时任部长瓜哈尔多表示，墨西哥希望与美国在同年6月中旬开始重新谈判《北美自由贸易协定》，但墨西哥不会接受美国对墨西哥产品施加关税惩罚。他说，《北美自由贸易协定》有不少可以改进之处，关键是墨西哥、美国和加拿大达成的最终协定能保证"三赢"。他还表示，墨西哥欢迎为协定增添一些对美国具有吸引力的改变，例如增强对知识产权的保护，以及加入美国领先优势明显的电子商务等。如果新协定能允许在电信和金融领域展开更多竞争的话，将会为墨西哥带来更多收益。

墨西哥经济部秘书处清楚地表示，愿意有条件地参加《北美自由贸易协定》谈判，其中主要包括五项内容。第一，《北美自由贸易协定》重新谈判必须包括有关劳工和环境的章节。在上一次亚太经济合作组织官员会议上，墨西哥时任总统涅托宣布，《北美自由贸易协定》的任何重新谈判都必须包括这两个重要领域的谈判。第二，协定谈判必须取得双赢。涅托强调，与特朗普政府和特鲁多政府之间的谈判将以五项指导原则为基础，其中包括捍卫国家主权、尊重三国法律制度，对该协定未来的总体建设性设想、更大的区域一体化和对已有23年历史的协定的全面重新谈判。第三，特朗普政府对《北美自由贸易协定》积极价值的认可。墨西哥经济部时任部长瓜哈尔多表示，美方必须承认《北美自由贸易协定》的好处。第四，如果美国对墨西哥征收关税，墨西哥将不会对《北美自由贸易协定》

① BERGSTEN C F, BOLLE M D, et al. A path forward for NAFTA [M]. Washington DC: Peterson Institute for International Economics, 2017.

进行重新谈判。在接受彭博社采访时，瓜亚尔多宣布，如果美国坚持对墨西哥任何进口产品征收关税或配额，墨西哥将退出谈判。第五，墨西哥、美国和加拿大将努力进一步消除仍然存在的非关税保护主义壁垒。墨西哥时任经济部长明确表示，墨西哥政府的立场是，维持贸易壁垒不符合北美自由贸易区三个国家的利益。

2017 年 7 月，墨西哥经济部时任部长瓜哈尔多在接受采访时表示，墨西哥政府愿意讨论在《北美自由贸易协定》框架下减少美国贸易对墨西哥贸易逆差的方法，只要这些不威胁墨西哥的出口能力。他表示，墨西哥最近向外国投资开放能源行业就是一个例子。穿越美国和墨西哥边境的管道正在修建中，墨西哥正在购买更多的美国天然气。抵达墨西哥的外国石油公司将需要购买进口设备和机器。2016 年美国对墨西哥的货物贸易逆差为 630 亿美元。不过瓜哈尔多表示，在服务业部门，墨西哥有着 100 亿美元的逆差，这一点必须要考虑进去。瓜哈尔多补充说，在协议中加入有关电子商务和能源行业的条款，可能有助于让美国缩小贸易逆差。墨西哥政府表明了在《北美自由贸易协定》重新谈判中的优先事项：加强建设争端解决机制，加强建设墨西哥不断增长的能源部门，优先考虑商品和服务的自由获取，以及推进劳动力市场一体化，建立原产地规则以保障地区利益，并统一农业、动物和健康安全知识产权保护条例。墨西哥认识到带有民粹主义特色的特朗普政府给《北美自由贸易协定》重新谈判带来严重挑战。墨西哥的政治策略还包括游说美国其他政党以及社会团体，包括私营部门、民间团体，以及美国国会，以积极促进美墨加三国的《北美自由贸易协定》重新谈判能够顺利开展。

2017 年 10 月，墨西哥执政机构及其盟友的一些参议员在《北美自由贸易协定》重新谈判中划定了六条不能跨越的"红线"，其中包括：设立日落条款，即要求每五年重新审议一次协定；取消墨西哥纺织品的关税优惠；要求汽车制造业国家含量最低的规定；为美国种植者提供季节性保护，防止从墨西哥进口水果和蔬菜；取消第十九章争端解决机制；美国政府在采购中支持美国供应商。他们明确表示，如果新协定的条款越过这些"红线"，会导致他们拒绝接受修改后的新协定。

墨西哥在《北美自由贸易协定》重新谈判的初期，一直和加拿大结成了统一战线，坚持举行三方贸易协定谈判。墨西哥和加拿大有明确的动机来坚持三方贸易谈判。在三方贸易谈判中，实力较弱的两国可以通过结成联盟来增强实力。显然，作为世界上最大的经济体，美国是《北美自由贸易协定》三个成员国中经济实力最强的。如果让墨西哥和加拿大自行与美国进行双边贸易谈判，它们的谈判地位要比美国低得太多。对于实力更强的美国来说，"分而治之"的策略最终使得美国获得了贸易谈判优势。2018年7月以后，墨西哥不得不接受了与美国之间的双边贸易谈判。当时即将离任的墨西哥总统涅托为了保护与美国之间的贸易协定，以避免美国退出《北美自由贸易协定》给墨西哥造成难以承受的经济冲击，所以最终还是选择了与美国单独达成双边贸易协定。根据相关的新闻分析，这或许有助于解释为什么墨西哥最终同意了特朗普政府关于提高汽车工人工资的要求，尽管这一让步可能因美国难以实施新的劳工标准而有所缓和。

（三）加拿大在《北美自由贸易协定》重新谈判中的基本诉求及谈判策略

2017年8月14日，加拿大外交部时任部长弗里兰在加拿大渥太华大学发表演讲，公布了加拿大在《北美自由贸易协定》重新谈判中的诉求清单，其中主要内容包括十个章节。一是设立劳工标准的章节：原有的协定是将劳工标准作为一个附件，加拿大政府认为新协定应该有更加严格的劳工规则。二是设立环境标准的章节：原有协定是将环境作为一个附件，加拿大认为新协定应确保各国不能因吸引投资而削弱对环境的保护，同时应采取措施积极应对气候变化。三是设立性别权利的章节，以促进两性平等。四是设立原住民权利的章节，以促进土著人民的平等权利。五是设立改革投资者-政府争端解决机制：第十一章企业可以起诉政府的内容，加拿大认为在管理涉及公众利益时政府应有不容置疑的权利。六是扩大政府采购：为政府采购营造更加自由的市场，反对美国"购买美国货"法令。七是扩展第十六章有关专业和商界人士临时入境条款：使得专业人士和商界人士跨境流动更加便利。八是维护加拿大关于乳制品和家禽的供应管理体系：加拿大将在这些领域不实行自由贸易，对进口产品实施高关税，以保护本土产业。九是保护文化产业的豁免权：加方坚持认为要对文化产业，如出版和广播实行保护。十是保留规范反倾销、反补贴的争端解决机制：加方希望保留第十九条，以便规范对软木争端等的解决①。

加拿大政府在初期对《北美自由贸易协定》重新谈判的预估结果相对

---

① 参考加拿大全球事务部于2017年8月14日发布的加拿大外交部时任部长就更新《北美自由贸易协定》发表的讲话。

乐观，因为毕竟在最初特朗普政府所针对发难的主要对象是墨西哥，而且侧重于解决贸易逆差和非法移民等问题。在当时，弗里兰将《北美自由贸易协定》重新谈判比作"翻修房屋"。她还表示，加拿大将秉持善意参加谈判，以加拿大特有的能力和意愿寻求妥协，达成双赢解决方案。但是她也强调，加拿大致力于达成对其友善的协议，并不意味着什么协议都接受，这是加拿大政府的底线。在2017年8月14日的演讲中，弗里兰对谈判最终取得圆满成果有信心，但是她也警告，谈判中出现麻烦的、令人不快和不安的时刻在所难免。后来随着《北美自由贸易协定》重新谈判进入"深水区"，特别是在第四轮三方正式谈判结束以后，弗里兰指出美国的新提议给谈判代表带来严峻的挑战。美国提出的增加协定五年自动失效的日落条款、修改汽车原产地规则、废除争端解决机制等均引发了巨大争议，对加拿大和墨西哥产生了巨大的冲击。自从第四轮的三方正式谈判以后，加拿大和墨西哥与美国之间的分歧变得越来越难以弥合，贸易谈判逐渐陷入僵局，难以获得突破。在这种背景下，加拿大政府对《北美自由贸易协定》重新谈判的发展前景的预估出现了变化，心理上日益呈现出担忧的情绪。2018年1月12日，据路透社报道，加拿大两名政府消息人士表示，加拿大日益相信，特朗普会很快宣布，美国打算退出《北美自由贸易协定》。自由党政府消息人士对加拿大新闻网表示，加拿大政府正积极准备对特朗普可能很快表明退出《北美自由贸易协定》意向的相关应对。这些不愿透露姓名的消息人士说，即使特朗普退出《北美自由贸易协定》，加拿大仍然留在谈判桌旁，继续努力。

在谈判策略上，加拿大一直坚持《北美自由贸易协定》的贸易谈判，必须是三方谈判，因为此前外界猜测美国特朗普政府有可能寻求先与加拿大谈判，然后再与墨西哥进行谈判。特朗普曾经表示美国只需要微调与加拿大的贸易关系。他强调重新协商《北美自由贸易协定》的重点是减少美国对墨西哥的贸易逆差问题。2017年2月，加拿大外交部时任部长弗里兰表示，如果重新协商《北美自由贸易协定》，三个成员国必须全部参与。墨西哥外交部时任部长和经济部长也先后强调，《北美自由贸易协定》谈判的大部分必须在三边基础上实现。因为与美国之间的实力相差悬殊，加拿大和墨西哥希望联合起来，共同应对特朗普政府强硬的贸易要求。不过，后来即将离任的墨西哥总统涅托最终还是选择了与美国单独达成双边贸易协定。

在美国与墨西哥的双边贸易谈判于 2018 年 8 月 27 日取得突破后，加拿大立刻被置于困窘的境地。加拿大外交部时任部长弗里兰匆忙赶往华盛顿，试图修复损害。加拿大总理特鲁多强调，保留争端解决机制是《北美自由贸易协定》更新协议中的核心要素。加拿大希望美国可以让步，不要删除现有协定第十九章的争端解决机制。争端解决机制的保留，将有助于加拿大挑战美国依据国内法律的反倾销与反补贴调查。先前墨西哥的态度倾向于美国，已经同意取消《北美自由贸易协定》中的某些反倾销案争端解决小组，并与美国达成了初步协定，这样使得加拿大在谈判中处于相对非常被动的地位。2018 年 8 月 31 日，加拿大与美国就《北美自由贸易谈判》还是没有达成最终协议。加拿大与墨西哥在乳制品、木材、汽车贸易等问题上分歧依然非常明显，而且在加拿大最为重视的争端解决机制方面，美国也不打算保留。双方谈判再次陷入僵局。特朗普更是放出狠话，声称如果加拿大不能与美国达成协定，那么美国将会将加拿大排除出新协议之外，单独与墨西哥建立自由贸易区。当时舆论对于美加双方的谈判前景普遍持悲观论断。特朗普政府把最后期限延长到了 9 月 30 日。2018 年 9 月 30 日晚上 10 点，特鲁多总理召开了紧急内阁会议，商讨协定问题，在经过一番讨论后最终同意了新版的《北美自由贸易协定》。当晚午夜，就在距离特朗普确定的最后时限结束前，加拿大终于同意了加入此前美国与墨西哥达成的贸易协议，从而维护了北美自由贸易区的完整。

## 二、美墨加三国在《北美自由贸易协定》重新谈判中利益博弈的主要争议领域

从《北美自由贸易协定》重新谈判的基本出发点上看，美国的基本诉求是通过大幅度地修改该协定，以此改变美国对墨西哥和加拿大存在的贸易逆差问题，并且促成制造业回流美国，创造就业机会，以达到特朗普政府倡导的所谓的"美国优先"贸易战略。相比较而言，加拿大和墨西哥则被动应谈，只是希望对现有协定进行某种程度的现代化，以此来适应新时期在贸易和投资等领域的客观需求。在贸易逆差问题上，加拿大既不认为对美贸易逆差是实质性的，也不认为仅仅从这个角度评价重要的贸易关系是恰当的，而且如果包括服务业，美国与加拿大之间的贸易并没有逆差；墨西哥也不认为贸易逆差是评估美墨双边贸易关系的一个恰当的方法，这还包括其他许多经济领域。美国与加拿大和墨西哥在《北美自由贸易协

定》谈判过程中，主要是在原产地规则和汽车工业、日落条款、争端解决机制和投资-国家争端解决机制、政府采购、最低邮购免税等多个领域进行了激烈的利益博弈。

（一）原产地规则和汽车行业

原产地规则是美墨加三国在《北美自由贸易协定》重新谈判中利益博弈的核心点。《北美自由贸易协定》的原产地规则要求，为了使一种商品在这三个国家内免税交易，它必须包含一定比例的北美含量，不同产品的含量不同。原产地规则在汽车行业最具争议；汽车必须至少包含62.5%的美国、加拿大或墨西哥成分。美国希望修改北美自由贸易区通行的免税原产地规则，将北美地区的免税内容比例从当时的62.5%提高到85%，并且包括50%的"美国制造"配额，改变计算地区内容（包括工资水平）的方式，以及扩大汽车所有零部件的追踪清单。美国政府正在寻求提高产品中美国含量的百分比，以便获得《北美自由贸易协定》的真正利益。这一直是与加拿大和墨西哥的争论中心，因为《北美自由贸易协定》没有区分美国和北美的内容。对加拿大和墨西哥来说，特朗普政府强烈要求50%的汽车生产必须是美国配额，否则就存在一个严重的症结。美国这项"美国制造"内容的提议遭到了加拿大和墨西哥的强烈反对，并在汽车行业引起了极大的关注，因为这些提议被视为对其供应链的破坏性太大，有可能降低盈利能力和竞争力，并使市场份额损失，进而导致失业。加拿大表示，准备讨论在汽车行业加强原产地规则的问题，但任何改变都必须平等地适用于这三个国家。墨西哥愿意考虑加强规则，但警告，走得太远将减弱该地区的竞争力。按照美国商务部时任部长罗斯的说法，《北美自由贸易协定》的原产地规则正在扼杀美国的就业机会。实际上在过去十年，美国汽车行业的就业率平均每年增长6%。墨西哥时任贸易谈判代表路易斯·德拉卡莱（Luis de la Calle）批评，这种美国制造配额要求将可能损害美国制造业。墨西哥经济部时任副部长贝克坦承："毫无疑问，现在（美国）有些十分棘手的提议。我们很清楚，有些提议违背我们国家的目标。"加拿大时任首席谈判代表沃赫尔说，"美国的这项提议完全行不通，它不仅会损害加拿大和墨西哥的汽车业，还会损害美国的汽车业""我们会见了我们的汽车制造商和汽车零部件供应商。我们还会见了美国汽车制造商、美国汽车零部件供应商、美国商会和美国工会的代表。他们都和我们一样反对美国的这个建议"。

（二）日落条款

自美国谈判代表于 2017 年 10 月在第四轮谈判中首次提出日落条款的提案以来，该条款就一直成为《北美自由贸易协定》重新谈判面临的最大障碍之一。特朗普政府将日落条款视为一种机制，其内容是增加三国每五年强制重新谈判一次《北美自由贸易协定》，如果无法达成新条款，协定将会自动失效。但是墨西哥和加拿大，以及所有在三个国家拥有商业利益的企业都强烈反对美国提出的五年日落条款，认为该条款给北美自由贸易区的未来带来不确定性，使商业投资和就业增长陷入瘫痪。美国提出的这一要求同样遭到墨西哥和加拿大的强烈反对。墨西哥和加拿大都声称这将给企业带来太多的不确定性，从而损害长期投资。墨西哥经济部时任部长瓜哈尔多说，《北美自由贸易协定》不需要日落条款。加拿大国际贸易部时任部长尚帕涅称日落条款会带来不确定性。加拿大时任驻美国大使戴维·麦克诺顿（David MacNaughton）讽刺地指出："如果每一桩婚姻都有一个五年的'日落条款'，我认为我们的离婚率会比现在高出很多。制定贸易协定的原因之一就是创造一个企业可以进行投资的环境。许多投资人将期待 20 年、25 年的回报。如果必须每五年做一次谈判，政治风险的代价就非常高。"加拿大时任首席谈判代表沃赫尔说："当我们与加拿大企业交谈时，当我们与汽车制造商等团体交谈时，他们的计划是相当长远的，他们在这条线上进行大量投资。如果不确定一项协议能否继续存在，而每五年就出现一次这样的问题，那么这将给投资、规划以及协议的效力带来严重的打击。"在日落条款问题上，加拿大建议将日落条款改为"定期审议条款"，今后三国可以据此条款对《北美自由贸易协定》进行修改。

（三）争端解决机制和投资者-国家争端解决

特朗普政府在《北美自由贸易协定》重新谈判目标摘要中表示，将寻求消除第十九章的争端解决机制。加拿大和墨西哥坚持在《北美自由贸易协定》中保留第十九章。第十九章规定，如果某一成员国出口商或生产商认为受到另一国的不公平对待，比如一国被征收反倾销或反补贴关税，则可请求成立由另两国成员组成的专家组，对贸易争端做出有约束力的裁定。加拿大总理特鲁多一再强调，保留争端解决机制将是《北美自由贸易协定》更新的核心要素；而墨西哥国会敦促墨西哥谈判代表拒绝特朗普政府废除第十九章争端解决方案的提议机制。美国坚持要废除《北美自由贸易协定》中第十九章的贸易争端解决机制，认为这一机制超越了美国司法主权。自 1994 年《北美自由贸易协定》生效以来，美国经常输掉此类案件。批评人士提到，《北美自由贸易协定》争端解决体系实际上没有上诉审查程序，专家组一般由缺乏经验的个人组成。美方辩称，第十九章侵犯了美国国内法的主权。但是加拿大表示第十九章争端解决机制可以更新，但是必须将其保留，是其"红线"。2017 年 8 月 14 日，加拿大外交部时任部长弗里兰在渥太华大学的演讲中表示，加拿大反对有关美国废除第十九章争端解决机制的计划。如果美国坚持废除第十九章，加拿大将退出《北美自由贸易协定》。加方认为，保留第十九章争端解决机制，将有助于加拿大用于制约美国单边贸易保护主义行为，挑战美国依据国内法律的反倾销与反补贴调查。第十九章对于加拿大在例如最后一次软木木材争端中，公平司法审查的观点至关重要。另外，投资者-国家争端解决一直是《北美自由贸易协定》投资章节中具有争议的一项条款。美国提议对《北美自由贸易协定》第十一章的相关规定进行微调，以确保在海外投资的公司得到外国政府"公平和公正"的待遇与第十九章一样。这些条款的反对者认为，这些条款侵犯了有利于跨国公司的主权。加拿大希望更新这一机制，使各国政府能够对环境或劳工的利益进行监管。

（四）农产品和乳制品

美国农产品在《北美自由贸易协定》重新谈判中面临着很大的风险，因为墨西哥是美国农产品非常重要的出口市场。一旦美国退出《北美自由贸易协定》，美国的农产品出口必然将遭受重挫。尽管如此，特朗普政府为了巩固其重要支持者中占很大一部分的农民和牧场主的支持，在重新谈判目标中也设定了与农业相关的议题，其中包括迅速消除对阻碍美国食品和农产品顺利出口的贸易壁垒，针对墨西哥农业工人制定更为严格的劳工标准，为促进美国农产品的出口创造机遇。重新谈判还积极地为美国农产品出口商实现现代化提供机会，例如关于农业生物技术使用的规则；增加关于地理标志使用的条款，或根据产品的声誉或原产地来确定特定产品的名称。美国提议在《北美自由贸易协定》重新谈判中，为季节性和易腐产品（如水果和蔬菜）制定新的贸易规则，这将为季节性和易腐产品制定单独的国内产业反倾销和反补贴税诉讼中的规定。一些主要在美国东南部各州的水果和蔬菜生产商，声称受到来自墨西哥的进口竞争的不利影响，因而支持这一提议。但是批评者认为，这项提案将使墨西哥此类产品对美国消费者来说更加昂贵。一些观察人士称，美国已提议开放水果等所谓的

"季节性产品"争端解决机制,这些机制可能导致争端,并可能征收关税,从而阻碍墨西哥的出口。墨西哥官员表示,这可能是谈判中的一个破坏因素。墨西哥的农业综合企业,对其出口产品可能征收的关税以及提高劳动标准和最低工资对其成本可能产生的不利影响也持担忧态度。美国努力争取拆除加拿大的乳制品、家禽和鸡蛋供应管理系统,这一目标在《跨太平洋伙伴关系协定》谈判中避开了美国的农业利益。不过,加拿大正在抵制这样的呼吁,其贸易部时任部长弗朗索瓦·菲利普·尚帕涅(Francois Philippe Champagne)评论:"你知道,每当有人想谈论供应管理,我都会很高兴地谈论(美国农业)补贴问题。"美国政府保留着大量农业补贴,并继续使用出口补贴和出口信贷等支持政策。美国针对农业的这种政府补贴,长期以来受到北美自由贸易区内另外两个成员国墨西哥和加拿大的批评。

(五)政府采购

美国和加拿大已经通过世界贸易组织《政府采购协定》中的类似义务,提供了某些政府采购机会,而墨西哥不是相关政府采购协定的成员国。美国时任贸易办公室公布的谈判目标清单中,并没有包括政府采购,且之前也很少提及这一议题。在《北美自由贸易协定》正式谈判中,美国时任贸易代表莱特希泽却提出了旨在纠正政府采购市场上存在的所谓不公平现象的提案。简而言之,美方辩称,美国在政府采购市场的开放程度超过了加拿大和墨西哥,这种不平衡损害了美国公司。因此,美国提议以"一美元对一美元"的墨西哥-加拿大合并市场价值为基础,以限制获得美国政府采购合同。这一做法与以往美国寻求贸易伙伴为可比实体和市场开放覆盖范围的承诺大不相同。由于美国政府采购市场价值超过 5 000 亿美元,墨西哥和加拿大市场总额约为 900 亿美元,"一美元对一美元"的做法将大大改变《北美自由贸易协定》规定的准入条件。总之,政府采购议题争论的焦点是如何获得有利可图的政府采购合同。美国谈判代表采取了强硬立场,试图削弱加拿大和墨西哥公司竞标利润丰厚的美国政府项目(包括主要基础设施)的能力。加拿大和墨西哥坚定反对美国这一具有争议的提案,认为这将严重限制各自国家投标美国政府重要基础设施项目的能力。相比美国经济规模,加拿大的经济规模要小得多,因此加拿大公司的准入将受到限制。加拿大时任首席谈判代表沃赫尔批评,美国提出的这一政府采购提案是"有史以来最糟糕的提案"。他认为这实际上将剥夺加拿大在《北美自由贸易协定》下进入美国采购市场的机会。沃赫尔指出，世界贸易组织规则规定，各国必须提供非歧视性的政府采购渠道。加拿大至少希望与德国或英国一样获得在美国政府采购的同等机会，并扩大公司从联邦合同到州和地方交易的准入范围。为了反对这一提议，墨西哥也提出了自己的提议，将政府采购合同限制在美国公司与墨西哥公司在美国获得的合同价值相同的范围内。

### 三、《美国-墨西哥-加拿大协定》中的利益调整和维护

《美国-墨西哥-加拿大协定》体现出特朗普政府试图重塑区域价值链和推动美国制造业回流的期望。该协定带有鲜明的美国经济民族主义色彩。从《北美自由贸易协定》重新谈判达到的最终成果来看，特朗普政府基本上如愿以偿。美国总体上在《美国-墨西哥-加拿大协定》中受益甚多。美国特别是在以汽车为代表的制造业、中小型企业、乳制品和农业等领域取得重大胜利。这些条款新变化被视为为帮助关键性制造业就业机会回流美国，以及为共和党在 2018 年 11 月的中期选举中巩固铁锈地带的支持者和赢得中西部农民的选票创造了有利条件。相比较而言，墨西哥和加拿大因为对美国市场的过度依赖，担心美国退出《北美自由贸易协定》对本国所造成难以承受的负面冲击，在特朗普政府咄咄逼人的汽车关税和钢、铝产品关税"大棒"威胁下，不得不步步退让，最终在很多领域做出了较大程度的让步。

根据美国贸易代表办公室发布的成果清单，《美国-墨西哥-加拿大协定》通过改善包括汽车、卡车和其他产品的原产地规则，以及防止货币操纵的新规定，美国工人将获得更加公平的竞争环境；促进北美食品和农业的贸易现代化，将使美国农民、农场主和农业企业受益；对知识产权保护的新规定，将确保美国服务贸易的机会；通过包括数字贸易、反腐败、良好监管实践等的新章节，将确保中小企业受益[①]。

具体看来，首先，汽车行业及原产地规则无疑是《北美自由贸易协定》重新谈判的核心议题之一。就此，美国与墨西哥和加拿大在《美国-墨西哥-加拿大协定》中达成了新的原产地规则和原产地程序。新协定规定 4 年内将实现北美地区所产汽车零关税 75% 组件来自北美地区，比原协

---

① 参考美国贸易代表办公室网站发布的《美国-墨西哥-加拿大协定》成果清单。

定规定的 62.5% 有大幅度提高；汽车零关税 40%~45% 的汽车零部件由"时薪不低于 16 美元"的工人制造。新协定还规定乘用车、轻型卡车和重型卡车的生产必须使用 70% 以上的原产于北美的钢和铝。这些新规定被认为将严重削弱墨西哥劳动力成本较低的优势，或者将导致一些汽车行业的工作机会流向美国和加拿大，或者将使墨西哥汽车行业工人的薪酬得以改善[1]。美国汽车研究中心的数据显示，墨西哥汽车零部件工人平均时薪为 3.41 美元，组装线工人平均时薪为 7.34 美元，远低于美国和加拿大汽车生产线工人的 20 美元平均时薪；在墨西哥生产并对美出口的汽车中，约有 30% 的汽车都不符合这一新规定的标准[2]。

其次，在农业方面，《美国-墨西哥-加拿大协定》维持了《北美自由贸易协定》中关于农产品零关税的安排，并且将大幅增加美国的农产品和食品对加拿大和墨西哥的出口机会。例如，美国的小麦、家禽、鸡蛋和奶制品（包括牛奶、黄油、奶酪、酸奶和冰淇淋等），将获得对加拿大扩大的市场份额机会。加拿大同意取消 6 级和 7 级乳品定价协议，承诺向美国开放约 3.5% 的乳品市场份额，并向国内由此遭受冲击的奶农提供补偿。加拿大同意在卑诗省超市售卖的酒精类饮品，不再仅限于卑诗省酿制的产品。新协定做出了确保农产品标准不受歧视待遇的重大承诺，如减少贸易扭曲政策、提高透明度、增进协商等。墨西哥和加拿大同意与美国就农业生物技术贸易相关事项加强信息交流和合作。新协定特别明确支持生物技术及其他农业创新，首次涵盖所有农业生物技术标准，包括基因编辑等新技术。这些新规定将有助于美国在生物技术和农业创新方面保持世界领先地位。

此外，美国还在网络零售业、制药等产业获得了更多中小企业进入加墨两国的市场机会。例如，墨西哥提高了给予特快运输的免税优惠额度：117 美元内的物品不再付关税，而 50 美元以下物品不须交关税，也不用交销售税。加拿大提高了数十年以来给予特快运输的免税优惠额度：150 加元内的物品将不再付关税，而 40 加元（原先为 20 加元）以下物品将不需

---

① 一些学者认为，这些新的原产地规定有可能造成北美汽车行业增加供应链成本，在国际市场竞争力下降。同时鉴于美国工厂机器人技术正在迅速发展，很多工作由机器人代替，这些回流的工作岗位可能难以真正地惠及美国工人。

② DZICZEK K, SCHULTZ M, SWIECKI B, et al. Review of current NAFTA proposals and potential impacts on the North American Automotive industry [R]. Stanford：Center for Automotive Research, 2018.

交关税，也不用交销售税。在新协定里，加拿大把研发的生物药物免于受到仿制药物竞争的专利保护期限，从过去的 8 年延长至 10 年。这些新安排将让美国的制药业、中小企业、电子零售商在加拿大市场获得重要经济效益。新协定提高了对知识产权、环境和劳工保护的标准。墨西哥同意通过法律保护工会对工人的代表权，移民的劳动保护和妇女免受歧视和不公平待遇。墨西哥同意加大劳工权益、知识产权和环境保护等方面的执法力度。另外，协定未就美国对从加拿大和墨西哥进口钢、铝产品加征关税的争端获得一致方案。

但是需要指出的是，美国也对墨西哥和加拿大做出了一定程度的让步。鉴于当时当选的墨西哥总统于 2018 年 12 月上任和加拿大面临 2019 年大选，美国在 2018 年 11 月也迎来了中期选举，特朗普政府需要加快达成协定以免生变，所以特别是在主要分歧的日落条款和争端解决机制等方面有所妥协。以前美国要求每隔五年就重新确认协定内容，但是加拿大和墨西哥对此强烈反对，认为会带来不确定因素。美国最终让步，《美国-墨西哥-加拿大协定》的有效期为 16 年，每 6 年进行重新评估审查。美国与墨西哥之间取消了投资争端解决机制，但是在加拿大的力争下，美国与加拿大之间保留了争端解决机制。这样加拿大可以在与美国出现贸易争端的时候，根据该章内容允许当事国代表设立特别仲裁小组，这相比向美国法院申诉有利一些。新协定规定墨西哥对本国地下的所有碳氢化合物拥有直接且不可剥夺的经营权。这使墨西哥的能源权益获得了很大的保障。《美国-墨西哥-加拿大协定》将继续保留对加拿大文化产业的豁免规定，美国公司将不得收购加拿大本土的任何报纸、电视台、电台或者其他媒体。在加拿大的坚持下，《美国-墨西哥-加拿大协定》还包含了关于性别平等和原住民权利的规定。同时，美国基本豁免了加拿大和墨西哥汽车关税。新的贸易协定保留了特朗普落实对进口汽车加征 25% 关税威胁的可能性，与此同时使从加拿大和墨西哥进口的乘用车、皮卡和汽车零部件基本上豁免缴纳关税。若特朗普加征汽车关税，墨西哥会获得每年 1 080 亿美元汽车零部件豁免缴税配额，加拿大会获得 324 亿美元配额。这两个配额均远高于两国现有的产量水平，这样就为两国出口提供了增长空间。

# 第二节 《美国-墨西哥-加拿大协定》文本的基本内容

《美国-墨西哥-加拿大协定》是一个非常广泛的协议，内容涵盖货物和服务贸易、原产地规则、海关便利化、卫生和植物检疫措施、技术性贸易壁垒、外国投资、知识产权、政府采购、竞争政策、劳工标准和环境保护等众多领域。根据 2019 年 12 月 13 日美国贸易代表办公室公布的《美国-墨西哥-加拿大协定》最终文本，该协定全部文本除序言以外，主要包括 34 个章节①。

## 一、《美国-墨西哥-加拿大协定》文本的序言

在《美国-墨西哥-加拿大协定》文本的序言中，美国、墨西哥和加拿大政府决定：再次加强三国之间和人民之间的长期友谊，加强通过贸易和投资发展起来的强有力的经济合作；进一步加强三国之间密切的经济关系；以 21 世纪高标准的新协定取代 1994 年的《北美自由贸易协定》，以支持互利贸易，实现更自由、更公平的市场和更强劲的经济增长、区域经济增长；通过进一步鼓励本区域货物和材料的生产和采购，维护和扩大区域贸易和生产；提高和促进区域出口和公司在全球市场上的竞争力，以及该区域公平竞争的条件；认识到包括微型企业在内的中小企业对经济增长、就业、社区发展、青年参与和创新作出重大贡献，以及设法通过提高其参与本协定所创造的机会并从中受益的能力来支持其增长和发展；为商业规划建立一个明确、透明和可预测的法律和商业框架，支持进一步扩大贸易和投资；促进有效和透明的海关程序，以降低成本，确保进出口商的可预测性，从而促进缔约方之间的贸易，并鼓励扩大贸易便利化和执法领域的合作；认识到缔约方固有的权利，即有权管制和决心保持缔约方在确定立法和管制优先事项方面的灵活性，并有权保护合法的公共福利目标，例如健康、安全、环境保护、养护有生命的或无生命的可耗尽的自然资源，根据本协议规定的权利和义务，保护金融体系的完整性和稳定性以及公共道德；通过防止、确定和消除不必要的技术性贸易壁垒、提高透明度

---

① 参考美国贸易代表办公室于 2019 年 12 月 13 日发布的《美墨加三国达成协议》的声明。

和促进贸易，促进双方之间的货物和服务贸易，以及良好监管实践；在缔约方领土内保护人、动物或植物的生命或健康，并在促进它们之间的贸易的同时促进基于科学的决策；消除对国际贸易不必要限制的障碍；促进高水平的环境保护，包括由每一缔约方有效执行其环境法，以及加强环境合作，并进一步实现可持续发展的目标，包括通过相互支持的贸易、环境政策和实践；促进劳动权利的保护和落实，改善劳动条件，加强合作，增强双方在劳动问题上的能力；认识到通过提高透明度、客观分析、问责制和可预测性，在政府范围内实施提高监管质量的做法，可以促进国际贸易、投资和经济增长，同时有助于各方实现其公共政策目标的能力，促进透明度、善政和法治，消除贸易和投资中的贿赂和腐败；认识到土著人民更多地参与贸易和投资的重要性；设法促进妇女和男子平等获得和有能力受益于本协定创造的机会，并支持妇女充分参与国内、区域和国际贸易和投资的条件；认识到其有关当局为加强宏观经济合作所正在开展的重要工作；订立这项协定，以应对未来贸易和投资的挑战和机遇，并随着时间的推移为推进各自的优先事项作出贡献。

### 二、《美国-墨西哥-加拿大协定》文本的主要章节

《美国-墨西哥-加拿大协定》文本包括 34 个章节，包括初始条款和一般定义、国民待遇和市场准入、农业、原产地规则、原产地程序、纺织品和服装、海关管理和贸易便利化、承认墨西哥拥有碳氢化合物所有权、卫生与植物检疫措施、贸易救济、技术性贸易壁垒、部门附件、政府采购、投资、跨境服务贸易、临时入境、金融服务、电信、数字贸易、知识产权、竞争政策、国有企业、劳工、环境、中小企业、竞争力、反腐败、良好监管做法、出版与管理、管理与机构条款、争端解决、例外和一般规定、宏观经济政策和汇率问题、最后条款。其中《美国-墨西哥-加拿大协定》包括了若干新章节，涉及在谈判《北美自由贸易协定》时没有单独或根本没有涉及的主题，如数字贸易、反腐败、良好监管做法和中小企业。同时，《美国-墨西哥-加拿大协定》也列入了和《北美自由贸易协定》同样的章节或者相近领域的章节，不过在许多情况下，新协定针对这些章节进行了显著的修订和更新升级。

《美国-墨西哥-加拿大协定》文本的第一章为初始条款和一般定义，包括初始条款、一般定义、特定国家定义。该章的初始条款强调相关各方

遵循 1994 年《关税与贸易总协定》第二十四条和《服务贸易总协定》第五条，特此设立自由贸易区；每一缔约方确认其在世界贸易组织的协定和它与另一缔约方缔结的其他协定中对彼此的现有权利和义务。初始条款还规定了关于该协定与一些环境和保护协定之间的关系，如果一方在本协议项下的义务与其在一些多边环境公约或协定下的各自义务不一致，一方在本协定项下的义务不应妨碍该方采取特定措施履行其在所涉协议项下的义务，前提是该措施的主要目的不是对贸易变相加以限制。该章文本有 8 页。

《美国-墨西哥-加拿大协定》文本的第二章为国民待遇和市场准入，包括定义、范围、国民待遇、关税待遇、退税和关税延期项目、免除关税、货物临时入境、修理或更改后重新进口的货物、可忽略价值的商业样品和印刷广告材料免税入境、某些货物的最惠国税率、进出口限制、再制造品、进口许可程序的透明度、出口许可程序的透明度、出口关税、税收或其他费用、行政手续费、货物贸易委员会 18 项条款。该章还包括 3 个附件，即本章第三条（国民待遇）和第十一条（进出口限制）的例外情况、关税承诺、墨西哥和美国之间关于汽车产品的规定，以及美国、加拿大和墨西哥各自的关税时间和配额附录、汽车零部件附录。该章文本有 71 页。

《美国-墨西哥-加拿大协定》文本的第三章为农业，包括一般条款和农业生物技术的两节，总共 16 项条款。一般条款包括定义、范围、国际合作、出口竞争、出口限制-食品安全、国内支持、农业贸易委员会、农业协商委员会、农业特别保障、透明度和协商、附件 11 项条款。农业生物技术包括定义、联络点、农业生物技术产品贸易、低水平存在、农业生物技术合作工作组 5 项条款。另外，该章还包括美国与加拿大之间的农业贸易的附件及附录、美国与墨西哥之间的农业贸易的附件、蒸馏酒、葡萄酒、啤酒和其他酒精饮料的附件、预包装食品和食品添加剂专用配方的附件。该章文本有 39 页。

《美国-墨西哥-加拿大协定》文本的第四章为原产地规则，包括定义、原产货物、全部获得或生产的货物、再制造产品生产中回收材料的处理、区域价值内容、生产所用材料的价值、材料价值的进一步调整、中间材料、间接材料、汽车商品、积累、微量允许、可替代的货物和材料、附件、备件、工具、说明或其他信息材料、零售包装材料和容器、装运包装材料和集装箱、成套货物、套件或复合货物、转运、不合格操作 24 项条款。第四章节还包括第十二条款（微量允许）例外情况的附件、特定产品原产地规则的附件。该章是新协定中最复杂的章节，文本有 270 页。

《美国-墨西哥-加拿大协定》文本的第五章为原产地程序，包括定义、优惠关税待遇要求、原产地证书的依据、进口义务、原产地证书的例外情况、关于出口的义务、错误或差异、记录保存要求、原产地验证、原产地确定、进口后退税和优惠关税待遇索赔、保密、惩罚、原产地的预先裁决、复审和上诉、统一条例、处理通知、原产地规则和原产地程序委员会、原产地核查小组分部委员会 19 项条款。该章还包括最小数据元素附件。该章文本有 17 页。

《美国-墨西哥-加拿大协定》文本的第六章为纺织和服装货物，包括原产地规则及有关事项、手工、传统民俗或本地手工艺品、原产地规则的审查和修订、合作、验证、决定、纺织及服装贸易事务委员会、保密 9 项条款。另外，该章还包括特别规定附件和换算系数附件，其中特别规定附件包括定义、某些纺织服装产品的关税待遇、对另一方非原产货物的优惠关税待遇，以及非原产服装的优惠关税待遇、对非原产棉或人造纤维织物和制成品的优惠关税待遇、非原棉或人造纤维纺纱的优惠关税待遇附录。该章文本有 30 页。

《美国-墨西哥-加拿大协定》文本的第七章为海关管理和贸易便利化，其中包括贸易便利化和合作与执行两节，总共 29 项条款。贸易便利化包括贸易便利化、在线出版、与交易员的沟通、咨询点、预先裁决、关于退税或关税延期计划的建议或信息、货物放行、快运、信息技术的使用、单一窗口、海关程序的透明度、可预测性和一致性、风险管理、清关后审计、授权经济运营商、海关裁定的复审和上诉、行政指导、中转、惩罚、行为标准、报关行、边境检查、交易员信息保护、海关促进贸易便利化倡议、贸易便利化委员会 25 项条款。合作与执行包括区域和双边执法合作、交换特定机密信息、海关合规性验证请求、涉及方保密、海关执法分部委员会 5 项条款。该章文本有 24 页。

《美国-墨西哥-加拿大协定》文本的第八章为承认墨西哥对碳氢化合物的直接、不可剥夺和不可分割的所有权，即承认墨西哥对碳氢化合物的直接、不可剥夺和不可分割的所有权 1 项条款。该章文本有 1 页。

《美国-墨西哥-加拿大协定》文本的第九章为卫生与植物检疫措施，包括定义、范围、目标、一般条款、主管部门和联络点、科学与风险分析、加强动植物卫生措施的兼容性、适应区域条件（包括无病虫害地区和病虫害低流行地区）、等价性、审计、进口支票、认证、透明度、应急措施、信息交流、合作、卫生与植物检疫措施委员会、技术工作组、技术咨询、争端解决21项条款。该章文本有22页。

《美国-墨西哥-加拿大协定》文本的第十章为贸易救济，包括保障措施、反倾销和反补贴税、防止贸易救济法逃税的合作、反倾销与反补贴税的审查与争议解决4节协定，总共18项条款。贸易救济包括定义、权利和义务、紧急行动程序管理3项条款。反倾销和反补贴税包括定义、权利和义务2项条款。防止贸易救济法逃税的合作包括总则、逃税合作2项条款。反倾销与反补贴税的审查与争议解决包括定义、一般条款国内反倾销法与反补贴税法的保留、法律修正案的审查、最后反倾销和反补贴税裁定的审查、保障小组审查制度、预期应用、协商、秘书处特别规定、其他9项条款。另外，该章还包括与反倾销和反补贴税程序有关的做法、建立两国小组、第十一条款下的小组程序、特别质询程序、特别委员会程序、国内法修改（美国、加拿大和墨西哥的时间表）等附件。该章文本有40页。

《美国-墨西哥-加拿大协定》文本的第十一章为技术性贸易壁垒，包括定义、范围、纳入技术性贸易壁垒协定、国际标准、指南和建议、技术规定、合格评定、透明化、技术法规和合格评定程序的符合期、合作与贸易便利化、信息交流和技术讨论、技术性贸易壁垒委员会、联络点13项条款。本章文本有21页。

《美国-墨西哥-加拿大协定》文本的第十二章为部门附件，包括化学物质、化妆品、信息和通信技术、能源性能标准、医疗设备、药物6个部门附件。化学物质附件包括定义、范围、主管当局、增强法规兼容性、数据和信息交换的5项条款。化妆品附件包括定义、范围、主管当局、增强法规兼容性、监管控制的应用、标记6项条款，以及加强化妆品和药物界面产品的监管兼容性的附录。信息和通信技术附件包括定义、使用密码学的信息和通信技术商品、电磁兼容的信息通信技术产品、电信设备区域合作活动、终端设备5项条款。能源性能标准附件包括定义、范围、主管当局、增强法规兼容性、促进能源效率的自愿办法5项条款。医疗设备附件包括定义、范围、主管当局、增强法规兼容性监管控制的应用、营销授权5项条款。药物附件包括定义、范围、主管当局、增强法规兼容性、监管控制的应用、营销授权6项条款。该章文本有28页。

《美国-墨西哥-加拿大协定》文本的第十三章为政府采购，包括定义、范围、例外情况、一般原则、采购信息发布、预订采购通知、参与条件、供应商资格、有限投标、谈判、技术规格、投标文件、时间段、投标和授予合同的处理、透明度和获奖后信息、信息披露、确保采购做法的完整性、国内审查、附件的修改和更正、促进中小企业参与、政府采购委员会21项条款。另外，该章还包括墨西哥时间表的附件、美国时间表的附件，以及通用分类系统服务的附录。该章文本有66页。

《美国-墨西哥-加拿大协定》文本的第十四章为投资，包括定义、范围、与其他章节的关系、国民待遇、最优惠国待遇、最低待遇标准、发生武装冲突或内乱时的待遇、征收与补偿、转移、性能要求、高级管理层和董事会、不符合措施、特殊手续和信息要求、剥夺利益、代位权、投资和环境、健康、安全及其他监管目标、企业社会责任19项条款。另外，该章还包括习惯国际法附件、征用附件、遗留投资债权和未决债权附件、墨西哥-美国投资争端附件、向附件缔约方文件服务附录、公共债务附录、索赔提交仲裁附录、墨西哥-美国与政府合同相关的投资纠纷的附件。该章文本有40页。

《美国-墨西哥-加拿大协定》文本的第十五章为跨境服务贸易，包括定义、范围、国民待遇、最优惠国待遇、市场准入、当地存在、不符合措施、措施的制定和管理、承认、中小企业、剥夺利益、付款和转账12项条例。另外，该章还包括送货服务附件、运输服务委员会附件、专业服务附件、专业服务业相互承认协定或安排准则附录、编程服务附件、墨西哥的文化例外附件。该章文本有26页。

《美国-墨西哥-加拿大协定》文本的第十六章为商务人士临时入境，包括定义、范围、一般义务、准许临时入境、临时入境工作组、争端解决、与其他章节的关系7项条款。另外，该章还包括商务人员临时入境附件、商务访客附录、专业人士附录。该章文本有17页。

《美国-墨西哥-加拿大协定》文本的第十七章为金融服务，包括定义、范围、国民待遇、最优惠国待遇、市场准入、跨境贸易停滞、新金融服务、客户信息处理、高级管理层和董事会、不符合措施、例外情况、承认、某些措施的透明度和管理、自律组织、支付和清算系统、加快提供保险服务、信息传递、计算设施的位置、金融服务委员会、协商、争端解决21项条款。另外，该章还包括跨境贸易附件、负责金融服务当局附件、美国-墨西哥金融服务投资争端附件、计算设施的位置附件。该章文本有 32 页。

《美国-墨西哥-加拿大协定》文本的第十八章为电信，包括定义、范围、访问和使用、与公共电信服务供应商有关的义务、公共电信服务主要供应商的待遇、竞争性保障措施、再销售、网络元素的分解、与主要供应商的互联、租用电路服务的供应和定价、共同定位、电线杆、管道、导管和通行权、海底电缆系统、提供增值服务的条件、技术选择的灵活性、监管方法、电信监管机构、国有企业、通用服务、许可流程、稀缺资源的分配与使用、执行、争端解决、透明度、国际漫游服务、与其他章节的关系、电信委员会 29 项条款。另外，该章还包括农村电话供应商附件。该章文本有 20 页。

《美国-墨西哥-加拿大协定》文本的第十九章节为数字贸易，包括定义、范围和一般规定、海关关税、数字产品的非歧视待遇、国内电子交易框架、电子认证和电子签名、在线消费者保护、个人信息保护、无纸化交易、数字贸易互联网接入和使用原则、通过电子手段进行信息跨境转移、计算设施的位置、未经请求的商业电子通信、合作、网络安全、源代码、交互式计算机服务、公开政府数据 18 项条款。另外，该章还包括 19-A 附件。该章文本有 11 页。

《美国-墨西哥-加拿大协定》义本的第二十章为知识产权，包括一般条款、合作、商标、国家名称、地理标志、专利和未公开的测试或其他数据、工业设计、版权及相关权利、商业机密、执行、最后条款 11 节（总共 89 项条款）。另外，该章还包括第五十条款的附件、执行条款的附件。该章文本有 65 页。

《美国-墨西哥-加拿大协定》文本的第二十一章为竞争政策，包括竞争法和主管部门、竞争执法中的程序公平、合作、消费者保护、透明度、协商、不适用争端解决 7 项条款。该章文本有 6 页。

《美国-墨西哥-加拿大协定》文本的第二十二章为国有企业和指定垄断企业，包括定义、范围、授权、非歧视待遇和商业考虑、法院和行政机构、非商业援助、不良反应、伤害、特定缔约方附件、透明度、技术合作、国有企业和指定垄断企业委员会、例外情况、进一步谈判、信息开发过程 15 项条款。另外，该章还包括阈值计算的附件、国有企业和指定垄断企业信息开发流程的附件、进一步谈判的附件、适用于中央以下国有企业和指定垄断企业的附件、国有生产企业专用汽车的附件、对某些国营生产企业的非商业援助的附件。该章文本有 29 页。

《美国-墨西哥-加拿大协定》文本的第二十三章为劳工，包括定义、共同承诺声明、劳工权利、不得减损、劳工法执行、强迫劳动、对工人的暴力行为、外来工人、公众意识和程序保障、公开提交、合作、合作劳动对话、劳工委员会、公众参与、劳动协商 15 项条款。另外，该章还包括墨西哥集体谈判中的工人代表的附件。该章节文本有 18 页。

《美国-墨西哥-加拿大协定》文本的第二十五章为中小企业，包括一般原则、合作增加中小企业的贸易和投资机会、信息共享、中小企业事宜委员会、中小企业对话、协议中有利于中小企业的义务、不适用争端解决 7 项条款。该章节文本有 6 页。

《美国-墨西哥-加拿大协定》文本的第二十六章为竞争力，包括北美竞争力委员会、与利益相关者的接触、不适用争端解决 3 项条款。该章文本有 2 页。

《美国-墨西哥-加拿大协定》文本的第二十七章为反腐败，包括定义、范围、反腐败措施、促进公职人员廉洁、私营部门和社会的参与、反腐败法的适用与实施、与其他协议的关系、争端解决、合作 9 项条款。该章文本有 8 页。

《美国-墨西哥-加拿大协定》文本的第二十八章为良好监管实践，包括定义、主题和一般规定、中央监管协调机构、内部协商、协调和审查、信息质量、早期规划、专用网站、使用通俗易懂的语言、法规的透明化发展、专家咨询小组、监管影响评估、最终出版物、回顾性审查、改进建议、有关监管流程的信息、年度报告、鼓励监管兼容与合作、良好监管实践委员会、联络点、争端解决的适用 21 项条款。另外，该章还包括关于"条例"和"管理当局"范围的补充规定的附件。该章文本有 15 页。

《美国-墨西哥-加拿大协定》文本的第二十九章为出版与管理。出版与管理章节包括出版与管理、药品和医疗器械的透明度及程序公平性 2 节，总共 10 项条款。出版与管理包括定义、出版、管理程序、复审和上诉总共 4 项条例。药品和医疗器械的透明度和程序公平性包括定义、原则、程序公正、向卫生专业人员和消费者传播信息、协商、不适用争端解决 6 项条款。另外，该章还包括通用法律法规的公布的附件、特定于缔约方的定义的附件。该章文本有 8 页。

《美国-墨西哥-加拿大协定》文本的第三十章为行政和体制规定，包括成立自由贸易委员会、委员会功能、决策、委员会及其附属机构议事规则、协议协调员和联络点、秘书处 6 项条款。该章文本有 4 页。

《美国-墨西哥-加拿大协定》文本的第三十一章为争端解决，包括争端解决、国内诉讼与私人商事纠纷解决的两节的总共 23 项条款。争端解决包括合作、范围、法庭选择、协商、斡旋、调解和调解、设立专家组、职权范围、小组成员名单和资格、小组组成、更换小组成员、小组议事规则、电子文件归档、小组功能、第三方参与、专家角色、中止或终止诉讼、小组报告、最终报告的执行、不执行-中止福利 20 项条款。国内诉讼与私人商事纠纷解决包括从司法或行政程序移交事项、私人权利、替代性争议解决总共 3 项条款。另外，该章还包括设施专用快速反应劳动机制的附件、加拿大-墨西哥特定设施快速反应劳动机制的附件。该章文本有 32 页。

《美国-墨西哥-加拿大协定》文本的第三十二章为例外和一般条款两节，总共 13 项条款。例外部分包括一般例外、基本安全、税务措施、临时保障措施土著人民权利、文化产业 5 项条款。一般条款部分包括信息披露、个人信息保护、获取信息、非市场国家自由贸易协定、关于墨西哥服务、投资、国有企业和指定垄断企业跨境贸易的具体规定、排除争端解决的总共项条款 8 项条款。该章文本有 12 页。

《美国-墨西哥-加拿大协定》文本的第三十三章为宏观经济政策和汇率问题，包括定义、一般条款、范围、汇率实践、透明度及报告、宏观经济委员会、首席代表协商、争端解决 8 项条款。该章文本有 6 页。

《美国-墨西哥-加拿大协定》文本的第三十四章为最终条款，包括1994 年《北美自由贸易协定》过渡条款、修正案、世界贸易组织协定修正案、生效、退出、审查和延期、真实文本 7 项条款。该章文本有 3 页。

### 三、《美国-墨西哥-加拿大协定》文本的相关附件和副本

除《美国-墨西哥-加拿大协定》的正式文本以外，美国贸易代表办公室网站还展示了《美国-墨西哥-加拿大协定》的相关 13 个协定附件和 16个协定附信（附函）。13 个协定附件包括投资与服务不符合措施说明（附件一）、投资和服务不符合措施（附件一：墨西哥）、投资和服务不符合措施（附件一：美国）、投资和服务不符合措施（附件一：加拿大）、投资与服务不符合措施说明（附件二）、投资和服务不符合措施（附件二：墨西

哥）、投资和服务不符合措施（附件二：美国）、投资和服务不符合措施（附件二：加拿大）、金融服务不符合措施解释性说明（附件三）、金融服务不确认措施（附件三：墨西哥）、金融服务不合格措施（附件三：美国）、金融服务不合格措施（附件三：加拿大）、国有企业不符合活动（附件四）。附信是结合美国与加拿大和墨西哥之间进行自由贸易协定谈判的一些相关重要信件或文件。附信的目的是澄清谈判方之间不影响其他签署方权利和义务的事项。16个协定附信包括墨西哥与美国关于"232调查"争端解决的补充信、墨西哥与美国关于232进程上的附信、墨西哥与美国关于232上的附信、墨西哥与美国关于汽车安全标准的附信、墨西哥与美国关于奶酪的附信、墨西哥与美国关于蒸馏酒的附信、墨西哥与美国关于以前用户的附信、加拿大与美国关于232进程上的附信、加拿大与美国关于葡萄酒的附信、加拿大与美国关于自然水资源附信、加拿大与美国关于能源的附信、加拿大与美国关于研发支出的附信、加拿大与美国响应232文本的附信、拉姆萨尔公约的附信、关于第二十三章第六条款的附信、环境合作与海关核查协定。

## 第三节　《美国-墨西哥-加拿大协定》与《北美自由贸易协定》和《跨太平洋伙伴关系协定》之间的联系及新变化

《美国-墨西哥-加拿大协定》于2020年7月1日正式生效，随即它就替代了已经运行了26年的《北美自由贸易协定》。《美国-墨西哥-加拿大协定》很大程度上改变了北美自由贸易区的一些重要贸易和投资规则、流程，以及成员国之间解决贸易争端的运行机制。但是《美国-墨西哥-加拿大协定》也体现出了与《北美自由贸易协定》某种程度的规则连续性和路径依赖性。《美国-墨西哥-加拿大协定》与《北美自由贸易协定》和《跨太平洋伙伴关系协定》存在着紧密的关联，但又有着差异。

### 一、《美国-墨西哥-加拿大协定》与《北美自由贸易协定》及《跨太平洋伙伴关系协定》之间的联系

在美国与加拿大和墨西哥就《美国-墨西哥-加拿大协定》达成协议后，特朗普立刻在推特上表示，《美国-墨西哥-加拿大协定》将是美国有

史以来达成的最好、最重要的贸易协议。他声称该协定的前身《北美自由贸易协定》为"美国最差的贸易协议"。众议院时任议长佩洛西也赞同《美国-墨西哥-加拿大协定》优于《北美自由贸易协定》这一观点。她在声明中说："毫无疑问，这项贸易协定比《北美自由贸易协定》好得多。"尽管特朗普夸耀《美国-墨西哥-加拿大协定》是一项全新的贸易协定，而并非《北美自由贸易协定》的翻版，但是《美国-墨西哥-加拿大协定》与《北美自由贸易协定》之间的相似之处远远多于不同之处。新旧协定在很大程度上都维护了北美自由贸易区的正常运行。此外，《美国-墨西哥-加拿大协定》与《跨太平洋伙伴关系协定》之间，也存在着密切的联系。

很多观察家都认为，《美国-墨西哥-加拿大协定》保留了《北美自由贸易协定》的基本框架，实际上还借鉴了他就任美国总统后马上就退出的《跨太平洋伙伴关系协定》中的多项相关章节和规定[①]。在多伦多举行的2018年《财富》全球论坛上，美国财政部时任部长劳伦斯·萨默斯（Lawrence Summers）称，《美国-墨西哥-加拿大协定》与《北美自由贸易协定》是同一回事，除了在重新谈判进程中局势紧张，这两份协定没有重大分歧。美国驻加拿大时任大使布鲁斯·海曼（Bruce Heyman）认为，《美国-墨西哥-加拿大协定》中近三分之二内容基本上可以追溯至《跨太平洋伙伴关系协定》，两者之间的语言和实施非常类似。彼得森国际经济研究所高级研究员杰弗里·索特（Jeffrey Schott）在2018年指出，新版协定的积极之处在于，它的确在环境和劳工、国有企业规则以及数字贸易方面，更新了已有20多年历史的《北美自由贸易协定》。索特认为这些新协定中的规则是基于《跨太平洋伙伴关系协定》形成的规则。

从整体的文本来看，《美国-墨西哥-加拿大协定》的34个章节以及一些附加协议和官方信函，与《北美自由贸易协定》的22个章节和《跨太平洋伙伴关系协定》的30个章节以及它们的各自的一些附件和官方信函，在名称和内容上具有高度类似性。《美国-墨西哥-加拿大协定》中的初始条款与一般定义、国民待遇与市场准入、农业、原产地规则、原产地程序、纺织品与服装、海关管理与贸易便利化、承认墨西哥对碳氢化合物的所有权、卫生和植物检疫标准、贸易救济、贸易技术堡垒、政府采购、投

---

① GAYTAN V. The USMCA and its new anti-corruption provisions [R]. New York：Global Americans，2019.

资、跨境服务贸易、商务人士临时入境、金融服务、电信、知识产权、竞争政策、国有企业与指定垄断企业、公布与实施、管理与机构条款、争端解决、例外与一般规定、最后条款共 25 个章节，均能在《北美自由贸易协定》找到相对应章节。《美国-墨西哥-加拿大协定》中的劳工、环境两个章节，在《北美自由贸易协定》也有相关附加协议。新协定中的部门附件、数字贸易、中小企业、竞争、反腐败、良好监管实践、宏观经济政策与汇率事项 7 个章节，在《北美自由贸易协定》中并无对应。这体现出原协定 1994 年生效时，还尚未涉及新兴领域，如数字贸易等。《美国-墨西哥-加拿大协定》中的数字贸易、中小企业、竞争、反腐败、良好监管实践 5 个章节，在《跨太平洋伙伴关系协定》中均有相对应的章节及规定。

一位专门研究国际经济法和擅长法律条文统计分析的加拿大实证主义法律学者沃尔夫冈·阿尔什内尔（Wolfgang Alschner）对《美国-墨西哥-加拿大协定》与《北美自由贸易协定》和《跨太平洋伙伴关系协定》进行了文本的统计比较分析。他发现，在这三份贸易协定共 23 个类似章节中，《跨太平洋伙伴关系协定》与《美国-墨西哥-加拿大协定》总共有 20 个章节在文本语言上更为相似，而《美国-墨西哥-加拿大协定》和《北美自由贸易协定》则有 3 个章节在文本语言上更为相似。在政府采购章节中，《跨太平洋伙伴关系协定》与《美国-墨西哥-加拿大协定》的语言相似性约为 78%，而《美国-墨西哥-加拿大协定》和《北美自由贸易协定》的语言相似性不足 40%。在国有企业章节中，《跨太平洋伙伴关系协定》与《美国-墨西哥-加拿大协定》的语言相似性接近 60%，而《美国-墨西哥-加拿大协定》和《北美自由贸易协定》的语言相似性不到 20%。在有关知识产权、金融服务、卫生和植物检疫措施、技术性贸易壁垒和竞争政策的关键章节中，《跨太平洋伙伴关系协定》与《美国-墨西哥-加拿大协定》之间的语言上更是比《美国-墨西哥-加拿大协定》与《北美自由贸易协定》之间的语言要相似得多。在某些方面，这些发现可能并不令人惊讶，因为《北美自由贸易协定》毕竟是在 20 多年前谈判达成的，而其"继任者"《美国-墨西哥-加拿大协定》，与《跨太平洋伙伴关系协定》一样，都是涵盖许多新内容具有现代最新意义上的贸易协定。在具体章节和条款方面，《跨太平洋伙伴关系协定》与《美国-墨西哥-加拿大协定》在知识产权和政府采购的相似性最高，而在贸易救济和最后章节的相似性最低，详见表4-1①。

**表4-1  《美国–墨西哥–加拿大协定》（USMCA）与《北美自由贸易协定》（NAFTA）和《跨太平洋伙伴关系协定》（TPP）对应章节及差异**

| 《美国–墨西哥–加拿大协定》（USMCA）34个章节 | 《北美自由贸易协定》（NAFTA）24个章节 | 《跨太平洋伙伴关系协定》（TPP）30个章节 |
| --- | --- | --- |
| 1. 初始条款与一般定义<br>2. 国民待遇与市场准入 | 1. 目标<br>2. 一般定义<br>3. 国民待遇与市场准入 | 1. 初始条款与一般定义<br>2. 国民待遇与市场准入 |
| 3. 农业 | 7. 农业、卫生和植物检疫标准 | 无等同章节 |
| 4. 原产地规则<br>5. 原产地程序 | 4. 原产地规则 | 3. 原产地规则和程序 |
| 6. 纺织品和服装<br>7. 海关与贸易便利化 | 附录：纺织品和服装<br>5. 海关程序 | 4. 纺织品与服装<br>5. 海关管理和贸易便利化 |
| 8. 墨西哥对碳氢化合物所有权 | 6. 能源和基础石油化工 | 无等同章节 |
| 9. 卫生和植物检疫标准<br>10. 贸易救济<br>11. 贸易技术堡垒 | 7. 农业、卫生和植物检疫标准<br>8. 应急行动保障<br>19. 争端解决 | 7. 卫生和植物检疫标准<br>6. 贸易救济 |
| 12. 部门附件 | 无等同章节 | 无等同章节 |
| 13. 政府采购<br>14. 投资<br>15. 跨境服务贸易<br>16. 商务人士临时入境<br>17. 金融服务<br>18. 电信 | 10. 政府采购<br>11. 投资<br>12. 跨境服务贸易<br>16. 商务人士临时入境<br>14. 金融服务<br>13. 电信 | 15. 政府采购<br>9. 投资<br>10. 跨境服务贸易<br>12. 商务人士临时入境<br>11. 金融服务<br>13. 电信 |
| 19. 数字贸易 | 无等同章节 | 14. 电子商务 |
| 20. 知识产权<br>21. 竞争政策<br>22. 国有企业与指定垄断企业 | 17. 知识产权<br>15. 竞争政策、垄断和国有企业 | 18. 知识产权<br>17. 国有企业 |
| 23. 劳工 | 补充协议：劳工 | 19. 劳工 |
| 24. 环境 | 补充协议：环境 | 20. 环境 |

---

① FREEDMAN J. So how much of TPP is in the USMCA［N］. Trade for People and Planet，2018-12-10.

表4-1（续）

| 《美国-墨西哥-加拿大协定》（USMCA）34个章节 | 《北美自由贸易协定》（NAFTA）24个章节 | 《跨太平洋伙伴关系协定》（TPP）30个章节 |
|---|---|---|
| 25. 中小型企业<br>26. 竞争力<br>27. 反腐败<br>28. 良好监管做法 | 无等同章节 | 24. 中小型企业<br>22. 竞争与商业便利<br>26. 透明和反腐败<br>25. 监管一致性 |
| 29. 公布与实施 | 18. 法律公布、通知和管理 | 无等同章节 |
| 30. 管理与机构条款<br>31. 争端解决<br>32. 例外与一般规定 | 20. 机构安排与争端解决程序<br>21. 例外 | 27. 管理与机构条款<br>29. 例外 |
| 33. 宏观经济政策与汇率事项 | 无等同章节 | 无等同章节 |
| 34. 最后条款 | 22. 最后条款 | 30. 最后条款 |

## 二、《美国-墨西哥-加拿大协定》出现的新变化的基本特点

《美国-墨西哥-加拿大协定》出现的新变化，首先可以从美国在北美自由贸易区的主导地位及特朗普政府发动《北美自由贸易协定》重新谈判的经济动机来分析。从这个角度来看，《美国-墨西哥-加拿大协定》出现的新变化体现出三个基本特征。

第一，《美国-墨西哥-加拿大协定》是在特朗普政府主导下美国与墨西哥和加拿大针对《北美自由贸易协定》进行重新谈判达成的最终成果，因此该协定其中一些重大条款变化在很大程度上都反映出特朗普政府奉行的"美国优先"立场和单边主义倾向。特朗普指责《北美自由贸易协定》是美国最糟糕的贸易协定，其中部分条款让美国"吃亏了"，该协定造成了美国与墨西哥和加拿大的贸易逆差问题出现，以及美国制造业就业机会的流失。《北美自由贸易协定》重新谈判是在特朗普政府坚持下由美国单方面主动发动的，其实质带有明显的贸易保护主义和民粹主义色彩。特朗普政府是借重新谈判来实现符合美国利益优先的新版协定。墨西哥和加拿大是重新谈判的被动方，在特朗普政府的压力下，加拿大和墨西哥不得不答应与美国重新谈判，但是在立场上，它们倾向于仅对《北美自由贸易协定》进行修订和现代化升级。由于墨西哥和加拿大与美国的实力差距确实过于悬殊，两国在特朗普政府强力的逼迫下，最终不得不对美国做出了相当程度的让步。因此与《北美自由贸易协定》和《跨太平洋伙伴关系协

定》等自由贸易协定相比，《美国-墨西哥-加拿大协定》在制度设计和与《北美自由贸易协定》的规则变化方面，在很大程度上体现出在强势的美国利益主导下进行的三方贸易协定的重建。《美国-墨西哥-加拿大协定》中不少条款变化，比如汽车原产地和程序新规则、汽车行业工人工资最低要求、乳制品和农产品市场准入的重要调整等，都反映出以美国优先、促进美国制造业回流，创造更多美国就业机会为特征的美国单边主义倾向。虽然从理论上讲，这些规则的修改有可能有助于将就业机会带回美国，但是也有学者认为，就其长远和实际效果而言，一些贸易保护主义规则有可能最终造成美国制造业在世界经济中的竞争力减弱。

第二，《美国-墨西哥-加拿大协定》是在《北美自由贸易协定》的基础上，在数字贸易、知识产权、金融服务、货币、劳工和环境等多个方面，借鉴了《跨太平洋伙伴关系协定》，对原协定的相关章节和条款进行了现代化的更新换代。《北美自由贸易协定》作为一种北美自由贸易区先前的制度安排，主体上反映出在 20 世纪 90 年代初美国与加拿大和墨西哥达成的贸易战略认知。自《北美自由贸易协定》于 1994 年生效后，全球经贸关系已经发生了深刻的变化。20 多年重大的技术变革和创新的高速发展，使得《北美自由贸易协定》的更新和现代化势在必行。近年来，世界经济发生了很大变化，区域贸易协定的性质也发生了变化。加拿大和墨西哥积极参与了新一代贸易协定建设。加拿大成功地谈判、签署和批准了《加拿大-欧洲联盟全面经济和贸易协定》和《全面和逐步的跨太平洋伙伴关系》。墨西哥也签署了 11 项自由贸易协定，涉及 46 个国家。美国、加拿大和墨西哥都曾经是《跨太平洋伙伴关系协定》的签署国。《跨太平洋伙伴关系协定》涉及内容非常广泛，既包括货物贸易、服务贸易、投资、原产地规则等传统的自由贸易协定条款，也包含知识产权、劳工、环境、临时入境、国有企业、政府采购、金融、发展、能力建设、监管一致性、透明度和反腐败等亚太地区绝大多数自由贸易协定尚未涉及或者较少涉及的条款。虽然特朗普政府由于政治因素退出了《跨太平洋伙伴关系协定》，但是该协定很多章节和相关规则为《美国-墨西哥-加拿大协定》提供了借鉴。美国、加拿大和墨西哥都同意对《北美自由贸易协定》中的贸易内容、方式和规则进行现代化升级。

第三，特别需要强调的是，虽然特朗普在就任之初就签署行政令退出了《跨太平洋伙伴关系协定》，但是《美国-墨西哥-加拿大协定》与后者在战略层面上有着一定程度的关联，甚至有所突破，那就是体现出更多在经济上针对制衡中国发展的特性。《美国-墨西哥-加拿大协定》是目前覆盖面最广的贸易协定之一。它不仅覆盖了传统贸易投资议题，吸收并更新了《跨太平洋伙伴关系协定》中关于电子商务、金融服务、国有企业、知识产权、竞争、环境保护和劳工标准等内容，还进一步地发挥全球化深入发展带来的新议题。在《美国-墨西哥-加拿大协定》核心章节及条款中，包含了不少明显针对中国或潜在歧视性排挤中国的相关规定。比如《美国-墨西哥-加拿大协定》关于"非市场经济国家"的限制性规定，即若一缔约方有意与非市场经济国家谈判自由贸易协定，必须至少提前 3 个月将此意向告知其他缔约方；若打算与非市场经济国家签署自由贸易协定，必须至少提前 1 个月将协定全部文本提供给其他缔约方审查；其他缔约方经提前 6 个月通知，可以终止与该缔约国的协定。很明显，该章节中的"非市场经济国家"指代中国。该条款的目的是限制加拿大和墨西哥与中国签署自由贸易协定的权利。此外，《美国-墨西哥-加拿大协定》包含的国有企业、宏观政策与汇率问题等章节，以及关于金融服务中的禁止本地数据存储要求的条款、数字贸易中针对隐私保护和限制政府等要求、知识产权中一些新条款，都带有诸多排他性色彩。《美国-墨西哥-加拿大协定》出现的这些新变化，体现出在中国经济崛起的背景下，美国试图在贸易协定规则上来制衡中国的话语权和影响力，从而从贸易战略上干扰和遏制中国经济的快速发展。

《美国-墨西哥-加拿大协定》出现的新变化，还可以从新协定实施后将来可能对世界经济造成深远影响的产业领域来分析。《美国-墨西哥-加拿大协定》特别是在涉及汽车及零部件、农产品和乳制品、药品、电子商务、纺织品、化学产品等产业领域的相关规则，出现了明显的新变化：

第一，鉴于特朗普政府增加美国汽车制造数量的目标，汽车及零部件行业将感受到最大的冲击。新协定制定了更严格的原产地规则，重新阐明了汽车和汽车零部件如何符合关税减免的条件。《北美自由贸易协定》规定，汽车中 62.5% 的零部件是具有墨西哥、加拿大或美国制造成分的，才有资格享受零关税，而《美国-墨西哥-加拿大协定》将这一比例提升到 75%。新协定还要求，汽车生产企业对钢和铝的采购至少 70% 必须来自成员国；40%~45% 的汽车零部件必须在成员国的工人工资每小时 16 美元以上的工厂生产。

第二，农业和乳制品相关产业将受到新规则的显著影响。在农产品和乳制品产业，原协定规定逐步取消对墨西哥和加拿大的所有农业关税，但是不包括对乳制品、家禽、鸡蛋和糖的关税。新协定规定加拿大必须向美国开放奶制品市场：加拿大将取消6级和7级产品的复杂定价方案，其中包括浓缩乳蛋白、脱脂奶粉和婴儿配方奶粉，加拿大还允许某些奶酪在墨西哥和美国销售，加拿大将向美国开放不列颠哥伦比亚省的葡萄酒市场。

第三，在药品领域，原协定对保障先进药物发展有限，相关保护措施需要更新；新协定在延长生物制药数据保护期、版权等方面提高了原来加拿大主张的标准，对生物药品进行10年的监管数据保护，使得加拿大和墨西哥的数据保护更接近美国12年的标准，这有利于美国医药行业和知识产权保护。

第四，在纺织品和服装产业，原协定规定非原产材料重量不得超过商品总重量的7%，并要求纺织品所包含的弹性纱线必须来源于成员国，而新协定第六章第一条规定，在商品名称及编码协调制度中第五十章至第六十章和96.16品目下的纺织品或服装，非原产材料重量不得超过商品总重量的10%，弹性纱线的重量不得超过7%，否则视为非原产商品。这些新原产地规则也将对北美三国的纺织业和服装产业产生重要影响。

第五，新协定针对海关工作程序的修订将促进北美自由贸易区的跨境电子商务发展，针对数字贸易的章节鼓励互联网支持的小企业和电子商务出口。新协定提高了墨西哥和加拿大最低货物价值水平，即关税和海关文件规定的进口货物最低值。墨西哥最低限价从50美元提高1倍至100美元，加拿大最低限价从20加元（约合15.13美元）提高1倍至40加元（约合30.25美元）。该贸易协定还意味着加拿大消费者不必为150加元（约合113.44美元）及以下的跨境网络订单支付关税，而墨西哥消费者不必为117美元及以下的跨境网络订单支付关税。这使得网络订单商品更容易跨境运输，并可能鼓励一些零售商加大跨境销售。

第六，新协定中的化学工业原产地规则已经修改得更加清晰和透明。相关原产地文件要求已经降低，使得许多化学品制造商不再需要确定区域价值内容并提交授予的文件。新规则的主要好处包括提供额外的资格选择，以增加原产地产品的数量。

《美国-墨西哥-加拿大协定》出现的新变化，还可以从北美自由贸易区各个成员国针对该协定的不同的认知来分析。美国和加拿大官方对于《美国-墨西哥-加拿大协定》针对《北美自由贸易协定》出现的新变化，以及该协定对北美自由贸易区成员国产生的积极影响，有着不同程度的认知和评价。当然这是基于美国和加拿大官方自身的国家利益和立脚点而提出的。特朗普政府主要强调《美国-墨西哥-加拿大协定》对美国经济和就业机会的积极促进作用。根据美国国际贸易委员会发布的公告，《美国-墨西哥-加拿大协定》被认定为美国迄今为止谈判达成的最全面、最高标准的贸易协定。该协定全面更新和重新平衡了《北美自由贸易协定》，以应对21世纪经济的挑战，并确保美国工人、农民、牧场主和企业分享协定的利益。它有助于推动经济繁荣，促进更公平和更平衡的贸易，并有助于确保北美自由贸易区仍然是世界上最具竞争力的地区。美国国际贸易委员会声称，与《北美自由贸易协定》相比，《美国-墨西哥-加拿大协定》出现的新变化主要体现在知识产权、农业、海关与贸易便利化、金融服务、纺织品、预先裁决等方面的重要改进，并且新协定还增加了良好管理实践、数字贸易、中小企业、环境、劳工等新章节[①]。

美国贸易代表办公室声称，《美国-墨西哥-加拿大协定》将创造更加平衡、互惠的贸易关系，为美国人提供高薪工作岗位，并促进北美地区的经济增长。美国贸易代表办公室是从积极角度归纳了《美国-墨西哥-加拿大协定》将给美国及北美自由贸易区成员国带来的积极的经济效益。《美国-墨西哥-加拿大协定》新变化的显著要点包括：为美国工人创造一个更公平的竞争环境，包括改善汽车、卡车、其他产品的原产地规则和货币操纵纪律；通过使北美的粮食和农业贸易现代化和加强，使美国农民、牧场主和农业综合企业受益；通过对美国知识产权的新保护，来支持21世纪的经济，并确保美国服务贸易的机会；新的章节涵盖数字贸易、反腐败和良好的监管做法，以及专门章节致力于确保中小企业从该协定中获得收益。

加拿大政府将新协定称为《加拿大-美国-墨西哥协定》或者"新北美自由贸易协定"。加拿大全球事务部针对《加拿大-美国-墨西哥协定》，也高度评价了新协定对加拿大的积极影响。加拿大政府认为，1994年生效的《北美自由贸易协定》促进了三个成员国的经济增长，提高了成员国人民的生活水平。通过加强贸易投资的规则和程序，这一协议已被证明是促成加拿大繁荣的坚实基础。《加拿大-美国-墨西哥协定》的成果体现在它保留了《北美自由贸易协定》中贸易关系的关键要素，并且纳入了新的条

---

① 参考美国国际贸易委员会网站。

款，以解决21世纪的贸易问题，为近5亿北美居民带来新的机遇。《加拿大-美国-墨西哥协定》有助于强化加拿大与美国和墨西哥之间牢固的经济关系。新协定维持了《北美自由贸易协定》的免关税市场准入，引进或更新了解决当今经贸挑战的新章节；新协定为加拿大企业、工人和社区在劳工、环境、汽车贸易、争端解决、文化、能源、农业和农业食品等领域提供了关键成果；新协定还包括了保护性别平等和土著人民权利的语言①。

《美国-墨西哥-加拿大协定》出现的新变化，同时也可以从新协定章节和条款的具体表现形式来分析。在《北美自由贸易协定》的基础上，《美国-墨西哥-加拿大协定》增加了一些新章节和附件，修订了相关章节和条款。《北美自由贸易协定》有24个章节。《美国-墨西哥-加拿大协定》有34个章节。《美国-墨西哥-加拿大协定》增加了部门附件、数字贸易、中小企业、竞争、反腐败、良好监管实践、劳工、环境保护、宏观经济政策、汇率事项10个章节。《美国-墨西哥-加拿大协定》中的初始条款与一般定义、国民待遇与市场准入、农业、原产地规则、原产地程序、纺织品与服装、海关管理与贸易便利化、承认墨西哥对碳氢化合物的所有权、卫生和植物检疫标准、贸易救济、贸易技术堡垒、政府采购、投资、跨境服务贸易、商务人士临时入境、金融服务、电信、知识产权、竞争政策、国有企业与指定垄断企业、公布与实施、管理与机构条款、争端解决、例外与一般规定、最后条款25个章节，能从《北美自由贸易协定》的章节和附件找到一定程度的对应。《美国-墨西哥-加拿大协定》针对这些章节和附件都进行了升级更新，调整了相应条款和附件，但改动的幅度有差异。特别地，新协定在原产地规则、原产地程序、农业、知识产权、金融服务等章节和相关条款中做了影响深远的修订。新协定第三十四章的最后条款还包括了对莱特西泽提出的日落条款的修改方案，即协定本身必须由三个成员国每6年审查一次，有效期为16年。

---

① 参考加拿大全球事务部于2020年1月28日发布的协议总结声明。

# 第五章 《美国-墨西哥-加拿大协定》主要章节及条款的新变化

　　《美国-墨西哥-加拿大协定》是一个非常复杂的法律条约，它是由34个章节、13个特定部门的附件和16个附信组成。总的来说，《美国-墨西哥-加拿大协定》保留了《北美自由贸易协定》的基本框架，特别是对农业、原产地规则和原产地程序、海关管理和贸易便利化、知识产权、跨境服务贸易、金融服务、政府采购、投资、知识产权、国有企业、例外与一般条款等章节及相关条款，作出了显著的修订；同时，针对自1994年以来全球经贸关系涌现出来的新议题，《美国-墨西哥-加拿大协定》也在吸收《跨太平洋伙伴关系协定》等贸易协定的基础上，相应地增加了部门附件、数字贸易、中小企业、竞争、反腐败、良好监管实践、劳工、环境保护、宏观经济政策与汇率事项等新章节，以设置新规则；另外，《美国-墨西哥-加拿大协定》在国民待遇与商品市场准入、植物与卫生检疫、贸易补救措施、技术性贸易壁垒、商务人士临时入境、出版和管理等其他章节，也做出了一些相应的规则修订和调整①。

　　本章节首先阐述《美国-加拿大-墨西哥协定》中新增加章节的情况，包括部门附件、数字贸易、中小企业、竞争、反腐败、良好监管实践、劳工、环境保护、宏观经济政策与汇率事项等章节；其次论述《美国-加拿大-墨西哥协定》中修改幅度较大的章节的情况，包括原产地和原产地程

---

　　① 参考美国贸易代表办公室网站（www.ustr.gov）和加拿大全球事务部网站（http://international.gc.ca/）。

序、农业、海关管理与贸易便利化、跨境服务贸易、金融服务、投资知识产权、国有企业、例外与一般条款等章节及相关条款；最后论述国民待遇与商品市场准入、纺织品与服装商品、墨西哥对碳氢化合物所有权、植物与卫生检疫、贸易补救措施、技术性贸易壁垒、商务人士临时入境、电信、竞争政策、出版和管理、争端解决、最后条款等其他一些章节的修订情况①。

## 第一节　《美国-墨西哥-加拿大协定》中新增加章节的基本内容

《美国-墨西哥-加拿大协定》在《北美自由贸易协定》的基础上，根据自 1994 年以来全球经贸关系出现的新问题，在借鉴了《跨太平洋伙伴关系协定》以及其他贸易协定中相关规定的基础上，并且结合北美自由贸易区的特点，新增加了部门附件、数字贸易、中小企业、竞争力、反腐败、良好监管做法、劳工、环境保护、宏观经济政策与汇率事项 9 个章节。

### 一、部门附件、数字贸易、中小企业章节及条款的基本内容

（一）部门附件章节及条款的基本内容

《美国-墨西哥-加拿大协定》增加了一个部门附件的章节（第十二章）。新协定的部门附件章节纳入了多个部门的新条款，具体包括有关化学物质、化妆品、信息和通信技术、能源性能标准、医疗设备、药物等部门的新规则。这些部门性附加规则是对建立在技术性贸易壁垒和良好监管做法等章节中设定义务的基础上加以补充，这些义务促进了监管透明度和可预测性，同时维护了各方为实现合法公共政策目标而进行公共利益监管的权利，如保护和促进公众健康、安全和环境。在北美经济的这些特定部门，部门附件中规定的承诺旨在促进有利于缔约方之间贸易的有效监管②。

根据加拿大全球事务部，部门附件章节的技术性摘要如下：

第一，在化学物质部门，新协定一些重要的新条款和规则包括：规定

---

① 参考加拿大全球事务部于 2020 年 5 月 7 日发布的关于"新北美自由贸易协定"章节内容。

② 参考加拿大全球事务部发布的"新北美自由贸易协定"章节附件。

加强三方之间的监管兼容性和贸易，同时确保进口产品和国内产品受到同样的对待；促进加强三方之间的监管兼容性和贸易，同时认识到保护人类健康和环境仍然是各方的主要监管目标；在缔约方之间现有的广泛的化学品监管合作的基础上，确定了今后合作的重点领域；要求缔约方酌情努力调整化学物质的风险评估方法和风险管理措施，并继续提高各自的保护水平（包括对健康、安全和环境的保护）；认识到尽量减少不必要的经济壁垒或技术创新障碍的重要性，并同意界定和酌情采用基于风险的方法评估化学品。

第二，在化妆品部门，新协定一些重要的新条款和新规则包括：规定加强三方之间的监管兼容性和贸易，同时确保进口产品和国内产品受到同样的对待；旨在通过国际倡议和标准，更好地协调化妆品的法规和监管活动；保留为公众利益进行监管的权利，特别注重在确保安全、有效和质量的措施中保护人类健康；要求缔约方考虑相关的科学因素，采用基于风险的方法来规范化妆品对人类健康的安全性；力求更好地协调缔约方对化妆品成分标签的要求，包括对国际命名化妆品成分的要求；增强化妆品和药物界面产品的监管兼容性，如一些牙膏、漱口水、防晒霜、洗发水和止汗剂。

第三，在信息和通信技术部门，新协定一些重要的新条款和新规则包括：为使用加密技术的信息和通信技术产品提供附加保护；更新《北美自由贸易协定》最初关于将电信设备安全连接到公共通信运输网络的承诺；接受供应商关于信息技术设备符合电磁兼容性标准或技术法规的符合性声明，前提是该声明满足一方的测试要求；执行1998年5月8日《亚太经合组织电信设备合格评定相互承认安排》和2010年10月31日《亚太经合组织电信设备技术要求等效相互承认安排》，并考虑其他便利电信设备贸易的安排。

第四，在能源性能标准部门，新协定一些重要的新条款和新规则包括：促进各方之间加强监管兼容性和贸易，并增加透明度规定；在双方现有监管合作的基础上，确定未来合作的领域；努力协调各方采用的能源性能标准或试验程序。

第五，在医疗设备部门，新协定一些重要的新条款和新规则包括：规定加强三方之间的监管兼容性和贸易，同时确保进口产品和国内产品受到同样的对待；要求营销授权侧重安全、有效性和质量要求；维护公共利益的监管权，特别注重在确保安全、有效和质量的措施中保护人类健康；旨在通过国际医疗器械监管机构论坛和全球协调工作队等国际举措，更好地协调医疗器械监管和监管活动；根据医疗器械单一审计程序确认审计，该程序允许认可的审计机构对满足参与监管机构相关要求的医疗器械制造商进行单一监管审计。

第六，在药品部门，新协定一些重要的新条款和规则包括：规定加强三方之间的监管兼容性和贸易，同时确保进口产品与国内产品受到同等对待；要求营销授权不应只关注安全、有效性和质量要求；维护公共利益的监管权，特别注重在确保安全、有效和质量的措施中保护人类健康；旨在通过寻求增加对另一缔约方领土内药品生产设施的检查的通知和合作，改善缔约方之间在药品检查方面的合作。

第七，在专有食品配方部门，新协定一些重要的新条款和规则包括：允许政府要求公司提供与公司专有配方相关的信息，以满足与预包装食品和食品添加剂相关的技术法规和标准；以与国内和进口产品相同的方式保护此类信息的机密性，并将此类信息要求限制在实现合法的目标（包括与健康、安全和环境保护有关的目标）所必需的范围之内。

第八，在酒精饮料部门，新协定一些重要的新条款和规则包括：减少和简化葡萄酒和蒸馏酒的标签要求；在缔约方之间保持不歧视原则和对进口产品与国内产品类似的待遇（国民待遇）等若干承诺；提供加拿大威士忌作为加拿大特色产品的保护；防止使用"冰酒"一词来推销用人工冷冻在工业冰柜中的葡萄酿制的葡萄酒；保留反映加拿大葡萄酒和烈酒销售独特特征的国民待遇例外。

（二）数字贸易章节及相关条款的基本内容

《北美自由贸易协定》是在拨号上网时代之前美国与墨西哥和加拿大谈判达成的自由贸易协定，因此原协定并不包含任何关于数字贸易或电子商务的义务与规则。由于认识到数字贸易对世界经济的发展具有巨大价值，对促进经济增长和创新发挥着关键性作用，《美国-墨西哥-加拿大协定》参照了《跨太平洋伙伴关系协定》中的电子商务章节（第十四章）以及其他贸易协定中数字贸易的相关规则，增加了有关数字贸易的新章节（第十九章），对数字贸易的最新相关规则进行了一系列更新和升级。

加拿大全球事务部指出，数字经济已经改变了贸易的方式，现代贸易协定必须反映这一现实。通过创建新的贸易协定，加拿大与其他成员国同意制定一套数字贸易规则，将通过使用互联网促进经济增长和贸易机会，并解决数字贸易的潜在障碍。这些新规则包括但不限于承诺不对电子传输的数字征收关税、保护个人信息以及在电子通信中的重要安全问题上进行产品合作。新协定的数字贸易章节将确保加拿大公司，能够利用不断扩大的在线商业机会，同时也寻求继续确保建立消费者信心和信任的在线环境。数字贸易的技术性摘要包括：促进利用数字贸易作为贸易手段的承诺；支持数字经济的生存能力，确保解决消费者和企业接受这一贸易媒介的潜在障碍；确保互动电脑服务不会因在其平台上发布的内容在民事诉讼中受到不适当的损害而被追究责任的承诺，这些承诺不会妨碍加拿大为公共利益进行管制或执行任何刑罚；确保双方不会歧视或对在线数字产品征收关税或其他费用；确保加拿大公司能够利用国内和全球的数据和数字机会，承诺保护信息跨国界自由流动，并将数据本地化要求降至最低，同时保留加拿大保护数据以实现强制性公共政策目的的权利；阻止成员国的政府要求访问企业专有软件源代码；包括双方承诺采取措施保护用户不受未经授权披露其个人信息、在线欺诈和欺骗性商业行为以及垃圾邮件的影响，以建立对从事数字贸易的信任和信心；努力促进残疾人获得信息和通信技术；不影响加拿大建立和维持与网络中立有关的国内法律、政策和条例的权利；包括促进公众获取和使用政府公开信息以支持经济和社会发展、竞争力和创新的承诺。

美国贸易代表办公室声称，在新增加的数字贸易章节中，《美国-墨西哥-加拿大协定》包含了当今自由贸易协定中针对数字贸易的最新标准，为美国具有竞争优势的创新数字产品和服务在扩大贸易和投资方面打下了坚实的基础。这些数字贸易规定将为北美自由贸易区共同制定可预见的规则道路，并且鼓励在三国间建立一个强大的数字贸易市场。数字贸易的发展应该能支持北美的经济繁荣，创造高薪工作。

总的来说，新协定制定了一些重要的数字贸易规则，主要包括：禁止将关税和其他歧视性措施应用于以电子方式分发的数字产品（电子书、视频、音乐、软件、游戏等）；确保数据能够跨界传送，并且最大限度地减少对数据存储和处理的限制；通过允许使用电子认证和电子签名，促进数字交易，同时保护消费者和企业的机密信息，并保证可执行的消费者保护适用于数字市场；打击用于限制数据存储和处理位置的数据本地化措施，加强和保护全球数字生态系统；促进合作应对网络安全挑战；促进政府公开数据的开放获取；限制政府要求披露专有计算机源代码和算法的能力，以更好地保护数字供应商的竞争力；通过限制第三方内容的民事责任，提高依赖于与用户互动的互联网平台的生存能力，但知识产权执法除外；保证可执行的消费者保护，包括隐私和主动通信，适用于数字市场①。

（三）中小企业章节及相关条款的基本内容

美国贸易代表办公室指出，《美国-墨西哥-加拿大协定》承认中小企业作为北美经济引擎的基本作用，在美国贸易协定中首次加入包括关于中小企业的专门章节（第二十三章），并且在整个协定中其他章节中添加了支持中小企业的关键性条款。新协定的中小企业章节旨在促进美墨加三国加强合作，增加中小企业贸易和投资机会。该章节建立了信息共享工具，有助于中小企业更好地了解该协定的好处，并为在北美市场开展业务的中小企业提供其他有用的信息。该章节还设立了一个由各方政府官员组成的中小企业问题委员会。该章节为正在进行的中小企业对话启动了一个新的框架，该框架将向中小企业开放，包括那些由不同和代表性不足的群体拥有的中小企业。对话的目的是让与会者向政府官员提供关于协定执行情况和进一步现代化的意见和信息，以帮助中小企业从协定中受益，加强各方之间的合作。

除中小企业专门章节以外，《美国-墨西哥-加拿大协定》还在其他章节加入了促进中小企业发展的关键性条款：新协定削减了 2 500 美元以下低值货物的繁琐程序，并提高了对墨西哥和加拿大出口的最低水平，使中小企业更容易从事跨境进出口贸易；海关和贸易便利化章节将有助于降低中小企业的成本，提高跨境交易的便利性和可预测性，包括通过要求在线公布法律、法规、联系信息、关税、税收和其他费用的规定，本章包括扩大了海关当局预先裁决的范围，规定可在线搜索海关信息数据库，快速放行快件；数字贸易章节载有禁止对以电子方式分销、支持互联网的小企业和电子商务出口的产品征收关税；知识产权章节要求缔约方在获得知识产权保护方面减少繁琐程序，包括简化对中小企业造成不成比例负担的申请程序；跨境服务贸易章节通过消除不必要的要求，将开设外交办事处作为开展业务的条件，使中小企业受益，它还鼓励缔约方考虑监管行动对中小企业服务供应商的影响，避免授权程序对中小企业造成不成比例的负担；

---

① 参考美国贸易代表办公室发布的《美国-墨西哥-加拿大协定》事实清单。

良好管理实践章节包括鼓励缔约方考虑新的中小企业条例的影响，以减少或消除不必要的繁重、重复或不同的监管要求。

加拿大全球事务部声称，新协定将支持加拿大企业和中小企业继续进入美国和墨西哥市场，并更新北美的贸易规则。这将使加拿大各行业的中小企业更容易在北美市场开展业务，包括通过简化海关和原产地程序以及提高政府法规的透明度。新协定中增加了关于中小企业的新章节，其目的是补充在整个协定中所做的承诺，特别是通过促进各方之间的合作，增加中小企业的贸易和投资机会，并确保中小企业能够获得关于协定义务和运作的信息。关于中小企业章节的技术性摘要内容包括：促进增加中小企业的贸易和投资机会，包括在资助倡议方面开展合作，开展联合活动，促进代表性不足的集团拥有的中小企业，以及交流信息和最佳做法；认识到土著居民、妇女、青年和少数群体可能受益于为增加参与国际贸易而加强中小企业促进活动的协作；包括提供专门为中小企业量身定制的信息的要求和关于青年和代表性不足群体创业教育方案的信息，以及关于协议中与中小企业特别相关的义务的信息——加拿大中小企业曾将其视为利用自由贸易协定创造的机会中具有挑战性的条款；设立一个中小企业问题委员会和一个包括私营部门利益攸关方在内的年度三边中小企业对话，讨论与中小企业有关的协定问题。

## 二、劳工、环境章节及条款的基本内容及新规则

在劳工和环境方面，美国、加拿大和墨西哥同意将劳工和环境纳入新协定的核心议题，把劳工和环境从以前《北美自由贸易协定》的附加协定提升成为《美国-墨西哥-加拿大协定》的独立章节，以进一步协调三国之间的劳工标准和深化北美自由贸易区的环境保护合作。与原附加协定相比，《美国-墨西哥-加拿大协定》中的劳工和环境章节都出现了一些新的规则变化。

（一）劳工章节及相关条款的基本内容及新规则

《美国-墨西哥-加拿大协定》新增加了一个关于劳工的章节。与《北美自由贸易协定》不同的是，《美国-墨西哥-加拿大协定》劳工章节（第二十三章）是该协定的主要文本，与该协定其他章节部分一样，受到同样的争端解决机制和潜在的贸易制裁。本章旨在通过确保缔约方不降低其劳工保护水平以吸引贸易或投资，在北美自由贸易区的劳工标准和工作条件

方面创造公平的竞争环境。劳工章节还承诺确保国家法律和政策为工作中的基本原则和权利提供保护。这些权利包括结社自由和集体谈判的权利、禁止进口强迫劳动生产的货物以及对移徙工人权利的约束性义务。本章还包括处理对工人的暴力行为，以及单一暴力事件或暴力威胁的强制性义务。劳工章节及规定在法律和实践中采纳和维护国际劳工组织规定的劳动权利，有效执行劳动法；禁止进口由强迫劳动生产的货物，确保劳工受到劳动法的保护。

　　劳工章节有一个关于墨西哥工人在集体谈判中代表权的附件，根据该附件，墨西哥承诺采取具体立法行动，规定有效承认集体谈判权根据相关劳工附件，墨西哥承诺采取具体立法行动，规定有效承认集体谈判的权利。该章节为劳动法的执行提供程序保障，包括通过独立、公正的司法和行政法庭进行正当程序。它建立了体制机制，规定政府间与利益攸关方的投入进行接触和合作，并规定了一个公众提交文件的过程，公众可借此寻求对一方未履行其在劳动章节下义务的申诉进行审查。为了及时解决与集体谈判和结社自由有关的劳工侵权问题，该协定还设置了包括加拿大和墨西哥之间以及美国和墨西哥之间的创新快速反应机制。这些执行机制允许在一个设施迅速部署一个由三名成员组成的劳工专家小组，以确保国家劳工法得到遵守。争端解决章节建立了美国与墨西哥之间的一种快速反应机制，规定对劳工权利进行监测和加速执行，以确保在尊重主权和正当程序的同时，在特定设施有效实施墨西哥具有里程碑意义的劳工改革。另外，为了支持北美地区的高薪就业，《美国-墨西哥-加拿大协定》包含了新的贸易原产地规则，要求 40%~45% 的汽车零部件生产由时薪至少 16 美元的工人承担，以此来提高汽车工人的工资水平。

　　根据加拿大全球事务部，劳工章节的技术性摘要包括以下内容：

　　劳工章节载有保护和促进国际公认的劳工原则和权利的承诺，其中包括 1998 年国际劳工组织《工作中的基本原则和权利宣言》，这些原则和权利完全受新协定解决争端条款的约束。该章节承诺确保国家法律和政策保护工作中的基本原则和权利，包括结社自由和集体谈判权，消除童工、强迫或强制劳动以及就业职业方面的歧视。该章节包括一系列新规定：禁止进口强迫劳动生产的货物；处理对行使劳工权利的工人的暴力行为，包括单一的暴力事件或暴力威胁；确保移民工人受到劳工法的保护；首次在贸易协定中阐明，与不歧视有关的可执行义务包括基于以下原因的就业歧视——性别（包括性骚扰）、怀孕、性取向、性别认同或基于性别的工资歧视。本章节确保法律在最低工资、工作时间和职业健康安全方面提供可接受的工作条件。本章节鼓励在劳工问题上进行合作，并建立一个进行合作劳工对话的机制。本章节包括一项不减损条款，防止缔约方为了鼓励贸易或投资而减损其国内劳动法。本章节包括执行和监测遵守本章承诺情况的机制：允许缔约方之间进行磋商，讨论本章产生的事项，并共同决定解决该事项的任何行动方针；在成员国各政党中建立一个机制，让公众对本章所述的劳工问题提出关注。本章节包括一份关于墨西哥集体谈判中工人代表权的附件。根据该附件，墨西哥承诺采取具体立法行动，规定有效承认集体谈判权。本章节确认就争端而言，不履行本章中影响贸易或投资的义务应被推定为"以某种方式影响双方之间的贸易或投资"，除非被诉人能证明并非如此。本章节允许当事方在不遵守规定的情况下根据"争端解决"一章寻求争端解决，以确保所有劳动义务得到遵守。

（二）环境章节及相关条款的基本及新规则

当《北美自由贸易协定》于1994年生效时，它是第一个通过一项具有历史意义的平行环境合作协定，即《北美环境合作协定》是将环境与贸易联系起来的自由贸易协定。虽然《美国-墨西哥-加拿大协定》保留了《北美环境合作协定》的大部分文本内容以及环境合作委员会，但是自后者通过并生效以来，时间已经过去了20多年，当今贸易协定处理环境问题的方式发生了重大变化，《美国-墨西哥-加拿大协定》在很大程度上反映了其中很多这种发展。与《北美环境合作协定》相比较，新协定中的环境章节（第二十四章）出现了既有结构上的也有实质上的重要变化。

首先，《美国-墨西哥-加拿大协定》在结构上将环境条款纳入了协定的核心文本。因此，《美国-墨西哥-加拿大协定》强于《北美环境合作协定》的一种方式是将环境章节及条款纳入了主要贸易协定，并将其纳入该协定的争端解决机制，这是美国贸易协定中的标准做法。重要的是，这意味着环境章节及条款现在可以通过使用贸易制裁，而不仅仅是通过使用高度限制的惩罚来完全执行。美国贸易代表办公室声称，《美国-墨西哥-加拿大协定》包括了一个全面的现代化、高标准的环境章节，该章节以争端解决为主题，旨在通过确保各方不降低其环境保护水平来吸引贸易或投资，从而达到公平竞争的目的。总之，《美国-墨西哥-加拿大协定》再次重申了《北美自由贸易协定》对环境保护的方针，并且通过将环境章节纳入协定的核心文本中，从而提升了环境保护在北美自由贸易区中的地位。

其次，《美国-墨西哥-加拿大协定》中的环境章节在实质上包括水、沿海地区、塑料污染、湿地、受污染土地、渔业、森林、遗传资源、臭氧层消耗和转基因生物等一系列与环境相关的具体规定，而这些均未列入《北美自由贸易协定》的环境保护议题。总的来说，《美国-墨西哥-加拿大协定》比《北美环境合作协定》涉及的环境议题要多30个。它包括对海洋物种的新保护，例如禁止为商业目的猎取鲨鱼鳍和捕杀大鲸鱼。它还做出了应对全球环境挑战的新承诺，如非法野生生物贸易、非法捕鱼和鱼类种群枯竭、濒危物种、生物多样性保护、臭氧消耗物质和海洋污染。新协定做出了提高空气质量和打击海洋垃圾的创新环境承诺。缔约国三方都认识到这些问题的重要性，并承诺共同努力解决这些问题。《美国-墨西哥-加拿大协定》直接或间接重申主要多边环境协定下的义务，其中包括保护臭氧层、保护海洋环境免受船舶污染、鼓励养护和可持续利用生物多样性、鼓励可持续渔业管理以及要求控制、减少和最终消除导致过度捕捞或产能过剩的补贴的义务和鼓励措施，但是没有关于气候变化的语言。虽然纳入特定环境问题的章节和条款成为欧洲商定贸易协定的一个重要特点，但是北美自由贸易区国家也越来越多地将环境章节添加到其贸易协定中。自2006年美国与秘鲁签署自由贸易协定以来，这种转变体现得尤为明显。

再次，《美国-墨西哥-加拿大协定》中的环境章节制定了比美国以往任何贸易协定都全面的一套可执行的环境义务，包括打击野生动物、木材和鱼类走私，以提高海关检查的效力，并加强执法网络以制止此类贩运；解决空气质量和海洋垃圾等环境问题。该章节在《北美自由贸易协定》的基础上引入了新条款，包括公众参与环境影响评估、联合机构公开会议、间接征收投资和对环境有害的补贴。缔约方还同意禁止一些最有害的渔业补贴，如那些有利于参与非法、未报告和无管制捕捞活动的船只或经营者的补贴。

最后，《美国-墨西哥-加拿大协定》实施环境保护的立法将设立一个机构间环境委员会，负责监督和执行，这类似于劳工章节，并在墨西哥城设立以环境为重点的专员，监督协议的遵守情况。此外，执行立法还包括根据美墨边境水基础设施项目、贸易执法信托基金和北美开发银行的资本重组批准赠款的措施。作为一个例外，《美国-墨西哥-加拿大协定》包含了《北美自由贸易协定》缺少的一些的争端解决条款。这与《北美环境合作协定》包括一套具体的争端解决有关，如果一方未能执行其国内环境法，则提供协商、仲裁小组、货币执行评估和中止福利的机制。而《美国-墨西哥-加拿大协定》仅在不遵守本协议环境条款的情况下处理争议①。

### 三、竞争力、反腐败、良好监管做法、宏观政策与汇率问题章节的基本内容

（一）竞争力章节及条款的基本内容

《美国-墨西哥-加拿大协定》首次增加了一个关于竞争力（第二十六章）的新章节，以承认北美地区独特的商业联系、广泛的贸易流和综合的生产平台。《北美自由贸易协定》和《跨太平洋伙伴关系协定》均无竞争力章节。竞争力章节的重点是通过促进经济一体化和提高该区域出口竞争力来加强区域经济增长、繁荣和竞争力。该章节正式确定了以前为协调提高北美竞争力的政策和项目而进行的三方合作。竞争力章节旨在正式规定了三方合作以帮助提高北美竞争力，其目的不同于竞争政策（第二十一章）章节，后者负责处理反竞争商业惯例的承诺。

《美国-墨西哥-加拿大协定》竞争力章节将设立一个竞争力委员会。该竞争力委员会将讨论和开展合作活动，以激励北美的生产，促进区域贸易和投资。竞争力委员会将与政府以外的专家和利益相关者进行协商，指导其工作。竞争力委员会可与根据协定设立的其他委员会、工作组和其他附属机构合作，制订实现这些目标的工作计划。竞争力委员会将开展合作活动，以便刺激北美的生产；促进贸易和投资；改善监管环境；鼓励货物迅速流动和提供服务应对市场发展和新兴技术。更具体地说，竞争力委员会的任务是：支持北美地区的贸易和投资的信息共享；协助贸易商利用新协定；为提高北美地区的竞争力提供建议和意见；确定发展现代物理和数字基础设施的项目和政策；考虑采取行动打击北美以外国家扭曲市场的做法促进创新和技术方面的贸易和投资。竞争力委员会将特别注意提高妇女、土著居民、青年和少数民族领导的中小型企业的竞争力。

（二）反腐败章节及条款的基本内容

《北美自由贸易协定》并没有正式讨论反腐败问题。《美国-墨西哥-加拿大协定》特意增加了专门的反腐败章节（第二十七章）。该章节的反

---

① LAURENS N, et al. NAFTA 2.0: The greenest trade agreement ever [J]. World trade review, 2019, 18（4）：659-677.

腐败相关规定主要来自《跨太平洋伙伴关系协定》中相关条款，并且与《全面与进步跨太平洋伙伴关系协定》中第二十六章中条款相似。《美国-墨西哥-加拿大协定》新增加的反腐败章节代表了美国、墨西哥和加拿大支持每个国家打击贿赂和腐败的官方承诺。新协定增加的反腐败章节要求缔约国各方采取措施打击腐败，有效执行这些措施，促进公职人员的廉政，并且促进私营部门积极参与国际贸易中的反腐败斗争。

反腐败章节要求缔约国各方采取或维持禁止公职人员索取或接受贿赂、贿赂公职人员（包括外国公职人员）以及协助或教唆任何此类犯罪的标准。各方还必须采取或维持保护向主管当局报告的原告的标准。反腐败章节包括一个完整的小节，致力于促进联邦公职人员的廉洁。具体而言，它要求各缔约方采用标准，挑选和培训被认为特别容易受到腐败影响的公职人员。反腐败章节还要求缔约方采取或保持有关账簿和记录维护、财务报表披露以及会计和审计标准的措施，以禁止贿赂。这将使监管者有能力起诉那些在账簿和记录中将不正当付款记录为正当付款的公司，例如将贿赂记录为咨询费。反腐败章节还鼓励各方的私营部门制定内部控制、道德和合规方案，或采取措施防止和侦查国际贸易和投资中的贿赂和腐败。

缔约国的反腐败努力可以通过立法措施、行政执法行动和国际合作，在公共和私营部门打击腐败。反腐败章节规定缔约国维持并加强彼此对以下方面的承诺：在本国将贿赂定为犯罪并予以打击；保护举报人不受报复；保持簿记措施，以帮助发现和起诉腐败活动；采取行动促进公职人员廉洁；鼓励私营部门和社会积极打击腐败。反腐败章节中新的承诺包括：打击公职人员贪污；不鼓励使用便利费，也被称为"油脂费"，支付给外国政府官员，以加快或便利日常交易；鼓励私营企业采用合规计划打击腐败；加强三国在反腐败问题上的合作。反腐败章节适用于争端解决，但包含适当的保护措施，以确保执法、检察和司法当局有能力在反腐执法中行使其自由裁量权。

（三）良好监管做法章节及条款的基本内容

为了降低成本、促进创新和竞争，《美国-墨西哥-加拿大协定》还特意增加了一个关于良好监管做法的新章节（第二十八章）。该章节规定，当事方必须遵守防止、减少或消除管辖区之间不必要的监管差异，以促进贸易和经济增长，同时保持或加强公共卫生安全和环境保护标准。

美国贸易代表办公室声称，这是第一次在美国贸易协定中列入了关于良好监管做法的章节，其中提到各国政府在制定和执行条例时为提高透明度和建立问责制而适用的良好治理程序。这种做法可以支持缔约方之间制定兼容的管理办法，减少或消除不必要的繁重、重复或分歧的管理要求。本章节包括与中央协调有关的承诺；公布预期条例的年度计划；就条例草案文本进行公开协商；对新条例的科学或技术基础进行循证分析和解释；关于循证决策的其他规定（如参数进行监管影响评估和回顾性审查）；鼓励监管兼容性和监管合作的技术。本章节明确指出，没有任何条款阻止政府在健康、安全或环境方面追求公共政策目标。良好管理规范包括的承诺与以下内容相关：监管机构的中央协调、公布预期条例的年度计划、就条例草案进行公众咨询、对新法规的科学或技术基础的循证分析和解释、鼓励监管兼容性和监管合作的技术、私人咨询委员会、信息质量、公众对法规改进的建议、考虑对小企业的影响。本章节还包括广泛的透明度要求：在线关键信息、监管机构使用的适用表格、与执照、检查、审计等有关的费用、对法规质疑的司法或行政程序①。

　　加拿大全球事务部指出，良好监管做法这一新章节旨在促进共同努力的目标，确保透明、可预测和一致的监管体系，从而促进加强贸易关系和保护公民。该章节承认，自愿监管合作是促进《美国-墨西哥-加拿大协定》缔约方之间贸易和投资的重要良好监管做法。这一结果保留了加拿大通过和适用本国法律和条例的能力，这些法律和条例旨在为公共利益进行管理，以实现合法的公共政策目标，例如保护和促进公共健康、安全和环境。良好监管做法这一新章节包括对缔约方的一系列承诺：公布监管前瞻性议程，以便利益相关者提前知道政府打算在哪里进行监管；公布拟议监管的草案文本，并给予利益相关者足够的时间就草案提出意见；解释任何拟议监管的科学和技术基础，以支持循证决策；编写使用通俗易懂的语言的法规，使其清晰、简明，便于公众理解；进行法规影响评估，以审查拟议法规的成本和效益以及选择特定方法的理由；对其法规框架进行审查，以确保其继续提供为公民带来的结果，而不会给企业带来过多负担。该章节认识到中央监管协调机构在确保高质量监管和通过重要改革举措完善监管体系方面的重要作用，例如考虑到监管对小企业的影响；鼓励监管机构通过现有的加拿大-美国监管合作委员会（Canada-U. S. Regulatory Cooper-

---

① 参考加拿大全球事务部发布的《美国-墨西哥-加拿大协定》新章节总结。

ation Council）以及《加拿大-美国-墨西哥协定》开展监管合作，以减轻北美企业不必要的负担。该章节设立了一个三方委员会，分享有关监管合作方法的专门知识和信息①。

（四）宏观经济政策和汇率问题章节及条款的基本内容

《美国-墨西哥-加拿大协定》首次增加了宏观经济政策和汇率问题章节（第三十三章）。该章节做出了《美国-墨西哥-加拿大协定》合作伙伴对避免汇率操纵的统一承诺，并为透明度和公开报告制定了高标准，创建了一个可供全球采用的模式。宏观经济政策和汇率问题章节是第一个关于汇率问题专门章节的贸易协定。该章节承诺缔约国各方维持市场决定的汇率，避免竞争性贬值；为汇率和其他宏观经济问题的高透明度和公开报告制定可执行的规则；新协定缔约方就宏观经济政策和汇率问题继续进行对话的承诺。该章节做出了各方对避免汇率操纵的统一承诺，并为透明度和公开报告制定了高标准。

首先，该章节概述了一些关于强大和稳定的经济和市场决定汇率的重要性的一般性条款。它接着指出，各方应避免竞争性贬值，如果一方确实干预另一方的外汇市场，则必须立即通知该方。这特别排除了各国央行执行其通常国内职能的行动。其次，该章节还规定了若干报告要求。任何干预外汇市场的行为必须在每个月底后7天内公开披露。该章节规定由一个专门的宏观经济委员会对该章节进行解释和修订，委员会和该章节均受《美国-墨西哥-加拿大协定》自由贸易委员会的保护只能就报告要求提出正式争议。总之，该章节承诺三方保持市场决定的汇率，避免竞争性贬值，并提出关于汇率和其他宏观经济问题的高透明度和公开报告的可执行规则。

据美国贸易代表办公室声称，《美国-墨西哥-加拿大协定》增加的宏观经济政策和汇率问题的章节载有关于货币问题的新政策和透明度承诺。该章节将通过要求高标准承诺避免竞争性贬值和以汇率为目标，同时大幅提高透明度和提供问责机制，解决不公平的货币做法。这种做法在贸易协定中是前所未有的，将有助于加强宏观经济和稳定汇率。新的宏观经济政策和汇率问题的章节包括：实现和维持市场驱动的汇率，避免竞争性贬值和针对汇率以获得不公平的贸易优势的政策承诺；在一方干预另一方货币

---

① 参考加拿大全球事务部发布的《美国-墨西哥-加拿大协定》新章节总结。

时加强双边接触的规定；干预和外汇储备的透明度和报告要求——通过提供快速信息来评估是否履行承诺；强有力的问责机制，包括直接和快速双边谈判机制，就汇率做法对贸易伙伴质疑，以及用于新协定所有其他义务的争端解决机制，可在贸易伙伴不遵守透明度义务时追究其责任；关键义务的争端解决。

## 第二节 《美国-墨西哥-加拿大协定》中重大修订章节的新变化

《美国-墨西哥-加拿大协定》特别是在农业、原产地规则和原产地程序、海关管理和贸易便利化、跨境服务贸易、金融服务、政府采购、投资、知识产权、国有企业和指定垄断、例外与一般条款等章节及相关条款中，进行了一系列重大的修订。在这些章节及相关条款出现的新规则，将对北美地区的相关产业领域以及成员国之间的经贸关系产生举足轻重的影响。

### 一、农业、原产地规则和原产地程序、海关管理和贸易便利化章节的修订情况

《美国-墨西哥-加拿大协定》中涉及货物贸易和产业领域相关章节的重要修改，特别是对农业、原产地规则和原产地程序、海关管理和贸易便利化章节及条款中进行的修订，对美墨加三国的相关产业领域、货物贸易及运输方式将产生重要影响。

（一）农业章节及相关条款修订的新变化

由于美国与加拿大和墨西哥之间的农业贸易对美国农业生产者和消费者都极为重要，农业问题是《北美自由贸易协定》重新谈判的一个焦点。《北美自由贸易协定》中的农业与动植物检疫章节（第七章）在《美国-墨西哥-加拿大协定》中分为两个章节：农业章节（第四章）和动植物检疫措施章节（第九章）。在《美国-墨西哥-加拿大协定》中，农业章节还包括了墨西哥与美国之间双边农业贸易的附件，加拿大与美国之间双边农业贸易的附件，酒精附件，专有食品配方附件，蒸馏酒、葡萄酒、啤酒和其他酒精饮料的附件，预包装食品和食品添加剂专用配方的附件。除此之

外，对农业有直接影响的还包括《美国-墨西哥-加拿大协定》其他一些章节或条款的修订，例如，知识产权章节（第二十章）涉及农业中特别普遍的地理标志规定，以及动植物检疫措施章节里面的规定。

《美国-墨西哥-加拿大协定》对农业章节进行了大幅度的修订，其中重要变化包括要求减少使用扭曲贸易政策的条款规定、禁止使用出口补贴、成员国针对粮食安全目的出口限制这一议题进行协商和增加透明度，尽量减少使用扭曲贸易的国内支持措施。新协定大幅度修订了美加两国之间农产品贸易条款。美国在乳制品、禽蛋和家禽等加拿大以前高度保护的领域获得更多的市场准入机会，同时也允许加拿大向美国出口更多乳制品、花生、糖类和棉花产品。新协定还消除了一些技术性贸易壁垒。这些贸易壁垒限制了美国向加拿大出口酒精饮料、谷物和油籽以及奶酪。新协定提高了地理标志申请、批准和取消的透明度，并为确定某一术语是否为常用术语提供了指导。加拿大同意对美国小麦进口评级享受国民待遇，且无须原产国品质分级或检验证明。美国和墨西哥将在农业分级问题上进行合作。墨西哥同意不限制不使用某些名称标志的美国乳酪在墨西哥的市场准入。加拿大特别同意允许更多美国乳制品进入加拿大市场，包括液态奶和奶酪等产品。美国乳品生产商将拥有高达 3.59% 的加拿大乳品市场准入，这一比例甚至优于加拿大在《跨太平洋伙伴关系协定》中承诺的 3.25% 市场。根据新协定，加拿大将为包括液态奶、奶油、黄油、脱脂奶粉、奶酪以及其他乳制品在内的美国产品提供新的准入，还将取消对乳清和人造黄油的关税。加拿大将为美国的鸡肉和鸡蛋提供新的准入，并增加火鸡市场的准入。加拿大同意在新协定生效后 6 个月内取消其牛奶分类定价体系中第 6 类和第 7 类。美国、墨西哥和加拿大同意在销售和分销、标签和认证方面做出不歧视和透明的承诺，以避免葡萄酒和蒸馏酒贸易的技术壁垒。它们同意继续承认波旁威士忌、田纳西威士忌、龙舌兰酒、墨西哥威士忌和加拿大威士忌为特色产品。并且加拿大同意不列颠哥伦比亚省仅允许超市销售当地葡萄酒。

《北美自由贸易协定》的文本并不包括涉及农业生物技术的条款。《美国-墨西哥-加拿大协定》首次专门针对关键性生物技术创新农业生物技术，帮助确保成员国之间对此类技术有明确和及时的批准程序，以此来促进 21 世纪的农业创新。与《跨太平洋伙伴关系协定》不同的是，《美国-墨西哥-加拿大协定》并不局限于重组 DNA 技术，还包括基因编辑。这为未来的许多农业生物技术创新提供了新机遇。具体而言，美国、墨西哥和加拿大已同意就加强农业生物技术贸易相关事项的信息交流与合作做出相关规定。在"卫生与植物检疫措施"章节中，美国、墨西哥和加拿大同意加强以科学为基础的卫生与植物检疫措施的纪律，同时确保各方保持其保护人类、动物和植物生命或健康的主权权利。新协定还规定提高制定和实施卫生和植物检疫措施的透明度；推进基于科学的决策；改进认证、区域化和等效性确定程序；进行基于系统的审计；提高进口检查的透明度；共同努力提高措施。新协定将建立一个新的技术协商机制，以解决双方之间的问题。

（二）原产地规则和原产地程序章节及相关条款的新变化

《美国-墨西哥-加拿大协定》涉及原产地规则（第四章）和原产地程序（第五章）两章。这两章融合了《北美自由贸易协定》第四章原产地规则和第五章中海关程序的一些规定，并且进行了实质性的修改。其中影响最为重大的是涉及乘用车、轻型卡车和汽车零部件的原产地规则。根据《北美自由贸易协定》的原产地规则，汽车零部件的62.5%必须在北美的美墨加三国生产，才能享受该协定规定的免关税优惠待遇，而《美国-墨西哥-加拿大协定》将这一比例提高至75%。相关条款规定，北美地区要求分阶段逐年增加比例，到2023年，大多数乘用车和轻型卡车要求达到75%。对部分乘用车和轻型卡车也规定了类似的分阶段增加期限，到2023年达到65%~75%。这种提高北美地区原产地价值的内容比例，目的在于刺激在北美采购汽车零部件，而减少采购成员国以外国家或地区（如中国、日本、韩国等）制造的零部件。《美国-墨西哥-加拿大协定》在取消《北美自由贸易协定》跟踪要求的同时，引入与钢、铝和核心汽车零部件（如发动机和变速器）采购相关的新要求：汽车生产企业对钢和铝使用至少70%必须来自成员国；核心、主要和补充零部件的原产地价值含量分别为75%、65%和60%。不仅如此，《美国-墨西哥-加拿大协定》首次设定了"劳工价值成分"比例的新规则，即为了达到上述门槛要求，40%（适用于一般汽车）或45%（适用于卡车）的汽车零部件必须由时薪不低于16美元的工人生产，在5年内分阶段实施到位。鉴于墨西哥汽车行业的工人平均小时收入远低于美国和加拿大，预计墨西哥一些汽车行业生产将转移到工资更高的美国和加拿大，而不是完全将本国工资提高到所要求的水平，因此对美国和加拿大两国产生积极影响。在《美国-墨西哥-加拿大协定》文本后的附件中，美国保留了其可以出于国家安全原因对全球征收25%汽车关税的权利，但是为加拿大和墨西哥都预留了超过目前产量的配额空间。

　　原产地程序章节详细说明了根据《美国-墨西哥-加拿大协定》核实优惠关税待遇的物流。原产地程序章节在《北美自由贸易协定》中没有类似的章节，但是与《跨太平洋伙伴关系协定》原产地规则和原产地程序（第三章）的部分内容相似。这些原产地程序旨在取代《北美自由贸易协定》规定的追踪程序。原协定的追踪要求公司为每个零部件维护提供几十个不同的认证，常常需要数千个文档，并从供应商那里检索专有的定价信息。《美国-墨西哥-加拿大协定》原产地程序章节的目的在于减少《北美自由贸易协定》追踪过程中的一些官僚作风，并且简化原产地认证程序。虽然新的程序是简化了认证流程，但完全取消原产地规则将是一种更为优化的方法，它将最大限度地减少认证其产品原产地以获得免税待遇对企业的影响。

　　美国贸易代表办公室声称：《美国-墨西哥-加拿大协定》中的原产地规则和原产地程序的新章节，将有助于保护北美地区和美国的汽车和零部件生产，并改变供应链，以使用更多的北美地区和美国内容；新章节鼓励使用高工资的北美劳动力，为很大一部分车辆内容制定新的劳动价值内容规则，这将有助于确保美国生产商和工人能够在公平的竞争环境中竞争，并激励在美国的新车和零部件投资；新章节还包括针对其他工业产品的更严格原产地规则，这些新规则将增加地区含量并有助于保护美国制造业，包括化学品、钢铁密集型产品、玻璃和光纤的新规则，这些规则将有助于确保只有使用足够数量美国或北美地区零部件或材料的生产商才能获得优惠关税优惠；作为对这些改进后的规则的补充，《美国-墨西哥-加拿大协定》包括了关于合作和执行的新规定，这将有助于成员国各国政府大力执行这些新规则，并努力防止这些规则在发生之前可能被规避。美国贸易代表办公室指出，相比较而言，新协定的汽车原产地规则远超《跨太平洋伙伴关系协定》的范围，包括要求的区域价值内容的数量和引入劳动价值内容以鼓励高工资；光纤、钢、玻璃、钛和化工产品采用新的更为严格的原产地规则；新规则减少了繁琐的原产地程序，因为采用了更强有力的合作和执行条款，使得海关更容易发现、防止和解决相关违法行为。

　　根据加拿大全球事务部的数据，新协定中关于汽车原产地规则的技术性摘要包括：75%的区域价值内容要求；对发动机和变速箱等核心部件有很强的内容要求；北美70%的钢和铝要求；劳动价值内容要求。劳动价值内容中的要求意味着车辆价值中的很大一部分必须由时薪至少16美元的工人生产。与墨西哥相比，该条款有可能提高加拿大汽车制造业的竞争力。该结果还加强了汽车零部件的原产地规则，并确保在确定其是否符合原产资格时，考虑到汽车生产中使用的所有零部件。新协定中关于原产地程序的技术性摘要包括：引进新的程序，规定电子程序，促进贸易商参与原产地认证和核查，简化认证程序，鼓励自愿遵守，并规定加强海关当局之间的执法和合作，以确保合法货物从海关和海关管理局受益。与《北美自由贸易协定》类似，新协定包括对贸易商和海关管理部门的规则，例如认证、自愿遵守、记录保存要求、原产地预先裁定、退款、详细的原产地核查、上诉权以及各缔约方海关管理部门之间的合作。这些义务将有助于：降低贸易商的管理成本，从而促进参与新协定；确保海关当局在适用原产地规则时公平、透明地对待贸易商。新协定特别考虑：出口商、生产商或进口商的证明；通过使用发票、电子传输（包括电子签名）证明货物原产地的较简单手段；出口商、生产商和进口商的申诉权；自愿遵守；加强海关部门之间的合作。

（三）海关管理和贸易便利化章节及相关条款的修订

《美国-墨西哥-加拿大协定》中的海关管理和贸易便利化章节（第七章）与《北美自由贸易协定》中海关程序章节（第五章）的一部分相似，但是出现了很大变化。《北美自由贸易协定》关于海关程序的章节包括原产地证书、管理和执行以及海关监管和合作的规定。《美国-墨西哥-加拿大协定》中的海关管理和贸易便利化程序章节纳入了一些世界贸易组织《贸易便利化协定》和《跨太平洋伙伴关系协定》中一些相关新条款。根据《美国-墨西哥-加拿大协定》，缔约国确认其在世界贸易组织《贸易便利化协定》下的权利和义务。《美国-墨西哥-加拿大协定》中的该章节条款还包括承诺以便利贸易或货物过境的方式管理海关程序，同时支持遵守国内法律法规。该章节旨在简化、标准化和现代化与贸易有关的海关手续，以便利货物在成员国之间领土内的流动，从而减少繁琐的程序，降低贸易的交易成本，增加成员国之间的货物交易量。该章节分为海关管理和贸易便利化、合作与执行两个部分。前者的重点是加强海关管理和简化贸易流程，强调使用网上出版和信息技术，促进进出口和过境所需的文件和数据等资源以及法律、法规、程序、关税、税收和其他费用方面的信息共享，提高效率和透明度；后者的重点是加强海关管理的合作与执法方面的力度，当另一方就海关违法行为采取措施时，包括确保优惠关税待遇索赔的准确性时，各方必须予以合作，并且对影响进出口或过境手续的法律或法规的任何行政变动或修改，应事先通知。《美国-墨西哥-加拿大协定》缔约国承诺它们将提高海关事务的可预测性、一致性和透明度，并且同意在新协定生效后，将继续加强合作、交换信息和探索新的和创新的贸易便利方式。鉴于美墨加三国之间的贸易规模，海关管理和贸易便利化章节的条款变化将对从事三边贸易的公司产生重大影响。

　　《美国-墨西哥-加拿大协定》的海关管理和贸易便利化章节包括有 29 项条款，其中快运、货物放行、信息技术、单一窗口等新条款被认为具有实质性的重要影响。这些新规定旨在通过提高低值货物的最低限额，提高海关规则和条例的透明度和可预测性，加快货物通过海关检查站的速度，从而达到降低贸易成本，促进成员国之间的贸易往来。

　　快运条款是《北美自由贸易协定》中没有的新条款，它借鉴了《跨太平洋伙伴关系协定》相关规定，其目的在于加快货物快运的清关。这些程序包括：在货物到达之前通过单一提交方式提交和处理所需的海关信息（如有可能，通过电子方式）；根据"最低单据"立即放行货物；2 500 美元以下货物的"更少的海关手续"；对于低于最低限额的货物，进口时不征收关税，也不需要正式的入境手续。这些关键性规定将影响快递公司的经营便利性，并增加美国与加拿大和墨西哥各方之间的电子商务交易。此外，加拿大在几十年来首次提高北美运通运输的最低限额，将税收从 20 加元增加到 40 加元。加拿大还将提供高达 150 加元的免税快件。墨西哥将继续提供 50 美元的免税和最低限额，并提供高达 117 美元的免税快件。据行业代表称，美国快递公司有近 70% 的业务在北美地区国家。因为新的非正式装运额修订为 2 500 美元，这样一来，低于这一限额的快件将从减少的文书工作中受益。因此有关快件运输的规定可能会对美国快递公司的收入产生巨大的积极影响，特别是在企业对消费者的电子商务方面。货物放行条款包含了《跨太平洋伙伴关系协定》和世界贸易组织《贸易便利化协定》的相关内容。该条款要求缔约方采用在收到海关申报并满足所有适用要求和程序后立即放行货物的规定程序，缔约方还必须采用规定货物预处理的程序，货物在到达时放行，无须临时仓储。该条款还要求在最终确定和支付任何关税、税收或费用之前附有条件放行货物。信息技术条款要求各方在所有流程中使用信息技术，以提高效率。这包括：提供进出口所需的所有表格、文件；允许以电子方式提交报关单；允许以电子方式支付关税、税费；"努力允许"进口商通过单一表格更正多份进口报关单。单一窗口条款规定，海关当局必须为所有与海关有关的数据要求建立单一的电子提交系统或入口点。这项规定将促进实现两个目标，即统一成员国之间的海关文件要求，并实施处理和共享海关相关信息的在线系统。海关管理和贸易便利化旨在简化国际贸易流动的措施，相关规定通过使用信息技术、海关文件和数据的单一窗口系统以及合作和执行确保关税优惠待遇申请的保密性和准确性，提高了海关管理程序的现代化程度。

《美国-墨西哥-加拿大协定》还制定了旨在提高海关程序透明度的新规定，要求各方主动分享海关规则和裁决背后的理由，以及鼓励使用信息技术确保获得信息。这些规定包括在线出版、与交易员的沟通、质询点、海关程序的透明度、可预测性和一致性、行为标准等条款。合作与执行的大部分内容与《北美自由贸易协定》相似，对国际贸易产生的影响较小，成员国同意加强合作，并适用犯罪发生地的规则。区域和双边执法合作条款规定，当事各方应努力向其他当事方提前通知可能对协议或一方贸易法的执行产生重大影响的重大行政或法律变更。该条款要求缔约方采取适当的立法、行政或司法行动，加强在处理海关事务方面的协调，并在可行的情况下提供信息，协助另一缔约方处理此类罪行。

美国贸易代表办公室声称，《美国-墨西哥-加拿大协定》中的海关管理和贸易便利化章节超越了以往的任何协议，这体现在它通过制定了有助于降低成本和提高边境可预测性的重要新条款，同时又确保了海关管理部门拥有进行执法所需的工具。新规定将有助于确保贸易商获得满足海关要求的必要信息，包括在互联网发布、预先裁决和行政指导方面的承诺。《美国-墨西哥-加拿大协定》要求海关管理部门对进出口商做出回应，而关于申诉、处罚和行为标准的规定要求海关管理部门遵守规则，以确保海关工作的公平和诚信。海关管理和贸易便利化章节还包括与自动化有关的前瞻性规定，比如强制性的单一窗口和在满足海关要求后立即放行货物，这些规定旨在减少可能延误装运的繁琐程序。

**二、政府采购、投资、跨境服务贸易、金融服务章节的修订情况**

《美国-墨西哥-加拿大协定》在政府采购、投资、跨境服务贸易、金融服务章节，也做了意义重大的现代化更新。这些规则变化将对美墨加三国之间经贸关系发展产生非常重要的影响。

（一）政府采购章节及相关条款的新变化

《北美自由贸易协定》的政府采购章节（第十章）详细规定了美国与墨西哥和加拿大之间政府采购的范围及运行规则。《美国-墨西哥-加拿大协定》中的政府采购章节（第十三章）仅适用于墨西哥和美国之间的政府采购规则。加拿大不是《美国-墨西哥-加拿大协定》政府采购章节的缔约国。这是美国第一个不包括各方政府采购承诺的贸易协定。《美国-墨西哥-加拿大协定》继承了《北美自由贸易协定》政府采购章节中关于美国与墨西哥之间政府采购的大部分内容。它涵盖的实体基本相同，并保持与《北美自由贸易协定》相同的门槛值，每年根据通货膨胀进行调整。该章节的许多更新或新内容与《跨太平洋伙伴关系协定》几乎相同。在该章节下，美国将继续获得墨西哥采购的权限。市场相当于《北美自由贸易协定》框架下可用的市场准入机会，只是有所不同。但是，美国现在已将运输安全管理局、国土安全部的纺织品采购排除在范围之外。在政府采购新规则之下，墨西哥和美国将保持与《北美自由贸易协定》框架下其他一致的排除的国家。对美国而言，这还包括一些例外情况，例如预留的小型企业，联邦对运输和公共交通补助金的要求国防部的项目和排除项目。

美国和加拿大之间的政府采购规则将继续由世界贸易组织《政府采购协定》涵盖。《北美自由贸易协定》的政府采购章节（第十章）规定了允许加拿大企业进入美国和墨西哥的政府采购市场的相关规则和市场准入承诺。加拿大和美国随后改进了2014年生效的经修订的世界贸易组织《政府采购协定》中的这些承诺。其后，加拿大和美国已同意通过《政府采购协定》保持彼此的市场准入合作，而不是将双边政府采购承诺纳入《美国-墨西哥-加拿大协定》。《政府采购协定》包括最新的程序规则，反映了更为现行的采购做法，例如在网上进行一些采购过程（如电子招标）和扩大市场准入承诺。《政府采购协议》为加拿大供应商提供了在37个州（包括纽约州等重要市场）获得州一级采购机会的机会。这将为加拿大采购实体制定和执行旨在实现社会经济目标的政策提供更大的灵活性。

虽然墨西哥不是世界贸易组织《政府采购协定》的缔约国，但墨西哥和加拿大在《跨太平洋伙伴关系全面渐进协定》中对政府采购做出了承诺。这些规则包括最新的政府采购相关程序及规则，反映了更为现行的采购做法，例如在网上进行一些采购过程（如电子招标）。加拿大和墨西哥将依靠《全面与进步跨太平洋伙伴关系协定》为加拿大和墨西哥供应商提供在各自市场上获得政府采购的机会。

根据加拿大在《全面与进步跨太平洋伙伴关系协定》和《政府采购协议》中针对政府采购所做出的承诺，加拿大各行各业的企业将继续在公平竞争的环境中与美国和墨西哥的国内供应商以及对某些货物享有进入美国和墨西哥采购市场的优惠的国家的供应商展开竞争，提供服务。《政府采购协议》和《全面与进步跨太平洋伙伴关系协定》都包含一个例外，即允许加拿大创建支持小型和少数民族企业（包括本土企业）的采购计划。

（二）投资章节及相关条款的新变化

《美国-墨西哥-加拿大协定》的投资章节（第十四章）对《北美自由贸易协定》的相关投资章节（第十一章）进行了现代化的更新，使之更加符合美国、加拿大和墨西哥三方新的与投资相关的条约惯例。该章节的目标是为美墨加三国之间的投资关系建立一套系统的法律框架，从而为三方投资者提供一个可预测、稳定、透明和有章可循的投资环境。它旨在帮助确保北美自由贸易区的投资者得到公平对待，并享有在海外开展业务的平等竞争机会。《美国-墨西哥-加拿大协定》中投资章节包含了一系列全面而有力的义务，其规定类似于其他自由贸易协定，如《全面和进步跨太平洋伙伴关系协定》。该章节包括了国民待遇、最惠国待遇、最低待遇标准、征收和补偿以及向投资者提供可预测、稳定、透明和有章可循的投资环境的转让等条款。它还包括一项企业社会责任条款，重申鼓励企业遵守企业社会责任标准的重要性，例如经合组织的跨国企业准则。这一企业社会责任条款提供了企业社会责任领域的说明性清单，包括两性平等和土著居民的权利。

《美国-墨西哥-加拿大协定》与《北美自由贸易协定》就投资章节最主要的变化是投资者-国家争端解决机制，因为这些规定只适用于墨西哥的某些部门，而并非三方协定。该投资章节由正文和附录两部分组成，正文包含十四节内容，是有关投资规则的实体内容；附录包括四节，其中重要内容是投资者-国家争端解决机制，仅适用于美国和墨西哥，而加拿大和墨西哥之间的投资纠纷以及加拿大和美国之间的投资纠纷则不再适用。《美国-墨西哥-加拿大协定》取消了对加拿大对外投资的投资者-国家争端解决保护。对于加拿大和美国，投资者-国家争端解决保护的淘汰期为三年。专家建议，投资者可以利用这一时间有限的机会，对前几年的遗留投资提出索赔。在未来三年内提出的任何索赔均受《北美自由贸易协定》中第十一章投资规则的约束。这是加拿大第一次从贸易或投资条约中删除投资者-国家争端解决保护条款。在《美国-墨西哥-加拿大协定》中取消投资者-国家争端解决使各国政府能够引入法律和政策，而不必担心来自美国投资者的挑战。在《美国-墨西哥-加拿大》的谈判中，美国商界强烈反对美国报告的缩减或取消《北美自由贸易协定》投资者-东道国争端解决机制条款的提议。

《美国-墨西哥-加拿大协定》附件列出了美国、墨西哥、加拿大三国的负面清单，描述了美墨加三方在投资领域的保留部门和例外措施。附件一和附件二的投资负面清单包含限制性行业及部门。该部分包括协议中限制外资准入措施所在的行业及部门，是整个负面清单的核心部分。从各国投资负面清单的行业设置来看，列入投资负面清单中的行业主要有两类：一类是关系东道国国家安全或具有公共服务性质的基础性行业，如农业、采矿业、交通运输业等；另一类是对东道国具有战略意义的行业，包括东道国具有比较优势的产业和幼稚产业。此外，缔约方在此部分对行业分类的具体方法和标准进行了说明。此外，该部分还包括不符措施违背的正面义务、政府层级、现行措施的国内法律依据、具体不符措施描述①。

加拿大全球事务部称，新协定支持为在北美投资的投资者提供可预测、稳定和透明的投资环境，包括通过相互的、具有法律约束力的权利和义务。新协定取消了《北美自由贸易协定》规定的三边投资者-国家争端解决机制，但《北美自由贸易协定》投资者-国家争端解决机制将在新协定生效后的三年内对投资者现有投资保持有效。新协定包括符合加拿大现行条约惯例的标准投资义务，其中包括：①国民待遇，贸易伙伴不应为了本国自己的投资者而歧视对方的投资者的义务；②最惠国待遇，贸易伙伴不应以任何其他国家的投资者为受益人，歧视彼此的投资者；③最低待遇标准，各国有义务根据习惯国际法对投资提供公平和公正的待遇；④征收与补偿，保护所有投资不被征收或国有化的义务，特殊情况下除外，并给予全额补偿；⑤履行要求，防止对有利于国内工业的投资施加条件的义务，例如要求购买当地货物、出口一定比例的产品或向东道国转让技术；

---

① 李思奇，牛倩.投资负面清单制度的国际比较及其启示［J］.亚太经济，2019（4）：95-104.

⑥转让，允许投资者自由转让与投资有关的资本和利润的一种义务，但有一些例外，例如在发生金融危机时，一国可以采取措施防止资本外逃；⑦高级管理层和董事会：由于政府可以要求大多数董事会成员符合国籍或居住要求，其有防止政府要求公司任命高级管理人员为特定国籍的义务。新协定通过允许某些现有和未来的不符合规定的措施（可能违反本章一项或多项义务的法律、法规、程序或要求），保持缔约方在卫生和土著事务等敏感领域的政策灵活性。新协定重申必须鼓励企业遵守缔约方认可的国际公认的企业社会责任标准，例如《经济合作与发展组织跨国企业准则》。该条款提供了一份企业社会责任领域的说明性清单，包括劳工、环境、两性平等以及土著居民的权利。

（三）跨境服务贸易章节及条款的新规则

《美国-墨西哥-加拿大协定》跨境服务贸易章节（第十五章）是建立在以前的自由贸易协定的基础上，其中包括1995年世界贸易组织的《服务贸易总协定》和《北美自由贸易协定》的跨境服务章节（第十二章）。该章节包括了提高服务提供者透明度和可预测性的义务和承诺。新协定与《北美自由贸易协定》的不同之处在于针对跨境服务贸易章节的现代化，以及为服务业的劳工和文化保护扩大的市场准入。该章节不包括金融服务、政府采购和在行使政府权力、补贴或航空服务中提供的服务的处理。该章节的主要特点包括，通过确保加拿大服务供应商将获得与向第三方和国内提供服务的其他《美国-墨西哥-加拿大协定》国家供应商相同的待遇，维持公平竞争环境的义务。该章节还使缔约方能够取得平衡的结果，办法是允许缔约方列出其各自针对特别敏感的部门以及缔约方需要保持政策灵活性的部门采取的不符合规定的措施。

该章节包括国民待遇和最惠国待遇的核心义务，确保在提供服务方面不受歧视。该章节还包括一项当地存在规则，有助于确保美国供应商无须在墨西哥或加拿大设立办事处，作为提供跨境服务的条件。与《北美自由贸易协定》相比，《美国-墨西哥-加拿大协定》包括：承诺保持服务市场开放、不受新的数量限制、加强许可制度中的良好治理规则以及一项关于中小企业的新条款。该章节附件为专业服务和运输服务方面正在进行的工作、一套新的递送服务纪律以及加拿大广播市场的改善提供了基础。除双方就具体例外进行了谈判外，该章节规定的义务适用于所有服务，并通过争端解决予以执行。与《跨太平洋伙伴关系协定》相比较而言，《美国-墨西哥-加拿大协定》跨境服务贸易章节：增加了中小型企业参与服务贸易便利化的新条款；加强了有助于确保政府许可制度公平的义务；增加了新的快递服务附件（不限于快递服务），有助于确保所有非垄断快递服务的公平竞争；增加了对加拿大广播市场进行改进的新附件。

新协定的跨境服务贸易章节技术摘要：在先前协议的基础上，包括义务和承诺，这些义务和承诺将在向其他成员国市场提供服务的限制和要求方面为服务提供商提供更高的透明度和可预测性；国民待遇、市场准入、当地存在和最惠国待遇方面的关键义务，它通过确保加拿大服务供应商将得到其他成员国合作伙伴根据协议向其未来的第三方自由贸易协定合作伙伴和其国内服务供应商提供的相同待遇，维持一个公平的竞争环境；确保加拿大继续保留在卫生、教育和其他社会服务、文化、海运、渔业、土著和少数民族事务等领域采取或维持任何措施的权利；通过列出负面清单的方法支持的高质量市场准入成果，其中，除非特别列出，否则影响跨境服务贸易的所有措施都自动纳入本章的义务范围，这种做法既能扩大服务部门的覆盖面，又能适应各方的利益；关于制定和管理措施的文章，涵盖许可证和资格、要求和程序；一个关于专业服务的附件，其中包括关于专业服务部门相互承认协定的不具约束力的准则，以及一个关于提供服务的附件和一个运输服务委员会；不适用于金融服务、政府采购、行使政府权力提供的服务、一方或国家企业提供的补贴或补助。

（四）金融服务章节的修改及新变化

《北美自由贸易协定》第十四章为金融服务章节。《美国-墨西哥-加拿大协定》中的金融服务章节（第十七章）对前者进行了现代化的更新，其涵盖领域包括北美地区在银行、保险和相关服务、其他金融服务以及这些活动附带的服务。金融服务行业在美国向加拿大和墨西哥提供服务的总体出口和关联销售中占据了相当大的份额。新协定现代化的金融服务章节通过一个特定针对金融部门独特性质的规则框架，促进了美国、加拿大和墨西哥的金融服务提供商之间的公平竞争。该章节还为这三个国家的金融机构的投资提供保护，建立了一个监管透明的框架，并包括一个针对金融部门的国家间争端解决框架。与投资章节一样，加拿大没有适用于金融服务的投资者-国家争端解决机制。最后，金融服务章节确保金融部门监管机构有权采取措施维护金融体系的安全和稳健。该章节包括关于国民待遇、最惠国待遇、转让和市场准入的规定，所有这些都是在负面清单基础上制定的，同时还包括关于监管透明度、跨境提供金融服务以及数据转让和存储的现代化承诺。

新协定的金融服务章节包含着对金融服务市场自由化和促进美国金融机构、投资者和金融机构投资以及金融服务跨境贸易公平竞争环境的承诺。金融服务章节最重要的新变化是，各方同意不对在其管辖范围内经营的其他方金融机构的分支机构和子公司施加本地数据存储要求，但是必须遵守各种公共政策保障措施。《北美自由贸易协定》包含有允许来自其他缔约国家受管制的金融机构将数据处理信息转入和转出东道国领土的规定，但是没有任何关于制定与计算设施所在地有关的具体规定和规则。《美国-墨西哥-加拿大协定》强化了保护数据自由流动的语言，并取消了前提是一方的金融监管机构"出于监管和监督目的，可以立即、直接、完整和持续地访问"位于另一方境内数据的分割条款。金融服务章节中的条款允许金融信息的跨境转移，前提是转移是由受保人许可和授权的；数据本地化不能作为金融公司开展业务的一个条件，只有监管机构可以获取财务信息才行。加拿大实施数据本地化禁令的过渡期为一年。

新协定金融服务章节的相关条款还包括对电子支付卡服务的承诺。它要求协定中的每个国家允许其他各方的人为每个国家界定的支付卡交易提供电子支付服务，通常包括信用卡和借记卡。但是，关于各种卡服务的规定将允许设置某些先决条件，如要求在国家/地区内设有代表或办事处。《美国-墨西哥-加拿大协定》还修订了《北美自由贸易协定》以前关于新的金融服务的规定。如果允许其他缔约国的金融机构在其领土内提供新的金融服务，缔约方必须允许其他《美国-墨西哥-加拿大协定》成员国的金融机构在其领土内提供新的金融服务。各方可根据新的金融服务条款要求授权。金融服务章节还修改了关于外国投资章节和跨境服务贸易章节的相关规定。在金融服务方面，更新后的金融服务章节包括开放金融服务市场和促进金融机构、投资者和金融机构投资以及跨境金融服务贸易的公平竞争环境的承诺；新协定保留了金融监管机构的自由裁量权，以确保金融稳定；防止对金融服务机构歧视性待遇的核心义务，如国民待遇、最惠国待遇和市场准入；禁止本地数据存储要求；强化透明义务以帮助金融机构更好地通过监管制度；允许跨境转移数据和更新市场准入义务。

加拿大全球事务部称，金融服务的技术性摘要的主要内容如下：新协定通过相互的、具有法律约束力的权利和义务，为金融机构投资者提供一个可预测、稳定和透明的投资环境。

新协定反映了加拿大对金融服务贸易协定的高标准做法，其中包括：为国内外金融机构提供平等待遇的国民待遇义务；最惠国义务，将一方给予所有其他方金融机构的最佳条件；更新市场准入义务，以确保金融机构不面临限制或限制其进入外国市场的措施，并承诺允许在跨境基础上提供特别上市的金融服务，例如某些保险服务、投资组合管理和咨询服务，以及电子支付服务；审慎地分拆，确保金融当局可以采取措施保护金融体系的健全，而不违反协议；加强透明度义务，帮助金融机构更好地管理监管制度；保证信息自由流动，同时保持保护个人信息隐私和保密的能力；有一项关于数据本地化的新承诺，修订了政府对外资金融机构实施本地数据存储要求的能力，该承诺包括保障措施，以确保监管机构能够立即、直接、完整和持续地获取所需信息，并包括在数据只能存储在国外之前，必须事先获得授权或批准，如果外国金融机构不能满足这些可访问性要求，监管机构也可以要求数据存储在国内；一个金融服务委员会，负责监督本章的实施，并审议一方提交给它的金融服务问题。

新协定提供了一个具有约束力的国家间争端解决框架，该框架针对金融服务争端的独特性质进行调整，包括在发生争端时对仲裁员的金融服务专业知识要求；根据投资章节的规定，金融服务不再受投资者与国家在三方基础上解决争端的约束。

### 三、知识产权、国有企业和指定垄断、例外与一般条款章节的修订情况

《美国-墨西哥-加拿大协定》在知识产权、国有企业和指定垄断、例外与一般条款章节，出现了重要的变化和现代化更新，将对北美地区经贸关系甚至世界经济关系产生重要的影响。

（一）知识产权章节及相关条款的新变化

《美国-墨西哥-加拿大协定》中的知识产权章节（第二十章）建立了美国、墨西哥和加拿大之间保护和执行知识产权的新法律框架。在以前的《北美自由贸易协定》，第十七章是知识产权章节。新旧协定中的知识产权章节在措辞上出现了很大差别。《北美自由贸易协定》第十七章与《北美自由贸易协定》其他部分一样，是在 1991—1992 年谈判中达成的协定，这比 1995 年 1 月 1 日生效的世界贸易组织的《与贸易有关的知识产权协

定》早了好几年。在当时,《与贸易有关的知识产权协定》的草案已经出炉,但是人们不能确定乌拉圭回合谈判是否能够成功。《北美自由贸易协定》第十七章与《与贸易有关的知识产权协定》之间的相似处大于不同之处,但是两者都是在互联网刚刚起步、商业机密在国际上很少受到关注的时候进行谈判的,因此迫切需要更新换代。在这种情况下,《跨太平洋伙伴关系协定》以及后来的《现在与进步的跨太平洋伙伴关系协定》中的相关知识产权规定,为美墨加三国之间的知识产权关系的现代化起到了重要的借鉴作用。

《美国-墨西哥-加拿大协定》的知识产权章节非常复杂,文本共有65页。该章节以处理知识产权问题的现有国际协定为基础,如《与贸易有关的知识产权协定》(TRIPS)和世界知识产权组织(WIPO)管理的条约,包括对版权和相关权利、商标、地理标志的义务,工业设计、专利、药品知识产权、药品和农药产品数据保护、商业秘密和知识产权执法。相关知识产权规定结合了《北美自由贸易协定》中的概念、《与贸易有关的知识产权协定》和世界知识产权组织管理的条约、1994年以来在许多其他美国自由贸易协定中的创新、《跨太平洋伙伴关系协定》中体现的变化,并且还有一些《美国-墨西哥-加拿大协定》自身特有的新概念。

《美国-墨西哥-加拿大协定》知识产权章节包括一般条款、合作、商标、国家名称、地理标志、专利和未公开的测试或其他数据、工业设计、版权及相关权利、商业机密、执行、最后条款11节,总共89项条款。总的来说,该章节为企业和个人提供了他们在美国、加拿大和墨西哥获得的知识产权的保护权利,这些将促进北美地区的创新。新协定大幅提高了对知识产权保护的标准,代表了当今贸易协定中对知识产权保护的最高标准和全面综合执法。相对《北美自由贸易协定》和《跨太平洋伙伴关系协定》而言,《美国-墨西哥-加拿大协定》采纳了更为严格的知识产权保护规则,增加了专利和商标保护的时间限制,提高了对生物技术、金融服务甚至域名的保护,为生物制药提供了全新的知识产权保护规则。该章节特别在以下关键领域加强了缔约国对知识产权的保护:商业秘密、监管数据保护、专利、商标、地理标志、版权和互联网服务提供商规定以及执行义务。

在知识产权章节的一般条款中,新协定规定成员国在知识产权保护方面,每一缔约方应该给予另一缔约方国民不低于其本国国民的待遇。这要求缔约国在其知识产权法发展过程中给予另一方的平等待遇，对版权和相关权利给予充分的国民待遇。在知识产权章节的合作条款中，新协定规定为美墨加三国之间的知识产权合作建立了一个制度框架，即设立一个处理侵权问题、知识产权边界执法、商业秘密价值信息交流、专利诉讼的程序公平性、地理标志的承认和保护等知识产权的协调委员会。缔约方必须承诺批准或加入不同的多边知识产权协定，其中包括关于商标的《商标国际注册马德里议定书》和《新加坡商标法条约》，关于国际承认用于专利程序的微生物保持的《布达佩斯条约》，关于植物新品种权保护的《保护植物新品种国际公约》，世界知识产权组织关于版权和相关权利的互联网条约，以及关于发送卫星传输节目信号的《布鲁塞尔公约》。该协调委员会应该更具代表性，应该更多包括投资者、企业主、高管和企业家等代表，而不是政府代表。

在版权的知识产权保护方面，新协定试图在保护信息自由流动的同时来平衡版权保护，主要是通过延长版权保护期、技术保护措施、限制与例外、版权制度、安全港等方式来协调数字贸易和版权保护。新协定将版权保护期限从作者去世后 50 年，或从出版起 50 年（世界贸易组织标准）延长至 70 年，演出和录音等版权保护期限延长至 75 年。在成员国中，加拿大分别采用的是 50 年和 70 年的版权期。加拿大将有两年半的时间来实现这种版权保护的转变。新协定将对制药和农产品创新知识产权提供有力保护，对生物制药提供 10 年数据保护。

在商标保护方面，《美国-墨西哥-加拿大协定》中提出的商标条款与《跨太平洋伙伴关系协定》中的条款非常接近。商标条款保护防止商标（如商标名和符号）以及非传统标记（如声音标记和气味标记）的侵权使用。商标条款保护包括确保透明度和效率的规则和程序。条款规定每一缔约方必须批准《商标国际注册马德里议定书》。美国和墨西哥均是该协定的缔约国。加拿大正在进行商标制度改革，以纳入国际商标条约。商标保护条款还包括与《新加坡商标法条约》和《商标注册用商品与服务国际分类尼斯协定》有关商标和服务商标注册的相关规定。

知识产权章节特别是对商业秘密给予了有史以来最强有力的保护，包括防止国有企业在内侵犯商业秘密的知识产权行为。新协定制定了通过民事和刑事措施来保护和执行商业秘密的详细新规定。关于商业秘密保护的显著要求包括：一方不得限制商业秘密的保护期限；司法机关在商业秘密事项保密方面的行为提供了指导，并防止法官在允许当事人私下盖章提交之前披露被认定为商业秘密的信息；不允许缔约方阻止或阻碍商业秘密的自愿许可或转让。在保护商业秘密方面，比如具有商业价值的机密商业信息（如配方、客户名单），《美国-墨西哥-加拿大协定》缔约国各方同意将对窃取商业秘密的行为进行刑事和民事诉讼、处罚，禁止妨碍商业秘密的许可，在诉讼过程中保护商业秘密，并对包括国有企业在内的通过网络盗窃和非法泄露商业秘密的政府官员进行处罚，详见表5-1。

在执法方面，与以往的美国贸易协定一样，《美国-墨西哥-加拿大协定》要求缔约方为侵犯知识产权的行为提供民事、刑事和其他国家执法，例如在数字环境中实施版权执法、对商业秘密盗窃和窃取的刑事处罚，以及在边境没收假冒商标和盗版版权商品的当然权力。反过来，该章节规定可通过争端解决章节的规则来执行。

表5-1 《美国-墨西哥-加拿大协定》对《北美自由贸易协定》中
知识产权规则的升级

| 《北美自由贸易协定》 | 《美国-墨西哥-加拿大协定》 |
| --- | --- |
| 对版权和相关权利的不完全国民待遇 | 对版权和相关权利的全面国民待遇 |
| 作者著作权使用年限+50年或出版年限+50年 | 作者著作权使用年限+70年或出版年限+70年 |
| 没有防止网络盗版的版权安全港系统 | 建立适当的版权安全港以阻止网上盗版 |
| 对数字环境适用强制执行义务没有明确要求 | 要求对数字环境应用强制措施 |
| 工业设计至少10年保护期 | 工业设计至少15年保护期 |
| 专利局不合理和监管延误不延长专利期限 | 授权专利局对不合理的专利期限和监管延误进行延长 |
| 对摄像翻录不需要进行刑事程序和处罚 | 对摄像翻录需要进行刑事程序和处罚 |
| 薄弱和普通的商业秘密保护 | 强有力的民事和刑事商业秘密保护，包括防止国有企业侵占 |
| 5年的农用化学品数据保护 | 10年的农用化学品数据保护 |
| 对非透明地理标志系统的最低限度保护 | 自由贸易协定中对地理标志保护制度的正当程序和透明度的最严格要求 |
| 对规避技术保护措施没有明确的保护 | 要求防止规避技术保护措施 |

表5-1(续)

| 《北美自由贸易协定》 | 《美国-墨西哥-加拿大协定》 |
|---|---|
| 海关官员没有强制权力来阻止可疑假冒商品 | 要求海关官员有权制止可疑的假冒商品 |
| 不要求对电缆盗窃进行刑事处罚和民事补救 | 刑事处罚和民事补救措施都可用于卫星和电缆盗窃 |
| 没有详细的条款表达对知识产权章节和公共卫生的共同理解 | 重申关于《与贸易有关的知识产权协定》和公共卫生的多哈宣言 |

（二）国有企业和指定垄断章节及条款的新规则

《美国-墨西哥-加拿大协定》的国有企业和指定垄断章节（第二十二章），要求缔约国的国有企业按照商业考虑行事，并向其他缔约国的国有企业提供非歧视性待遇。《北美自由贸易协定》包括有关于国有企业的规定，但是范围有限。原协定允许缔约方维持或建立国有企业，同时要求联邦、省或州政府拥有或控制的任何企业在行使监管、行政或其他政府权力时必须以符合该国《北美自由贸易协定》义务的方式行事，比如许可证的发放。《北美自由贸易协定》承诺缔约国确保任何国有企业在向另一方在该领土的投资出售货物或服务时给予非歧视性待遇。在《北美自由贸易协定》的重新谈判中，美国与加拿大和墨西哥一直试图解决针对获得国家优惠待遇支持的竞争对手对私营部门公司产生的潜在的不利商业影响。《美国-墨西哥-加拿大协定》力求确保国有企业、指定垄断企业和私营部门之间的公平竞争，同时保持国有企业提供公共服务的能力。新协定关于国有企业和指定垄断企业的现代化章节扩大了《北美自由贸易协定》的范围，规定国有企业和指定垄断企业都必须按照商业考虑和不歧视的原则运作。在《跨太平洋伙伴关系协定》框架的基础上，《美国-墨西哥-加拿大协定》引入了新的内容，制定了国有企业章节中关于非商业援助和促进透明度的规则，旨在促进公平竞争和防止政府扭曲市场。

加拿大全球事务部称，新协定国有企业和指定垄断章节中的技术性摘要包括以下内容：扩大了《北美自由贸易协定》的范围，规定国有企业和指定垄断企业都必须按照商业考虑行事，该规则仅适用于从事商业活动的国有企业；保留国有企业在履行公共服务任务时放弃商业考虑的权利，并保留经济紧急情况规则的例外情况；建立在《北美自由贸易协定》原来的基础上，要求国有企业和指定的垄断企业以非歧视的方式买卖货物和服务，仅适用于从事商业活动的国有企业；要求缔约方不得利用向其国有企业提供的非商业援助对另一个缔约国造成损害，不适用于在一方国内市场提供的服务；要求成员国各方披露有关其国有企业和指定垄断企业的某些信息，这些透明度规则旨在鼓励良好的公司治理；对规则的豁免，例如对年收入低于某一美元门槛的国有企业和特定国家的豁免；免除省、地区或地方政府拥有或控制的任何国有企业或指定垄断企业的某些规则。

美国贸易代表办公室声称，关于国有企业和指定垄断企业的章节是《美国-墨西哥-加拿大协定》签署国贸易关系的新章节。该章节包括新的国有企业补贴规则，禁止某些特别扭曲贸易的补贴。这些新的补贴规则是"世界贸易组织附加条款"，超出了以往任何贸易协定中商定的任何补贴规则。本章节还扩大了国有企业的定义，以确保授予控制权的实体的任何政府所有权都被捕获，甚至包括少数股权或"黄金股"。此外，国有企业章节要求各方根据要求分享有关政府所有权和控制权的范围、向其国有企业提供的补贴以及在国有企业中进行的所有政府股权投资的信息。最后，国有企业章节包括有缔约国的各方承诺，以确保国有企业和指定垄断企业基于商业考虑进行商业购销，不歧视其他方的企业、货物或服务。

（三）例外与一般条款章节及相关条款的新变化

《美国-墨西哥-加拿大协定》的例外和一般条款章节（第三十二章）规定了协定缔约国之间做出的将某些特定领域排除在协定之外的承诺，或者规定了在整个协定中更为普遍适用的义务。有些例外适用于整个协议，而另一些例外仅适用于某些章节。一般而言，这些例外是为了确保《美国-墨西哥-加拿大协定》缔约方维护为公共利益采取行动的权利，包括在健康、环境和国家安全方面。该章节还规定了缔约方可在何处采取与义务不符的措施，包括追求某些政策目标或保护机密信息的措施。

该章节的主要内容是论述《美国-墨西哥-加拿大协定》应以何种方式履行世界贸易组织的义务，并明确列出了世界贸易组织允许的例外。在很大程度上，《美国-墨西哥-加拿大协定》的例外和一般条款章节与《北美自由贸易协定》的例外章节（第二十一章）相似，但是其中两个重大变化是基本安全协定和非市场自由贸易协定的例外情况。前者出现了重大变化，修改了条款的范围和含义，而后者是协定的全新条款。第一，《美国-墨西哥-加拿大协定》将例外类别改为基本安全，并删除了对符合这一术语所有提及具体安全相关的活动。这一举措可能使美国能够继续对其安全利益做出广泛的解释，就像在第232条下对钢和铝征收关税的情况下那样。特朗普政府已经将经济安全列为首要关注的问题，这种宽泛的措辞可能会让这一问题扩大到与《北美自由贸易协定》所列四类国家安全无关的其他议题。第二，"非市场经济"这项条款在《美国-墨西哥-加拿大协定》例外和一般条款章节是全新的条款。该条款要求《美国-墨西哥-加拿大协定》中的一方如果打算开始与"非市场经济"国家的自由贸易协定谈判，需通知其余各方。相关条款还要求寻求协定的一方允许其余各方审查与"非市场经济"的潜在协定。根据这一规定，如果一方与"非市场经济"国家签订自由贸易协定，其余各方可终止《美国-墨西哥-加拿大协定》并以双边协定取代。

对加拿大而言，新协定的例外保留了贸易协定中在文化产业方面的主要成果，这些成果保留了加拿大采取和维持支持本国艺术表现和内容的创作、发行和发展的方案和政策的灵活性。此外，在新协定中，加拿大首次对土著居民的权利规定了一般例外。例外和一般条款章节的技术性摘要：在具体章节中，纳入了世界贸易组织的一般例外情况，这些例外情况与维护加拿大采取协定的纪律不一致，但对保护人类、动物或植物生命或健康、或与保护可耗竭自然资源有关的公共政策措施的权利；确保各方能够采取必要措施，履行其在维护或恢复国际和平或安全方面的义务，或保护其基本安全利益；包括一个税收例外，包含一些旨在保留现有税收做法和确保未来税收政策制定的灵活性的条款；使各国政府能够采取临时保障措施，以解决国际收支货币危机；保持《北美自由贸易协定》对文化产业的一般例外；在加拿大的自由贸易协定中，首次列入了一个例外，明确说明政府是否有能力采取或维持其认为必要的措施，以履行其对土著人民的法律义务；确保各方不必披露机密信息，包括违反其法律或公共利益或妨碍执法的情况；要求各缔约方采用并维持一个法律框架，规定获取政府信息和保护私人缔约方持有的个人信息；包括与一方确定为非市场经济体的国家进行自由贸易协定谈判的特别的透明度纪律。

## 第三节 《美国-墨西哥-加拿大协定》中其他修订章节的新变化

《美国-墨西哥-加拿大协定》总共包括34个章节。除新增加的9个章节和进行了重大修改的10个章节以外，新协定还对国民待遇与商品市场准入、纺织品与服装商品、墨西哥对碳氢化合物所有权、植物与卫生检疫、贸易补救措施、技术性贸易壁垒、商务人士临时入境、电信、竞争政策、出版与管理、争端解决、最后条款等章节及相关条款进行了修改。新协定在《北美自由贸易协定》的基础上，借鉴了《跨太平洋伙伴关系协定》以及其他贸易协定的相关规则，针对这些章节及相关条款进行了现代化的更新升级，各自章节修改的侧重点有所差异。这些新变化对北美地区经贸相关领域的未来发展也将起到非常重要的影响。

### 一、国民待遇与商品市场准入、纺织业与服装商品、墨西哥对碳氢化合物所有权、植物与卫生检疫章节的修订情况

《美国-墨西哥-加拿大协定》在国民待遇与商品市场准入、纺织品与服装商品、墨西哥对碳氢化合物所有权、植物与卫生检疫章节及相关条款，出现了一些重要变化和现代化更新，将对美国、墨西哥和加拿大之间经贸关系的发展产生重要的影响。

#### （一）国民待遇与商品市场准入章节及条款的新规则

《美国-墨西哥-加拿大协定》国民待遇与商品市场准入章节（第二章）与《北美自由贸易协定》的国民待遇与市场准入章节（第三章）相对应。《美国-墨西哥-加拿大协定》的第二章强化了《关税及贸易总协定》和世界贸易组织商定的许多货物市场准入规则。该章节的改动较少，但特别增加了有关进出口许可证程序透明度的新条款。此外，该章还包括四个附件，即第三条（国民待遇）和第十一条（进出口限制）的例外情况、关税承诺、墨西哥和美国之间关于汽车产品的规定，以及美国、加拿大和墨西哥各自的关税时间、配额附录和汽车零部件附录。

加拿大全球事务部指出，新协定的国民待遇与商品市场准入章节将有助于降低进行贸易的成本，提高加拿大出口商的透明度和可预测性，并促

进加拿大与北美伙伴之间的货物贸易。加拿大保留了对美国和墨西哥市场的优惠准入，因为现代化章节保留了北美自由贸易协定最初取得的市场准入成果。该章节阐述了货物贸易的基本原则，目的是消除或减少货物贸易壁垒。新协定的国民待遇与商品市场准入章节建立在加拿大、美国和墨西哥之间的现有国民待遇与商品市场准入承诺的基础上，以确保贸易商能够继续依赖北美贸易 20 多年来的规则，同时反映自《北美自由贸易协定》生效以来国际贸易的新发展。由于认识到透明度和可预测性在国际贸易中的重要性，国家贸易管理局条款包括了有关限制货物跨境流动以及一旦货物进入外国市场后如何处理这些货物的条款。这些条款有助于降低进行贸易的成本，消除非关税壁垒，创造有利于贸易的条件，所有这些都有助于加拿大经济更加繁荣。

新协定的国民待遇与商品市场准入章节的主要内容包括：维持《北美自由贸易协定》的关税承诺，包括 1989 年《加美自由贸易协定》中的关税承诺；维持管理北美货物贸易的主要义务（这些义务包括国民待遇、货物临时入境、进出口限制、行政费用和手续以及修理或改装后退回的货物的规定）；取消限制缔约方限制产品出口能力的规定（被称为"相称性条款"）；提高进出口许可证程序透明度的规定，这些规定将提供更大的确定性和可预测性，以及处理与再制造产品贸易有关的非关税壁垒的新规则，即已重新组装的已使用但仍然有效的货物，重建和翻新，使其性能与新产品相同或相似；建立一个加强的委员会结构，专门处理与货物贸易有关的问题。

（二）纺织业与服装商品章节和条款的修改情况

《美国-墨西哥-加拿大协定》纺织品和服装商品章节（第三章）制定了美墨加三国之间有效管理纺织品和服装行业特定原产地规则的法律框架。该章节是在《北美自由贸易协定》中国民待遇和货物市场准入章节的附件 300-B 的基础上发展而来。该章节保留了加拿大对美国和墨西哥市场的市场准入，包括许多加拿大生产商从中受益的关税优惠水平。纺织品原产地规则是纺织品和服装商品原产地规则的基础。《美国-墨西哥-加拿大协定》针对纺织品和服装商品的相关规则进行了重要的修改。新规则涉及原产地规则、手工、传统民俗或土著手工艺品、原产地规则的审查和修订、纺织及服装贸易事务委员会、海关核查以及相关部门之间合作等一系列相关规定。该章节包括有独特的执行条款和加强各方之间合作的手段，以便有效地管理纺织品和服装商品行业所特有的原产地规则和原产地程序。

首先，《美国-墨西哥-加拿大协定》对纺织品和服装的原产地规则制定了更为严格的新规定，旨在为北美本地原产地成分的纺织品和服装产业提供了更多的市场机遇，但是同时也为少量使用非北美地区原材料成分的生产商提供了一定的灵活度。《北美自由贸易协定》对纺织品和服装实施了严格原产地规定，采用特定加工工序标准。按照原规定，只有从纤维、纱线到布料编织再到成衣等一系列产品都在北美地区生产，且后期的加工缝制都在成员国内完成，这样才能得到北美自由贸易区的原产地认证。然而，原协定没有考虑到非北美织物可以进口并添加到成品中，而不产生非优惠关税。新协定要求从北美采购缝纫线、窄弹性织物、口袋布和涂层织物，这将扩大北美生产商的市场份额。新协定采用纱线远期原产地规则，这意味着纤维可以在任何地方生产，但每种成分从纱线开始用于制衣的服装必须在成员国内成型。新规定限制了产自北美以外地区的缝纫线、口袋布、窄松紧带和涂层布形式的成品面料。新协定还制定了货物进行漂白、衣物染色、水洗、酸洗或渗透处理等相关规定。修订后的新规则允许制造商使用在北美地区通常不可用的纺织品投入（例如人造丝纤维和可见衬布），并且将合格货物中允许的非原产投入的最低百分比从 7% 提高到 10%。

其次，纺织品和服装章节将包括了独特的执行条款，以有效管理纺织品和服装行业特有的原产地规则；该章节制定了一种简化的原产地核查访问方式，加强了海关部门以及有关各方之间的合作，并且设立了一个纺织品和服装贸易事务委员会。通过这些支持北美纺织和服装业的额外程序，缔约国各方承诺共同努力，确保只有该区域内有资格的货物才能从该协定中获益。《美国-墨西哥-加拿大协定》制定了针对纺织品和服装原产地规则的新的强有力的相关海关执法规定，使得海关当局能够防止与这一特定部门有关的欺诈行为。新协定规定缔约方应按照区域和双边执法合作及交流具体情况的规定，通过信息共享和其他活动开展合作。《美国-墨西哥-加拿大协定》规定缔约方应设立纺织品和服装贸易事务委员会，由每一缔约方的政府代表组成，委员会将至少每年举行一次会议。委员会必须审查自由贸易对美国、墨西哥和加拿大服装销售的影响，以及纺织品核查和海关合作规定规则。同时，新协定还重组和重新平衡了《北美自由贸易协定》的第三方物流，以确保原产地规则的这一有限例外不会在美国多边贸易协定下被过度使用，从而损害区域供应链。

美国贸易代表办公室称，新规定激励了美国和北美纺织品和服装贸易的增值，加强了海关执法，促进双方就纺织品服装问题进行更广泛的磋商与合作贸易。新的纺织品原产地规则和相关规定：①要求使用美国或北美地区缝纫线、口袋织物，促进更多地使用美国制造的纤维、纱线和织物，大多数《北美自由贸易协定》认可的服装和其他纺织品成品中的窄弹性带和涂层织物；②根据允许有限使用第三国投入的规则进行贸易重组和再平衡。这些规定将加强地区供应链，为美国纺织服装业提供新的市场机会。新的纺织品与服装章节首次在北美贸易中确立了针对纺织品的海关合作、核查和裁定规定，包括防止欺诈和规避的新工具。设立纺织品和服装事项委员会以及监测和管理关税优惠水平的规定将促进缔约方之间更大的透明度和信息共享。

（三）墨西哥对碳氢化合物所有权章节及条款的新规则

《美国-墨西哥-加拿大协定》第八章为承认墨西哥对碳氢化合物的直接、不可剥夺和不可分割的所有权。根据新协定的规定，缔约国确认充分尊重主权，并在充分行使其民主进程中，根据各自国家宪法和其他法律，对本章所述事项进行管理的主权权利。就墨西哥而言，在不影响其在本协定项下的权利和补救措施的情况下，美国和加拿大承认：墨西哥保留改革宪法和国内立法的主权；墨西哥对国家领土包括位于领海以外及其毗邻的大陆架和专属经济区内的地层或沉积物中的所有碳氢化合物拥有直接、不可剥夺和不受限制的所有权，其判定不论依照墨西哥宪法，还是依照客观现实状况。

（四）植物与卫生检疫章节及条款的新规则

《美国-墨西哥-加拿大协定》中的植物与卫生检疫章节（第九章）是在《北美自由贸易协定》的农业、卫生和植物检疫标准章节（第七章）的基础上发展起来的关于植物与卫生检疫措施的新规则。《美国-墨西哥-加拿大协定》中的卫生和植物检疫章节加强和发展了《北美自由贸易协定》和《卫生和植物检疫协定》所制定的规则。该章节中的新规定也反映了美墨加三国在食品安全和动植物健康方面广泛的贸易和监管关系。该章节维护各方采取必要的植物与卫生检疫措施以保护人类、动物或植物的生命或健康的主权，同时要求这些措施以科学为基础，透明、不以造成不必要的贸易壁垒的方式实施。《美国-墨西哥-加拿大协定》实施卫生和植物检疫措施，将有助于促进北美地区的农业、渔业和林业产品贸易，并深化监管机构之间的合作。该章节包括许多新的义务：科学和风险分析、缔约方如何确定另一缔约方的植物与卫生检疫措施与自身措施的等效性以及在审计过程中更具可预见性。它还建立了一个新的合作解决问题的机制，并规定加强缔约方之间的植物与卫生检疫措施的兼容性，这在北美尚属首次。该章节还包括改进进口检查和区域化程序，以及重新设立一个三方卫生和植物检疫委员会。

新协定针对卫生与植物规则的主要措施包括：阐述了《卫生和植物检疫协定》的规定，加强了《北美自由贸易协定》的规定；维护当事方保护人类、动物或植物生命或健康的主权，并确立其个人适当的保护水平，同时承诺避免不必要的贸易壁垒；科学和风险分析以及透明度方面的新义务。新规则规定缔约方在承认卫生和植物检疫措施的等同性时，应考虑到出口缔约方卫生和植物检疫措施所取得的成果。新规则包括关于进行审计的详细承诺，以便在审计过程中具有更强的可预见性，特别是关于对一个进口缔约方承认为等同的出口缔约方的监督和控制系统的审计。通过承诺缔约方：在方便进口商的地点进行进口检查，并确保进口货物的完整性；在进口检查发现不合规的情况下，在五天内通知进口商不合规的详细原因；遵循确定区域化的可预测过程，如果有害生物或疾病状况发生变化，可提前决定将适用于贸易的风险管理措施。新规则还包括：确保认证反映风险的要求；加强信息交流与合作；纳入了加强缔约方之间卫生与植物检疫措施兼容性的新义务；在动物健康、植物健康、食品安全或农药等领域维持卫生和植物检疫委员会，以促进该章节和技术工作组的有效实施；建立政府官员合作解决问题的新机制，并接受争端解决。

## 二、贸易补救措施、技术性贸易堡垒、商务人员临时入境、电信、竞争政策章节及相关条款的修订情况

《美国-墨西哥-加拿大协定》在贸易补救措施、技术性贸易壁垒、商务人士临时入境、电信、竞争政策章节及相关条款，出现了一些重要变化和现代化的更新升级。

（一）贸易补救措施章节及条款的新规则

《美国-墨西哥-加拿大协定》第十章涉及贸易补救措施的使用以及保

障措施，这些措施先前已列入《北美自由贸易协定》第八章。本章还涵盖了在《北美自由贸易协定》第十九章中提到的反倾销税和反补贴税的适用。新协定保留了《北美自由贸易协定》第十九章中的两国专家组争端解决机制，保留了现有的将成员国排除在全球保障行动之外的做法，并且增加了加强在逃税问题上的合作以及提高贸易救济调查透明度的新内容。鉴于北美经济的一体化性质，必须尽量减少因实施贸易补救措施而造成的破坏。这一结果确保以公平、透明和负责任的方式实施贸易补救措施，同时在必要时保持诉诸公正的两国专家组争端解决机制，以审查成员国实施的反倾销和反补贴关税措施。

反倾销和反补贴税争议解决办法包括维持独立和公正的第十九章反倾销和反补贴税调查双边小组审查机制；受贸易救济措施影响的加拿大出口商将继续有权选择一个透明和迅速的双边小组程序，以解决与成员国合作伙伴国内法律制度不同的争端；确保加拿大人的公平，因为决定是由两国代表做出的；双边专家组的决定可能导致退还征收的关税，而这在世界贸易组织争端解决方案中是不可用的。贸易救济相关的新规定：包括重申《保障监督协定》《反倾销协定》和《补贴和反补贴措施协定》三项世界贸易组织的协定所规定的各方权利和义务；保留《北美自由贸易协定》第八章中原有的全球保障排除条款，这项规定将限制成员国当事方诉诸全球保障措施时的不确定性和潜在的贸易中断；包括加强成员国合作伙伴之间合作的新规定，以解决潜在的贸易救济税逃避问题；包括通过信息共享和在逃税核查方面的合作。这些规定将为解决非缔约方的不公平贸易做法提供新的工具。新协定的贸易救济还包括通过以下方式提高贸易救济调查透明度的新规定：通过以电子方式提供法律、政策和具体案件的信息，改善获取公共信息的途径；要求每一方建立和维护一个电子备案系统，以便利害关系方参与贸易救济调查；制定强化的通知和信息披露要求；允许新协定缔约方的调查机构共享关于贸易救济调查的信息，以便更好地解决区域外的不公平贸易做法。

美国贸易代表办公室声称，《美国-墨西哥-加拿大协定》的贸易救济章节实质上更新了《北美自由贸易协定》，并超越了《跨太平洋伙伴关系协定》。它包括反映美国正当程序和透明度标准的条款，以及使用电子文件，这将使美国、墨西哥和加拿大企业能够有效参与反倾销/反补贴诉讼。此外，双方还商定了强有力的避税合作条款，以便各方共同打击破坏现有反倾销、反补贴税和保障措施的企图。本章规定了各海关当局的逃税核查和国内设施访问，以及为打击逃税的具体目的分享海关信息。缔约方还同意分享信息，以便更有效地处理特别是来自第三国的可能有害的倾销或补贴进口。各方将允许调查机构在决定是否自行发起反倾销/反腐败调查或采取其他相关行动时，考虑另一方现有反倾销/反补贴申请中的信息和数据以及第三方补贴信息。

（二）技术性贸易壁垒章节及条款的新规则

《美国-墨西哥-加拿大协定》技术性贸易壁垒章节（第十一章）取代并改进了《北美自由贸易协定》的标准相关措施章节（第九章）。该章节还建立在现有世界贸易组织技术性贸易壁垒协定中三方的承诺之上，即在透明度领域。本章节还促进使用国际标准，为合格评定机构（如实验室、检验或认证机构）提供国民待遇，并允许另一缔约方的人员参加中央政府机构制定技术法规、标准和合格评定程序。本章节补充了缔约国的其他新协定承诺，并有助于确保协议其他部分取得的市场准入收益。它确保技术法规和标准平等地适用于原产于这三个国家之一的产品和货物，如果出现差异，本章节力求在可能的情况下促进各自做法的趋同，同时保护每一方为自己的最佳利益进行监管的权利。

技术性贸易壁垒章节的技术摘要包括：纳入世界贸易组织技术性贸易壁垒协定的具体义务；促进使用国际标准，并承认它们在支持更大的监管协调和减少不必要的贸易壁垒方面的作用；为缔约方之间的合格评定机构（如实验室、检验或认证机构）提供国民待遇，包括与认证、批准、许可或认可合格评定机构有关的程序、标准、费用和其他条件；认识到透明度的重要性，超越各方在世界贸易组织技术性贸易壁垒协定中的义务，并反映了世界贸易组织技术性贸易壁垒委员会的决定；允许另一缔约方的人员参与其中央政府机构制定的技术法规、标准和合格评定程序，条件不得低于其给予其本人的条件；通常提供不少于六个月的时间，作为技术法规和合格评定程序公布及其生效之间的合理间隔，以便企业有足够的时间满足新的技术要求；促进缔约方之间的信息交流和技术讨论，以便尽快解决和处理所关切的问题。

美国贸易代表办公室声称，新协定的技术性贸易壁垒章节加强了与透明度、标准、技术法规符合性评估程序和贸易便利化事项有关的纪律。此外，本章节还规定了各国政府对产品和制造过程进行监管的权利，以确保对人类、动物或环境健康和安全的保护。本章节的新规定加强了《技术性贸易壁垒协定》和《北美自由贸易协定》规定的权利和义务，包括将世界贸易组织技术性贸易壁垒委员会关于国际标准的决定作为哪些国际标准的基础，本章节为北美在技术法规中制定标准的考虑提供了另一种途径。本章节还防止对设在一方领土上的合格评定机构的歧视性待遇，并设法防止试验程序成为不必要的贸易障碍。本章节纳入了技术法规的良好监管实践，强调缔约方承诺不必要的障碍，并在标签方面提供国民待遇。本章节确保通知条例草案和最后条例，在条例公布和生效之间至少有六个月的合理期限。它还规定有关人员参与制定标准、技术法规和合格评定程序。

（三）商务人士临时入境章节及条款的新规则

《美国-墨西哥-加拿大协定》的商务人士临时入境章节（第十六章）维持了成员国在《北美自由贸易协定》中所做的承诺，即允许寻求在其领土内从事某些类型商务活动的专业人士和商务人士临时入境。这些临时入境承诺通过促进某些高技能商业人士的劳动力流动，支持了北美经济增长和发展。这些规定增强了服务供应商进入市场现场履行合同的确定性。临时入驻承诺确保投资者能够亲眼看到自己的投资，感受当地的环境。同样，服务供应商也有更大的把握，他们将能够进入市场，在现场履行合同。除了市场准入，新协定的商务人士临时入境章节也做了现代化的更新，以便在适用临时入境规定方面提供更大的确定性和明确性，并更新临时入境工作组的任务规定，将与企业人员临时入境有关的更广泛问题包括在内，例如电子申请的处理。

新协定规定商务人士临时入境规则维持现有的互惠市场准入承诺，涵盖商务访客、交易员/投资者、公司内部受让人、专业人士四类商业人士。《美国-墨西哥-加拿大协定》建立在北美自由贸易区原有的纪律基础上，并进行了关键性的改革，旨在提高临时入境规定应用的清晰度和确定性。本章节还包括：一个新的范围条款，澄清了临时入境一章的适用性，例如通过制定关于公民身份、国籍、居住或长期就业的措施；一项新规定，阐明临时入境承诺并不免除商业人士的任何执照或资格要求；扩大临时入境工作组的任务。加拿大保留对签证或移民政策的充分自由裁量权，并采取措施保护健康、安全和国家安全。

（四）电信章节及条款的新规则

《美国-墨西哥-加拿大协定》电信章节（第十八章）的大部分条款与

《北美自由贸易协定》电信章节（第十三章）类似，但是新协定的电信章节更新了原协定的相关条款，并且还包含了世界贸易组织附加条款的内容，从而创建了一个强大的现代化贸易框架。本章节加强了对电信服务供应商的管理确定性，促进了电信部门的有效竞争，确保合理和非歧视性地获得和使用电信服务的纪律，要求电信监管机构以公正、客观和透明的方式行事。新协定认识到增值服务对创新、竞争和消费者福利的重要性，将确保供应商有选择提供最佳技术服务的自由，将有利于竞争的原则应用于增长最快的电信部门即移动服务。该章节承诺公开提供有关公共电信服务措施的信息，解决争端并提供有效的执行，确保公平获得政府管理的资源，例如频谱和通行权、不歧视国有企业、在国际移动漫游方面进行合作。本章节包含了一些新条款，旨在确保占主导地位的电信公司不会利用其地位将国际竞争对手挡在其市场之外。

本章节的主要规定包括：在先前协议的基础上，包括在成员国市场运营或投资时为电信服务供应商提供增强监管确定性的强有力承诺；与最初的《北美自由贸易协定》类似，它包括了在获得和使用电信服务、增值服务和透明度方面的关键义务；确保一方成员国服务供应商在向其他成员国市场提供电信服务时得到公平客观的对待。本章节还制定了竞争性保障措施、电信网络互联、网络元素的分解、提供私人租用电路、电信设备的同一地点、监管方法、普遍服务、电信管理机构、电话号码便携性、稀缺资源的配置和利用、强制执行、解决国内电信纠纷等一系列承诺。

（五）竞争政策章节及条款的新规则

《美国-墨西哥-加拿大协定》的第二十一章阐述了竞争政策，以约束反竞争行为。该章节对应《北美自由贸易协定》的第十五章。该章节指出，国家竞争法可以在缔约国领土内适用，但不能阻止一方在其有管辖权的情况下在其境外适用其竞争法。竞争政策章节规定，争端解决不得用于竞争政策章节下产生的任何事项。与《北美自由贸易协定》不同，《美国-墨西哥-加拿大协定》专门有针对国有企业和垄断企业的章节（第二十二章）。同时，竞争政策章节包括解决反竞争商业惯例的承诺；而第二十六章为竞争力章节，目的在于确定了三方合作以帮助北美增强竞争力。

加拿大全球事务部指出，竞争政策章节进一步推动了缔约方创造一个公平、透明、可预测和有竞争力的商业环境的目标，最终使消费者受益。该章节更新了针对反竞争商业行为的措施，包括保护消费者免受欺诈和欺骗性商业活动影响的新措施。它还规定了程序公平的义务，以确保竞争主管机构在竞争执法程序中保持透明的程序并尊重被告的权利。该章节支持北美竞争主管部门之间的长期合作关系。竞争政策的技术性摘要：承诺确保缔约方维持禁止反竞争商业行为的措施，按照透明、不歧视和程序公正的原则执行这些措施，以及就有关跨境反竞争商业行为的事宜进行合作；包括缔约方在执行其国内竞争立法时应遵守的关于透明度和程序公平性的详细承诺；包括与欺诈性和欺骗性商业活动有关的消费者保护义务。本章节不受协定项下争端解决的约束，但包括一个协商机制，以解决该章项下出现的问题。

美国贸易代表办公室声称，《美国-墨西哥-加拿大协定》竞争政策章节对《北美自由贸易协定》进行了实质性的更新，双方同意承担增加程序公平性和竞争执法的义务。这将为各方提供一个合理的机会来捍卫其利益，并确保各方根据各自的竞争法享有某些权利和透明度。缔约方还认识到消费者保护政策和执法对创造高效和有竞争力的市场和提高消费者福利的重要性。在这方面，每一缔约方都必须通过或维持国家消费者保护法，处理欺诈性和欺骗性商业活动。新的义务增加了程序公平性和竞争法的执行，使各方有合理的机会捍卫自己的利益，并确保各国竞争法规定的某些权利和透明度。新协定将国家竞争主管机构对缔约方领土以外的行为或资产施加的补救措施限制在与损害或威胁损害缔约方领土或商业有适当联系的情况下。与竞争政策和执行国家竞争法有关的新的合作和透明度规定，包括在必要时协调国家当局之间的调查。

### 三、出版与管理、管理与机构、争端解决、最后条款等章节及相关条款的修订情况

《美国-墨西哥-加拿大协定》在出版与管理、管理与机构、争端解决、最后条款等章节及相关条款，出现了一些重要变化和现代化的更新升级。

（一）出版与管理章节及条款的新规则

《美国-墨西哥-加拿大协定》的出版与管理章节（第二十九章）与《北美自由贸易协定》的法律的出版、通知和管理章节（第十八章）相对应。《美国-墨西哥-加拿大协定》关于出版与管理的新章节要求缔约国各方确保其法律、法规、程序和普遍适用的行政裁决公开。在可能的情况下，建议的措施必须事先公布，供公众评论，并在网上公布。它还规定了

利益相关方在行政诉讼方面的正当程序权利，包括通过独立和公正的司法或行政法庭或程序迅速审查任何行政行动。该章节还包括一项新的承诺，即在本章附件所列可自由访问的网站上编纂中央一级普遍适用的法律和条例。出版与管理章节分为两个部分：

第一部分涉及法律、法规、措施和行政程序的公布和管理，确保以公开、透明和一致的方式制定和实施这些法律、法规、措施和行政程序。第二部分涉及药品和医疗器械的透明度和程序公平性。这一新内容加深了各方的承诺，以确保每个国家的任何出口商、服务供应商、投资者或其他利益相关者都能接触到相关的法律和法规。

第一部分出版与管理的技术性摘要：确保以透明和一致的方式制定和管理法律、法规和其他措施；鼓励公布拟议的措施，以便有机会发表意见，并确保及时公布和提供最后的法律和条例，使人们能够熟悉这些法律和条例；要求每一方建立和维持法庭或程序，以审查和上诉与行政行动有关的决定；要求缔约方在可公开查阅和检索的网站上公布其法律和条例，以提高特别是中小企业对法律和条例的访问和认识。

第二部分药品和医疗器械的透明度和程序公平性的技术性摘要：概述了与这些部门相关的原则，例如创新的重要性和促进及时和负担得起的公众获得这些产品的必要性；包括某些国家药品和医疗器械保险计划中有关产品清单和报销实践的程序原则；提供一个协商机制，就与这些部门有关的广泛问题讨论各方感兴趣的问题。

（二）管理与机构条款章节及条款的新规则

《美国–墨西哥–加拿大协定》的管理与机构条款章节（第三十章）与《北美自由贸易协定》的机构安排与争端解决章节（第二十章）前部分相对应。原协定相关章节通过建立《北美自由贸易协定》的法律和体制结构，为自由贸易协定制定了基本规则。原协定的一些条款被纳入《美国–墨西哥–加拿大协定》中的若干不同章节：序言、初步规定和一般定义、管理与机构条款以及最后规定。更具体地说，这些管理与机构条款规定确立了成员国之间建立了自由贸易区，并解决了协定将如何生效、如何修改以及一方如何退出等问题。本章节还规定了全面管理协定的框架，包括设立自由贸易委员会（由政府部长组成）以及该委员会如何与根据协定设立的其他各机构合作。从根本上说，这些管理与机构条款有助于有效管理和实施该协定，并反映了成员国在交叉领域承担的额外义务。

管理与机构条款章节的技术性摘要：包括一个序言，阐明缔约方的广泛目标，有与经济一体化和发展背景下的社会和经济目标有关的内容；确定本协议将在各方准备执行本协议的最后一次通知后的第三个月的第一天生效；建立自由贸易委员会（Free Trade Commission）的体制结构，以监督和确保协定的运作，并确保其在与委员会等附属机构互动方面发挥作用的机制；要求各缔约方每 6 年对协定的运作情况进行一次正式审查，以便使协定不断现代化；允许各方以协商一致方式对协议进行修正；倘若退出本协定，须提前 6 个月通知其他成员国。

（三）争端解决章节及条款的新规则

《美国-墨西哥-加拿大协定》中的争端解决机制章节（第三十一章）在很大程度上保留了《北美自由贸易协定》的争端解决章节（第二十章）的相关条款，并对其进行了更新，以反映世界贸易组织和其他自由贸易协定的谈判经验以及 1994 年以来的技术发展现状（如电子备案）。《美国-墨西哥-加拿大协定》包含与《北美自由贸易协定》相同的两种争端解决方式：两国成员组成了专家组对反倾销和反补贴关税案例进行裁决、国家间争端解决。这两者基本上反映了《北美自由贸易协定》框架下争端解决机制的状况。用于解决其他当事方征收的反倾销或反补贴税的双边争端解决程序仍保留在《美国-墨西哥-加拿大协定》中，相关规定与《北美自由贸易协定》的原始版本相比，没有太多变化，只是转到了第十章。同样，《北美自由贸易协定》第二十章涉及国家间争端解决机制，现包含在《美国-墨西哥-加拿大协定》第三十一章中。然而，《美国-墨西哥-加拿大协定》最主要争端解决机制变化之一是它将取代并显著改变《北美自由贸易协定》第十一章（投资章节）中的各方之间的投资者-国家争端解决。该协定基本上删除了加拿大和美国之间的投资者-国家争端解决，限制了墨西哥和美国之间的投资者-国家争端解决，并将加拿大和墨西哥之间纠纷置于《全面与进步跨太平洋伙伴关系协定》中的投资者-国家争端解决机制。

根据加拿大全球事务部的分析，新协定中的国家间争端解决机制是对《北美自由贸易协定》第二十章相关规定的改进，它为解决加拿大、美国和墨西哥之间有关协定的解释和适用的争端提供了透明和明确的机制。协定中的几乎所有义务，都受这一争端解决制度的约束。国家间争端解决机制强调通过合作手段（如协商）解决分歧，认识到正式的争端解决程序可能耗费时间和资源。但是，如果这些合作手段失败，本章节规定设立仲裁小组，由具有适当资格的独立候选人组成，以评估一方当事人是否违反了其义务。如果仲裁小组认定一方当事人未能履行其在协议项下的义务，该方当事人必须消除违规行为。如果违规行为没有消除，胜诉方自动有权中止同等效力的利益（如增加进口关税）。

争端解决章节中国家与国家争端解决的技术性摘要：规定协商机制和程序，并鼓励在正式小组程序开始之前以更非正式的方式（通过委员会斡旋、调停或调解）解决争端的其他方式；简化争端解决程序，确保根据请求自动设立专家组；要求缔约方商定一份由多达30名独立和高度合格的专家组成的名册，以便利设立专家组。每个政党最多可提名10名候选人进入名册。如果在协定生效后一个月内未经协商一致形成名册，名册将根据各方提出的候选人自动建立；为透明和公开的争端解决程序提供了一个框架，包括允许缔约国的非政府实体向专家组表达意见，公开提交的材料，并通过要求以电子方式提交文件使诉讼程序现代化；阐述获胜方如何中止利益（贸易报复），以及确保获胜方不会在报复中走得太远的机制。它还要求胜诉方在败诉方符合陪审团裁决的情况下撤回任何报复措施；在程序规则中增加明确性和透明度，为小组听证会的运作提供指导。

（四）最后章节及条款的新规则

《美国-墨西哥-加拿大协定》的最后章节（第三十四章）与《北美自由贸易协定》的最后条款（第二十二章）基本一致。本章节主要介绍《美国-墨西哥-加拿大协定》的变更、退出和评审过程。该章节增加了一项新条款，以说明如果修改世界贸易组织的协定，应采取的行动方针。《美国-墨西哥-加拿大协定》又特别地增加了一条重要内容，对该协定规定了一个复杂的日落条款。另外，《北美自由贸易协定》中的一项规定，即如果另一个国家希望加入，则对缔约方提供指导，但这项规定不包括在《美国-墨西哥-加拿大协定》中。《北美自由贸易协定》在其生效的24年中已经更新或修正了11次，但迄今为止，还没有对该协定的运作方式进行全面审查。其后，缔约国确保更新《美国-墨西哥-加拿大协定》，以反映新的贸易和投资问题以及新的商业趋势。该协定包括一个定期现代化的新进程，以帮助确保缔约国广大消费者、企业和投资者有一个稳定、最新的贸易环境。

最后章节的修正条款将允许在各方书面同意的情况下修改《美国-墨西哥-加拿大协定》。修正案应在各方为实施修正案对其国内法做出必要修改后 60 天生效。修改或更新贸易协定的能力很重要，本条款将确保《美国-墨西哥-加拿大协定》能够继续处理新的贸易政策问题。新规定要求自由贸易委员会（由部长组成）至少每 6 年对协定的运作情况进行一次正式审查，如果一个缔约方提出要求，在 6 年审查之后可以进行更频繁的审查。为审查整个协议或具体问题制定明确的程序。这为正在进行的现代化提供了一个机会，将鼓励各方根据全球贸易环境的变化，根据需要更新《美国-墨西哥-加拿大协定》。使各方能够通过各自的政府首脑确认其在 16 年内参与本协议。16 年的期限可以每 6 年延长一次。16 年滚动期为投资者、交易员、创新者和其他人规划其活动和投资提供了一定程度的确定性。

# 第六章 《美国-墨西哥-加拿大协定》对北美地区及成员国的影响及争议

在探讨《美国-墨西哥-加拿大协定》对北美地区及成员国影响的广泛讨论中，涌现出一些官方机构和智库的研究报告，这些成果对《美国-墨西哥-加拿大协定》在正反两方面的影响均有所分析，构成了对该协定影响评估的多元化视角。尽管大多数美国、墨西哥和加拿大的官方机构和智库普遍对该协定持较为乐观的态度，认为其能够促进北美地区经济一体化与增长，但也不乏机构和智库对此持怀疑或批评立场，并指出评估其效果的方法论挑战及执行过程中的不确定性。值得注意的是，诸如美国国际贸易委员会与加拿大全球事务部的总体上正面评价报告，为协定的支持者提供了有力的研究支持。然而，世界货币基金组织及加拿大贺维学会等机构的报告提出了不同看法，强调了协定对经济影响的有限性甚至可能带来的负面影响，展现了评估过程中的复杂性和多样性。威尔逊中心等研究机构通过持续的跟踪评估，不仅肯定了《美国-墨西哥-加拿大协定》在促进北美贸易关系与执行机制方面取得的积极进展，也指出了在劳工权益、环境保护等关键领域面临的挑战与改进空间。这些动态的、多维度的评估方法，为理解协定的全面影响提供了不同视角。此外，美国国会研究服务部的研究进一步强调了《美国-墨西哥-加拿大协定》在促进北美经济融合方面的重要作用，尤其是在知识产权、服务贸易等领域的规则创新，为区域经济的未来发展奠定了坚实基础。美国国际贸易委员会的研究报告则详细剖析了原产地规则对经济指标的具体影响，为未来政策调整与预期管理提供了重要参考。因此，关于《美国-墨西哥-加拿大协定》的影响评估，各大官方机构和知名智库的研究不仅展示了《美国-墨西哥-加拿大协定》在促进区域合作与发展方面的重要作用，也揭示了实施过程中面临的挑战与不确定性。这些研究成果共同构成了评估该协定影响的复杂图谱，体现出科学评估方法论的重要性，以及持续性评估与相应政策调整的必要性。

本章首先阐述了《美国-墨西哥-加拿大协定》对北美地区经济的影响及争议，其次论述了新协定对美国经济的影响及争议，最后论述了新协定对加拿大和墨西哥经济的影响及争议。

# 第一节 《美国-墨西哥-加拿大协定》对北美地区经济的影响及争议

2020 年 4 月 24 日，美国时任贸易代表莱特希泽通知美国国会，加拿大和墨西哥已采取必要措施履行其在《美国-墨西哥-加拿大协定》中的承诺，该协定将于 2020 年 7 月 1 日生效。在美国时任贸易代表向国会发出这一通知之后，美国成为第三个通知其他缔约方它已经完成了执行该协定的国内程序的国家，这是《美国-墨西哥-加拿大协定》生效所必需的最后一个步骤。《美国-墨西哥-加拿大协定》对北美地区经济的影响如何，政府机构、学术界和相关研究存在着一些不同意见。

## 一、《美国-墨西哥-加拿大协定》对北美地区经济的积极影响

从美国、加拿大和墨西哥三国发布的联合声明和各国领导人的公开表态上来，《美国-墨西哥-加拿大协定》的达成、签署和最终批准将对北美地区及各个成员国的经济发展起到积极的影响。美国时任贸易代表莱特希泽和加拿大外交部时任部长弗里兰在 2018 年 9 月 30 日发布了联合声明，声称："今天，加拿大和美国与墨西哥就 21 世纪一项新的现代化贸易协定达成了协议——《美国-墨西哥-加拿大协定》。《美国-墨西哥-加拿大协定》将为我们的工人、农民、牧场主和企业提供一个高标准的贸易协议，这将使我们地区拥有更自由的市场、更公平的贸易和更强劲的经济增长。它将壮大中产阶级，为称北美为故乡的近 5 亿人创造高薪的好工作和新机会。我们期待着在这项新协议生效后，进一步加深我们密切的经济联系。"2018 年 11 月 30 日，美国时任总统特朗普、加拿大总理特鲁多、墨西哥时

任总统涅托在阿根廷出席二十国集团领导人第十三次峰会期间签署了《美国-墨西哥-加拿大协定》。特朗普在发言中表示："《美国-墨西哥-加拿大协定》是历史上最大、最重要、最现代、最平衡的贸易协定。我们所有的国家都将受益匪浅。这可能也是有史以来最好的贸易协议。在美国，新的贸易协定将支持高薪的制造业工作，并促进美国出口产品在包括农业、制造业和服务业在内的各个行业获得更多的机会。"特鲁多在当时的发言中指出："新的《北美自由贸易协定》维持了加拿大整个经济的稳定，稳定对于全国数百万的工作者和中产阶级家庭来说是至关重要的，他们依赖于与我们最亲密的邻国建立牢固、可靠的贸易关系。这就是我今天来这里的原因。新协议解除了在整个贸易重新谈判过程中存在的严重经济不确定性的风险。"涅托在发言中表示："新协定使得北美一体化进程焕然一新。这一进程首先实现了贸易框架的现代化。关于电子商务、信息技术和贸易扶持做法的新规定现已成为协定的一部分。事实上，三分之一的协定内容包含了以前协定中未包含的主题。""新协定是第一个包含处理国际贸易的社会影响因素的贸易协定。它使更多部门能够参与经济，包括中小企业参与区域贸易。它扩大了对工人权利的保护，加强了对环境的保护。"2020 年1 月 16 日，墨西哥时任总统奥夫拉多尔对美国通过《美国-墨西哥-加拿大协定》协定表示欢迎，声称这将增强市场对墨西哥的信心，刺激投资。

《美国-墨西哥-加拿大协定》对北美地区经济的积极影响，主要体现在以下三个方面：

第一，《美国-墨西哥-加拿大协定》通过保留《北美自由贸易协定》的基本框架，从而维护了美国、墨西哥和加拿大三国之间经贸关系的关键性要素，为北美地区经济一体化的稳定发展，以及企业的稳定投资提供了较长时间的稳定期。虽然《美国-墨西哥-加拿大协定》带有特朗普政府的贸易保护主义特色，在谈判过程中，加拿大和墨西哥在美国的压力下各自在某些产业领域做出了一定程度的让步，但是总体而言，《美国-墨西哥-加拿大协定》并没有过多地偏离《北美自由贸易协定》的基本宗旨。相比较在协定签署前的两年里，北美地区的经济因为特朗普的贸易保护主义政策而存在波动性和不可预测性而言，《美国-墨西哥-加拿大协定》的成果至少使得美国与墨西哥和加拿大之间的经济发展获得了较长时间的稳定期。在很多经济学家看来，《美国-墨西哥-加拿大协定》对北美地区经济最重要的积极贡献就在于，它在某种程度上消除了特朗普就任美国总统以来针对《北美自由贸易协定》激烈的批评言论所造成的不确定性。《美国-墨西哥-加拿大协定》可以使这些恐惧平息下来。当北美地区的企业在知道不会受到贸易新关税打击的情况下，就有可能加大对彼此的投资。

因此从基本框架上来看，《美国-墨西哥-加拿大协定》大致是保留了美国、墨西哥和加拿大三国参与北美自由贸易区的原有格局，消除了先前特朗普多次威胁退出《北美自由贸易协定》所引起的经济动荡与不确定性，从而为北美地区的经济发展起到了稳定作用。对此，北美市场也给出了积极反应。比如，在2018年8月28日，当美国与墨西哥达成协议以后，并预计与加拿大展开谈判。美国、墨西哥和加拿大的股市即在周一开盘走高。墨西哥股市主要股指上涨1.4%达到七个月以来的高点，而墨西哥比索兑美元汇率则上涨约1.3%，创下一个多月来的单日最大涨幅。2018年10月1日，在美国与加拿大最终达成协议的消息公布以后，北美的股市纷纷上扬。加股涨112点或0.7%。美国股指期货触及盘中高点，其中道琼斯指数期货上涨0.5%，纳斯达克指数期货上涨0.6%，标普500期货上涨0.5%。加元和墨西哥比索也双双上涨，加元兑美元上涨0.7%，达4个月高点；比索则涨0.8%。加拿大最大的汽车零部件公司麦格纳国际股价上涨逾3美元，至69.27美元；利纳马尔公司股价上涨6%，至63.26美元；马丁瑞国际股价上涨10%，至14.57美元。多伦多能源股也上涨，天然气价格也随之飙升①。

数据显示，《美国-墨西哥-加拿大协定》进一步推动了北美地区经济的一体化发展，强化了美墨加三国的经贸关系。根据官方数据，2022年，加拿大和墨西哥从美国进口的商品占其总进口量的比例分别达到了76%和77%，进一步巩固了它们作为美国主要贸易伙伴的地位。加拿大和墨西哥是美国的第一大和第二大出口市场，进一步凸显了三国间的经济互依关系。与此同时，美国国内有超过250万个就业岗位直接依赖于对加拿大和墨西哥的出口，而加拿大和墨西哥有超过750万个就业岗位与美国的贸易往来密切相关。区域内的经贸合作不仅促进了就业，还推动了跨国供应链的深化。在外商直接投资方面，墨西哥在2022年的净外商直接投资增长率达到了11.2%，其中来自美国的投资增长最为显著，增速达到了38%。这表明，美国企业在墨西哥市场的信心持续增强，进一步推动了墨西哥的经

---

① 参考加拿大广播公司（CBC）于2018年10月1日的商业报道。

济发展。根据美国商务部的数据，2023 年墨西哥对美国的出口额达到了 4 800 亿美元，墨西哥稳居美国进口商品的最大来源国地位。这一数字不仅反映了两国间贸易关系的深化，也凸显了《美国-墨西哥-加拿大协定》在促进北美经济一体化方面所起的关键作用①。

第二，《美国-墨西哥-加拿大协定》吸收和融合了《跨太平洋伙伴关系协定》等贸易协定的一系列成果，并且结合了北美自由贸易区经济一体化的特点，增加了数字贸易、中小企业、竞争、反腐败、良好监管实践、宏观经济政策与汇率事项等新章节，对跨境服务贸易、金融服务、投资、知识产权等章节和相关条款进行了现代化的更新换代。《美国-墨西哥-加拿大协定》的这些章节和条款创新对美国、加拿大和墨西哥的经济发展，以及保障北美地区在世界经济中的竞争地位，将起到一定的积极促进作用。《北美自由贸易协定》在 1994 年 1 月 1 日生效的时候，代表了当时区域经济一体化的成功模板或经典范例，是有史以来贸易谈判达成的最全面的自由贸易协定，协定包括有投资、知识产权和争端解决等若干开创性规定。但是自 1994 年以来，世界经济已经发生了重大变化，区域经济出现了一些新的合作形式。技术和科学的进步深刻改变了农业、制造业和自然资源等生产部门的运作方式。互联网和电子商务成为人们日常生活不可分割的一部分，彻底改变了各国从事国际贸易和投资的方式。在这种背景下，虽然加拿大和墨西哥两国政府与美国政府存在着一些国家利益上的冲突，但是它们均认为更新《北美自由贸易协定》是一项及时和重要的工作。事实上，美国、墨西哥和加拿大都是《跨太平洋伙伴关系协定》的签署国。该协定中的很多章节和条款，与《北美自由贸易协定》的内容相比较，具有更多现代化特征。虽然特朗普政府退出了《跨太平洋伙伴关系协定》，但是该协定中的很多章节和相关条款，为《美国-墨西哥-加拿大协定》提供了重要借鉴。《美国-墨西哥-加拿大协定》在多个章节和条款上引入了比《北美自由贸易协定》更为现代化的内容，进一步适应了当今全球经济的复杂性和新兴挑战。这些现代化特征反映了全球贸易体系的发展方向和北美地区的经济合作需求。这些现代化的调整不仅使新协定更加符合 21 世纪的贸易需求，还使其成为一个更具包容性和前瞻性的区域贸易协定，能够更好地应对全球经济环境的快速变化。

---

① 参考中国商务部于 2023 年 12 月 6 日发布的 2022 年墨西哥宏观经济数据概况，以及美国商务部和加拿大统计局发布的 2022 年和 2023 年经济数据。

美国贸易代表办公室声称，《美国-墨西哥-加拿大协定》堪称21世纪的高标准协定，代表了贸易协定的新典范。从章节和条款创新上来看，《美国-墨西哥-加拿大协定》代表了在新的全球经贸背景下对《北美自由贸易协定》的现代化更新升级。新协定吸收了《跨太平洋伙伴关系协定》以及其他贸易协定中的相关章节和条款，针对知识产权、跨境服务贸易、金融服务、政府采购、投资、知识产权、国有企业等章节及相关条款，做出了显著的修订，并且相应地增加了部门附件、数字贸易、中小企业、竞争、反腐败、良好监管实践、劳工、环境保护、宏观经济政策与汇率事项等新章节，以设置新规则和新规定。对于北美地区的企业和劳工来说，《美国-墨西哥-加拿大协定》最显著的好处是，它已在很大程度上为保持北美供应链和区域内贸易关系的稳定，以及北美在高水平制造、服务贸易和金融服务等行业的竞争力，具有积极的推动作用。贸易和投资是北美自由贸易区经济增长的关键支柱。新协定将扩大贸易区的贸易和投资机遇。《美国-墨西哥-加拿大协定》的条款更新通过保证在整个自由贸易区内公平、透明和不歧视地对待投资者及其投资，确保了投资决策的更大确定性和稳定性。该协定有助于进一步强化北美地区美墨加三国之间紧密的投资关系，为北美自由贸易区合作伙伴的经济发展中提供更多的投资机会。《美国-墨西哥-加拿大协定》对于解决最近出现的问题，例如电子商务的兴起、知识产权保护、跨境服务贸易、金融服务以及监管框架的相互协调机制，起到了积极的作用。其他北美地区以前悬而未决的问题，比如汽车产业的进一步合作和加拿大在乳制品的市场准入等问题，也在《美国-墨西哥-加拿大协定》中获得解决，因此总体而言，新协定促进了北美自由贸易区成员国之间经贸关系进一步深化发展。

第三，《美国-墨西哥-加拿大协定》还针对《北美自由贸易协定》中的海关管理和贸易便利化、原产地程序、卫生和植物检疫标准、商务人士临时入境等章节及相关条款，进行了现代化的更新换代，这些措施有利于促进北美自由贸易区成员国之间进行更为便利的经济融合。自《北美自由贸易协定》生效以来，除了北美商业一体化程度的提高，北美地区还因为货物贸易的不断增长，人口跨境流动不断加快，美国、加拿大和墨西哥在边境合作、海关管理和贸易便利化、商务人士入境、跨境执法、多边安全合作等相关管理机构也面临着各种新的挑战。这些新变化都要求美国、墨西哥和加拿大进一步提高它们之间相关双边或者三边合作机制的管理水平，以提升合作的质量和效率。《美国-墨西哥-加拿大协定》通过大幅度修订海关管理和贸易便利化章节，简化、标准化和现代化了相关条款，提高了美加墨三国海关边境处理货物贸易通关的效率。这些为降低北美自由贸易区成员国之间的货物贸易交易成本，便利货物贸易的流动，增加成员国之间的货物交易量，起到了良好的促进作用。通过提高低值货物的最低限额，加强海关规则和条例的透明度和可预测性，加快货物通过海关检查站的速度，从而达到降低贸易成本，促进成员国之间的贸易往来的目的。新协定对原产地程序及认定规则进行了新的调整，以更好地支持当今的贸易环境，并通过提供电子流程、增加贸易商参与认证和核查、提供更简单的方式认证货物原产地来限制贸易商的管理成本，从而强化了美墨加三国海关在原产地规则实施方面的合作。新协定针对现代化的卫生和植物检疫协定章节，强化和发展了《北美自由贸易协定》和《世界贸易组织卫生和植物检疫协定》所载的规定，有助于美墨加三国在保障人类、动植物的卫生与健康的基础上发展更为广泛的贸易关系。《美国-墨西哥-加拿大协定》还维护了《北美自由贸易协定》中有关劳动力流动的原则。临时入境承诺通过促进某些高技能商业人士的劳动力流动，继续支持了北美经济增长和发展，保障三国之间的直接投资的持续增长。

## 二、《美国-墨西哥-加拿大协定》对北美地区经济的消极影响及争议

《美国-墨西哥-加拿大协定》虽然在促进北美区域经济合作方面作出了一定贡献，但多家知名机构和智库指出，其严格的规则和某些保护主义条款可能在长期内抑制区域经济增长，减少经济福利，并导致北美制造业和整体经济的竞争力下降，其某些条款可能对北美地区经济产生消极影响，具体分析如下：

世界货币基金组织发布了《美国-墨西哥-加拿大协定》的工作报告，采用全球、多部门、可计算的一般均衡模型，对新协定中的五项关键性条款变化进行了分析评估，包括汽车、纺织品和服装部门更严格的原产地规则、更自由化的农业贸易和其他贸易便利化措施[①]。该研究结果表明：这些新规定总体而言将对汽车、纺织品和服装部门的贸易产生不利影响；在福利方面产生适度的总收益，但是主要是由于改善的商品市场准入推动

---

① BURFISHER M E, LAMBERT F, MATHESONT D. NAFTA to USMCA: what is gained [R]. Washington DC: International Monetary Fund, 2019.

的；新协定对实际国内生产总值的影响微乎其微；随着美国取消从加拿大和墨西哥进口钢和铝的关税，以及取消美国关税实施后征收的加拿大和墨西哥进口附加税，《美国-墨西哥-加拿大协定》对成员国的福利保障将大大增强。

根据该工作报告的分析，总的来说，《美国-墨西哥-加拿大协定》的影响相对较小。《美国-墨西哥-加拿大协定》的主要条款将导致北美经济一体化程度的降低，三个北美伙伴之间的贸易额将减少 40 亿美元（0.4%），同时为成员提供 5.38 亿美元的综合福利收益。《美国-墨西哥-加拿大协定》对实际国内生产总值的影响可以忽略不计。《美国-墨西哥-加拿大协定》的大部分好处将来自贸易便利化措施，这些措施使海关手续现代化和一体化，以进一步降低贸易成本和边境效率。《美国-墨西哥-加拿大协定》生效导致的贸易流量变化也将导致整个北美生产构成的结构性变化。根据每个国家的情况，一些部门从更高程度的贸易一体化中受益，而另一些部门则经历产出下降和失业。贸易流动的变化导致的产业结构的变化促使雇员从收缩行业转向扩张行业。总的来说，由于新规定生效，墨西哥熟练工人和非熟练工人的实际工资略有下降，但加拿大和美国工人的工资不受影响。

该研究结果表明，新协定中汽车行业更严格的原产地规则和劳动价值内容要求并不能达到预期的效果。新规定将导致北美所有三个国家的汽车和零部件产量下降，转向从该地区以外更多地采购汽车和零部件。消费者将面临更高的汽车价格，并以更低的需求量作出回应。墨西哥汽车行业的劳动力成本上升将导致更大的资本密集度，因为墨西哥生产商用资本设备替代成本更高的劳动力。墨西哥和美国在纺织品和服装行业实施更严格的原产地规则后将产生一些负面结果；加拿大受影响较小，因为回旋余地较大。美国进入加拿大供应管理型奶制品市场的机会增加，其影响将非常小，宏观经济意义不大。

加拿大贺维学会的研究报告，就新协定对北美地区及成员国的影响进行了定量分析①。该研究报告认为，新协定帮助特朗普政府实现了部分经济目标，但是实际结果是将导致整个北美地区的生产总值缩水和经济福利

---

① CIURIAK D, DADKHAH A, XIAO J J. Quantifying CUSMA: the economic consequences of the New North American trade regime [R]. Toronto: C. D. Howe Institute, 2019.

下降。该研究报告批评说，新协定不寻常的是它几乎没有出现传统贸易协定中的关税自由化，与《北美自由贸易协定》相比，新协定只对市场准入进行了微小的改变，贸易便利化方面的改善有限，同时它引入了一些对贸易更具限制性特点的承诺。新协定中出现自由化的内容包括扩大美国进入加拿大乳制品和家禽市场的机会；提高低值商品进口进入加拿大和墨西哥的税收和免税门槛；消除一些服务贸易壁垒。然而，在量化意义上最显著的影响是更为严格的原产地规则，这些规则必须得到满足，才能使产品符合关税同盟规定的免税市场准入条件。这些新规则实现了特朗普政府将工业活动（尤其是汽车业）转移到美国的直接目标，但是由于通过增加贸易转移，它们对经济福利和效率产生了消极影响。此外，更严格的边境执法保证了一些边境困难，特别是对进入美国的货物。与《北美自由贸易协定》相比，新协定导致三方的实际国内生产总值和福利都有所下降，其中墨西哥受到的冲击最大，而美国受到的冲击最小；加拿大的实际国内生产总值将下降0.4%，经济福利将下降100多亿美元。不过，这三方在新协定影响下的下降境况状况略好于《北美自由贸易协定》完全失效的情况。

美国传统基金会发布了针对《美国-墨西哥-加拿大协定》的研究报告。该报告指出，随着世界经济的不断发展和进步，新协定做出了重要的改变，以确保北美有能力自由贸易。具体而言，关于数字贸易、知识产权、海关管理和贸易便利化的章节优先考虑信息技术的集成和保护。《美国-墨西哥-加拿大协定》还保留了《北美自由贸易协定》的许多原始框架，包括对许多产品和服务的免税待遇。不幸的是，《美国-墨西哥-加拿大协定》存在一些缺陷，比如劳工和环境章节的扩展，关于性取向和性别认同的分裂性规定，以及对汽车行业的原产地规则的限制。《美国-墨西哥-加拿大协定》的这些组成部分可能会对北美及成员国的经济产生负面影响。研究报告中提到，这些问题都应该得以改进。这三个国家之间即将颁布的执行立法和附加的补充信函可能是可以被利用来改进这些问题的工具[①]。在原产地规则方面，该研究报告认为新协定中的原产地比例的增加对企业将造成难以置信的破坏，对其贸易流的管理甚至比政府已经管理的还要多。原产地规则通常是规定企业某些生产过程或供应链的监管障碍，

---

① WITIHNG T K, BEAUMONT-SMITH G. Backgrounder: an analysis of the United States-Mexico-Canada Agreement [R]. Guwahati: Heritage Foundation, 2019.

要求企业花时间和金钱跟踪遵守规则的情况。汽车制造商现在面临的问题是，新的法规是否意味着更高的合规成本，而不是支付汽车和零部件的现行关税（2.5%）或轻型卡车的现行关税（25%）。真正的自由贸易协定根本不包含原产地规则条款，允许货物在领土内自由流通。最低工资和对钢、铝的要求应该从第四章中删除。

在政府采购方面，该研究报告认为第十三章的政府采购章节存在着问题，因为它只涉及美国和墨西哥之间的政府采购。美国和加拿大之间的准入将受世界贸易组织的《政府采购协定》的管辖。加拿大和墨西哥之间的采购准入由《全面与进步跨太平洋伙伴关系协定》涵盖。在实践中，这种变化意味着北美将有非常不同的规则，最终，这对美国来说是一个错失的机会。墨西哥承包商可能比美国承包商更容易进入加拿大采购市场。将加拿大排除在采购章节之外，也可能减少美国合同的竞争。允许获得联邦、州和地方政府的政府采购或者购买，将使得这些采购中具有更多的竞争，并有可能获得更好的价格。最终，这些国家的纳税人正在为政府采购买单，允许更多的实体竞标合同可以帮助更有效地使用纳税人的钱。美国应与加拿大和墨西哥达成一项解决方案，使这三个国家的采购规则保持一致，最好是在新的《全面与进步跨太平洋伙伴关系协定》的基础上，这样可以在采购方面进行更加激烈的竞争。

在劳工标准方面，该研究报告认为支持工人的权利、自由和平等待遇至关重要，但是第二十三章第九条不适当地提及性取向和性别认同政策。这些有争议的定义不必要地将社会政策引入贸易协定。贸易协定不是讨论这些问题的地方。美国传统基金会一直反对以这种方式扩大反歧视法。虽然第二十三章许多条款可能对美国无害，但不应利用贸易协定来推行社会政策议程。

在环境保护方面，该研究报告认为新协定的第二十四章包含了保护空气和水质的广泛的文件范例，缔约国同意促进企业的社会责任，并利用自愿机制来改善环境和应对入侵物种。这些环境条款从《北美自由贸易协定》中的附加协定扩展成为《美国-墨西哥-加拿大协定》的完整章节。许多环境条款之所以有问题，是因为它们与贸易没有直接关系，主要侧重于确保协议各方制定和执行自己的环境法。美国传统基金会的分析人士长期以来一直主张取消《北美自由贸易协定》中环境方面的附加信函，第二十四章也应如此。

在审查和延长期限方面，新协定详细说明审查和终止程序，要求双方在第6年结束之前开会对协定进行联合审查，以及各方应通过其政府首脑书面确认是否希望延长协定期限。如果缔约国确认延长，《美国-墨西哥-加拿大协定》期限将延长16年，总共22年。审查进程必须在6年后再次进行，然后该协定可以再延长16年，以此类推。如果任何一方在审查过程中不确认延期，则在协议期限的剩余10年内，双方必须每年举行一次会议。在此期间，双方可根据上述确认程序同意延长16年。如果不作新的延期，并且允许期限届满，协议将终止。《美国-墨西哥-加拿大协定》已经包含了成员国寻求修改第三十四章第三条协议的机制。《北美自由贸易协定》情况也已经是如此，因为《北美自由贸易协定》第三章要求货物贸易委员会举行年度会议。在美国传统基金会的分析人士看来，任何提供可能的日落条款不仅没有必要，甚至可能扭曲当事方之间的贸易关系。任何贸易协定的主要优势之一是能够为企业创造市场确定性，使得企业能够就采购、价格、招聘和未来投资做出明智的决定。在企业规划未来时，任何对这种确定性的潜在干扰都可能导致复杂化。随着世界经济的变化，审查贸易协定的能力很重要，但审查过程不成功不应成为终止的理由。

此外，布鲁金斯学会的研究指出，《美国-墨西哥-加拿大协定》尽管在推动贸易和投资方面取得了一定程度的成功，但其在监管一致性、数字贸易和数据流动等方面的挑战尚未得到充分解决。这些问题可能阻碍中小企业的发展，并加剧了劳动力市场的不平等，从而在长期内对北美经济产生消极影响。国际经济研究所的研究指出，《美国-墨西哥-加拿大协定》在原产地规则方面的变化，特别是对汽车行业的更严格规定，可能会导致制造成本上升。这些上升成本可能转嫁给消费者，导致汽车价格上涨，并减少消费者需求。同时，更严格的规则可能迫使一些企业将生产从北美转移到其他地区，从而削弱了该地区的全球竞争力。威尔逊中心在《美国-墨西哥-加拿大协定》生效的一周年、两周年、三周年和四周年之际，持续地对协定的影响进行了跟踪性评估：研究分析了北美地区贸易关系和执行机制方面的积极进展，但也指出了需要改进的领域，例如劳工权利执行和环境承诺；研究强调需要继续合作和适应，以应对新出现的挑战，包括供应链弹性和经济一体化；总体上，《美国-墨西哥-加拿大协定》加强了北美贸易，但需要持续努力才能充分发挥其潜力。美国国际贸易委员会在2023年7月提交给美国政府的研究报告中认为，新协定中的原产地规则对美国国内生产总值和总就业率的变化不到 0.01%；在《美国-墨西哥-加拿大协定》生效后的两年半里，对整个经济的影响微乎其微，这对美国汽车行业的估计影响以及该行业相对于整个美国经济的规模来说是相似的；但是在 2027 年之后或全面实施该协议之前，原产地规则对竞争力的全面影响可能不会很明显，虽然在这个阶段，原产地规则增加了汽车供应链多个阶段的成本，也增加了美国在北美地区的汽车和零部件生产中的份额。

## 第二节 《美国-墨西哥-加拿大协定》对美国经济的影响及争议

2020 年 1 月 29 日中午，特朗普在白宫南草坪签署《美国-墨西哥-加拿大协定》的仪式中，声称《美国-墨西哥-加拿大协定》是迄今为止达成的最大、最公平、最平衡、最现代化的贸易协定。美国贸易代表办公室亦详细列举了关于新协定对美国经济的各类积极作用。但是关于《美国-墨西哥-加拿大协定》对美国经济的影响如何，一些北美官方机构、智库和学术界的相关研究仍然存在着不同意见。

### 一、《美国-墨西哥-加拿大协定》对美国经济的积极影响

《美国-墨西哥-加拿大协定》于 2020 年 7 月 1 日生效，取代了《北美自由贸易协定》。新协定的执行必然改变北美地区的贸易关系，直接影响包括美国在内的北美自由贸易区在全球的竞争力。关于《美国-墨西哥-加拿大协定》对美国经济所造成潜在的积极影响，最有代表性的分析报告包括美国国际贸易委员会发布的研究报告和贸易代表办公室发布的事实清单。

美国国际贸易委员会发布了题为《〈美国-墨西哥-加拿大协定〉对美国经济和特定行业的可能影响》的研究报告。该研究报告评估了《美国-墨西哥-加拿大协定》对美国整体经济、特定行业部门以及美国消费者等多方面所带来的潜在影响。做此研究报告是应美国贸易代表办公室的委托以及《国会两党贸易优先权和责任 2015 年法案》的要求。根据美国法律的要求，美国国际贸易委员会作为无党派的联邦政府机构，负责就《美国-墨西哥-加拿大协定》对美国整体宏观经济和具体行业的影响进行分析并

发布相关报告，此后美国国会才能就《美国-墨西哥-加拿大协定》进行投票表决。美国国际贸易委员会评估了包括《美国-墨西哥-加拿大协定》对美国国内生产总值、进出口额、就业机会和就业机会总量，以及可能受到该协定重大影响的美国产业的生产、就业、竞争地位和美国消费者利益的潜在影响。

美国国际贸易委员会综合使用了详细定量和定性行业分析以及一个经济范围内可计算的一般均衡模型，来评估《美国-墨西哥-加拿大协定》对美国经济和行业部门可能产生的影响。一般均衡模型已成为经济政策量化分析主要工具，被世界主流研究机构广泛采用。在该模型中，委员会包括了针对《美国-墨西哥-加拿大协定》中农业、汽车、知识产权、电子商务、劳工、国际数据传输、跨境服务和投资等章节或条款的分析。该模型分析评估的结论是，如果全面实施《美国-墨西哥-加拿大协定》，该协定将对美国实际国内生产总值和就业产生积极影响，增强国内生产、就业以及行业的优势地位。新协议将影响货物和服务贸易壁垒，修订贸易和投资规则，并改变该地区进出口的监管环境。但是鉴于美国经济规模相对于墨西哥和加拿大经济规模，以及《北美自由贸易协定》框架下三国之间已经发生的关税和非关税壁垒的减少，《美国-墨西哥-加拿大协定》对美国经济的影响可能是温和的。美国国际贸易委员会估计，与保留《北美自由贸易协定》的基准情景相比较，《美国-墨西哥-加拿大协定》在生效6年后将增加美国实际国国内生产总值。经济整体模型估计，美国经济的许多方面在《美国-墨西哥-加拿大协定》的影响下可能会增长。据估计，美国实际国内生产总值将增长0.35%（682亿美元），而且就业将增长0.12%（约17.6万个工作岗位）。美国对加拿大和墨西哥的出口将分别增长约5.9%和6.7%（191亿美元和142亿美元）。

该研究报告估计，《美国-墨西哥-加拿大协定》对美国在北美自由贸易区域内以及与世界其他地区的贸易都有类似的积极影响。美国对世界的出口，包括加拿大和墨西哥，将增长约2.4%（582亿美元）。在北美自由贸易区域内，美国对加拿大的出口增长约5.9%（191亿美元），对墨西哥的出口增长约6.7%（142亿美元）。这些增长的驱动力是来自《美国-墨西哥-加拿大协定》的各项条款，这些条款将刺激墨西哥和加拿大的贸易和经济增长，从而提高这些国家的消费能力和对美国商品的需求。据估计，美国从世界的进口将增加约2.0%（582亿美元）。在北美自由贸易区域内，美国从加拿大的进口将增长约 4.8%（191 亿美元），从墨西哥的进口将增长约 3.8%（124 亿美元）。美国进口的估计增长是由各种《美国-墨西哥-加拿大协定》条款推动的，这些条款将刺激美国的贸易和收入增长，从而刺激对国外商品和服务的额外需求。据估计，这三大行业（农业、制造业和采矿业、服务业）的进出口总额在北美自由贸易区域内和其他地区都将有所增加。

根据该研究报告，《美国-墨西哥-加拿大协定》对劳工的影响总体上是积极的，不过会因为劳工的教育水平不同，而受到有所差异的影响程度。不同劳工类型之间的差异基于两个主要因素。第一个因素是每个行业的劳动力构成不同，这意味着每个行业都倾向于雇佣每种类型工人的不同份额。因此，当对某一行业产出的需求增加时，对某些类型工人的劳动需求就会比其他类型的增长更多。第二个因素是每一种工人类型对工人因应工资变化而决定进入或退出劳动力市场的反应不同。一般来说，受过高等教育的工人对工资变动的反应较小，因为他们工作更专业，进入或退出就业市场的可能性较小。相比之下，受教育程度较低的工人更容易对工资变动做出反应。

按照委员会的估计，美国各类工人的平均工资将增长 0.27%，相当于每名工人每年增长大约 150 美元。其中，拥有研究生学位的工人的工资增长率（0.30%）将高于受过 0~9 年教育的工人的工资增长率（0.23%）或 13~15 年教育的工人的工资增长率（0.25%）。这主要是因为受过高等教育的工人对工资变动的反应较低，从而须要提高工资，以促使他们进入劳动力市场，满足新的劳动力需求。据估计，各部门工资增长最大的部门是制造业和采矿业，这主要是由于汽车原产地规则的变化，而其他行业的工资变动较小，服务业的增幅小于农业。《美国-墨西哥-加拿大协定》对不同劳动类型就业的影响与对工资的影响是一致的，因为所有群体都会经历就业增长，但不同群体的增长并不相同。所有工人类型的就业率将增加 0.12%，约为 17.6 万个工作岗位。对于受过 10~12 年教育（0.15%增长率或约 7.5 万个工作岗位）和 13~15 年教育（0.14%增长率或约 6.3 万个工作岗位）的工人来说，工作岗位增长最快。这两组工人加在一起，占估计总就业增长的近 78%。他们之所以能在增长中占有如此大的份额，是因为他们是经济中最大的两个群体，在模型基线中约占劳动力总数的 63%，而且相对代表了增长最快的行业。出于一些不同的原因，在教育范围的两端，就业率的增长都会减少。受过 0~9 年教育的工人所拥有的工作岗位数量（约 1.3 万个工作岗位）增长较小，因为他们只占劳动力的一小部分。然而，由于他们对工资变化高度反应，他们的就业增长率（0.20%）会高于其他群体。就工作和百分比而言，拥有学士和研究生学位的工人将经历最小的就业增长，原因有二：一是他们对工资变化的反应低于平均水平；二是他们在劳动力中所占的比例相对较小。拥有学士学位的工人就业将增加约 1.9 万个工作岗位（0.06%），拥有硕士学位的工人就业将增加约 6 000 个工作岗位（0.04%）。

美国贸易代表办公室在发布的《美国-墨西哥-加拿大协定》事实清单中，详细地说明了新协定对美国的制造业、农业和乳制品、中小企业等特定产业领域的积极影响①。

第一，《美国-墨西哥-加拿大协定》中原产地的新规则将为美国和北美的制造业创造更为平衡和互利的贸易关系。涉及乘用车、轻型卡车和汽车零部件等原产地的新规则将为在美国和北美采购货物和材料提供更大的激励。关于增加北美地区原产地价值内容比例的新规则，将刺激供应链在北美采购汽车零部件，因此将鼓励美国制造业和北美地区的经济增长。新协定中关于劳工价值成分比例的新规则，即要求 40%~45% 的汽车零部件由时薪至少 16 美元的工人生产，这将对美国汽车产业产生利好消息，并激励在美国的新车和零部件投资。新协定还规定了更为严格的原产地规则和执法，将有助于确保只有使用足够和重要的北美零部件和材料的生产商才能获得优惠关税待遇。新协定在市场准入章节中列入了新的承诺，这些将有助于消除与再制造品贸易、进口许可证和出口许可证有关的非关税壁垒。关于纺织品的新规定将鼓励北美在纺织品和服装贸易中扩大生产，加强海关执法，并促进双方就纺织品和服装贸易有关问题进行更广泛的协商与合作。新协定还就涉及特定制造业部门（包括信息和通信技术、药品、医疗器械、化妆品和化学物质）贸易的新规定。每一个附件都包括超过《北美自由贸易协定》和《跨太平洋伙伴关系协定》中的相关条款或规定，这些新规定将促进加强监管兼容性、最佳监管做法和增加成员国之间的贸易。

第二，《美国-墨西哥-加拿大协定》将使美国农民、牧场主和农业综

---

① 参考美国贸易代表办公室发布的《美国-墨西哥-加拿大协定》事实清单。

合企业受益。新协定的重大改进将使粮食和农业能够更公平地进行贸易，并扩大美国农产品的出口。新协定扩大了美国食品和农产品的市场准入。美国奶农将有新的向加拿大销售奶制品出口机会。加拿大将为美国产品提供包括液态奶、奶油、黄油、脱脂奶粉、奶酪和其他乳制品在内的新的市场准入。新协定还将取消对乳清和人造黄油的关税。对于家禽产品，加拿大将为美国的鸡肉和鸡蛋提供新的准入，并增加火鸡的准入。根据新协定，美国和墨西哥之间的农产品贸易的所有其他关税将保持为零。新协定取消了加拿大牛奶6级和7级分类定价系统。此外，加拿大将对其出口超过商定门槛的脱脂奶粉、浓缩乳蛋白和婴儿配方奶粉征收出口税。这些将使美国生产商扩大海外销售。新协定为农业生物技术制定前所未有的标准。该协定首次专门针对农业生物技术，以支持21世纪的农业创新。该文本涵盖所有生物技术，包括基因编辑等新技术。具体而言，美国、墨西哥和加拿大已同意就加强农业生物技术贸易相关事项的信息交流与合作作出规定。《美国-墨西哥-加拿大协定》做出重大承诺，减少扭曲贸易的政策，提高透明度，确保农产品标准不受歧视。新协定承诺公平对待小麦等农产品质量要求。加拿大同意以不低于加拿大小麦的优惠方式对美国小麦进口进行分级，并且不要求在其质量等级或检验证书上提供原产国声明。加拿大和美国还同意讨论与种子管理制度有关的问题。为了促进食品和农产品的销售，墨西哥和美国同意，分级标准和服务将对所有农产品一视同仁，并将建立对话，讨论与分级和质量贸易有关的事项。美国、墨西哥和加拿大同意加强以科学为基础的卫生与植物检疫措施的纪律，同时确保各方保持其保护人类、动物和植物生命或健康的主权权利。缔约方同意为承认新的地理标志提供重要的程序保障。墨西哥同意不限制标有特定名称的美国乳酪在墨西哥的市场准入。美国、墨西哥和加拿大同意在销售和分销、标签和认证方面做出不歧视和透明的承诺，以避免葡萄酒和蒸馏酒贸易的技术壁垒。他们同意继续承认波旁威士忌、田纳西威士忌、龙舌兰酒、墨西哥威士忌和加拿大威士忌为特色产品。美国、墨西哥和加拿大商定了关于专有食品配方的附件，其中要求每一缔约方以同样的方式保护国内和进口产品的机密性。

第三，《美国-墨西哥-加拿大协定》承认中小企业作为北美经济引擎的根本作用。新协定第一次在美国的贸易协定中增加了一个专门关于中小企业的章节，并且在整个协定中包含了支持中小企业的其他关键条款。这些将对美国中小企业对墨西哥和加拿大的出口起到促进作用。按照 2016 年的数据，8.2 万家美国中小企业向加拿大出口 512 亿美元货物，5.3 万家美国中小企业向墨西哥出口 762 亿美元货物。墨西哥和加拿大是美国中小企业产品的前两大出口目的地。中小企业章节将促进成员国加强合作，增加中小企业贸易和投资机会。它建立了信息共享工具，有助于中小企业更好地了解该协定的好处，并为在该区域开展业务的中小企业提供其他有用的信息。中小企业章节设立了一个由各国政府官员组成的中小企业问题委员会，并且与利益相关者建立中小企业对话。对话将使与会者能够就协定的执行情况和进一步现代化向政府官员提供意见和信息，从而确保中小企业继续受益。

除了中小企业的专门章节，《美国-墨西哥-加拿大协定》的其他章节还包括大量有利于中小企业的新条款规定。海关和贸易便利化章节包括通过提高最低水平来减少边境的繁琐程序，以有助于降低成本和增强跨境交易的便利性和可预测性的新规定。数字贸易的新章节包含了任何国际协议中最强有力的条款，支持互联网支持的小企业和电子商务出口。政府采购章节通过在单一电子门户网站上提供意向采购通知，鼓励美国和墨西哥中小企业参与政府采购，从而提高中小企业的透明度和效率；政府采购章节重点关注促进小企业参与政府采购的政策，包括提供激励措施，使招标文件免费，并考虑如何更好地组织采购，以帮助美国小企业竞争。在知识产权章节，新协定成立了一个知识产权委员会，除其他问题以外，该委员会明确负责与中小企业特别相关的知识产权问题。该章节要求各方在获得知识产权保护方面减少繁琐程序，包括简化申请程序，并在网上公布有关商标、地理标志、工业设计和植物品种权申请的信息。这些措施将有利于中小企业降低交易成本。在跨境服务贸易章节，新协定取消了对跨境服务提供商的本地派驻要求，通过消除不必要的负担，将开设外交办事处作为开展业务的条件，使小企业受益；跨境服务贸易章也有一项中小企业条款，鼓励缔约方考虑监管行动对中小企业服务供应商的影响，并设法确保服务部门的授权程序不会对中小企业造成不成比例的负担。在良好监管实践章节，新协定提到了政府在制定和实施法规时为促进透明度和问责制而适用的良好治理程序，该章节包括了鼓励缔约方在制定和实施该条例时考虑到对小企业的影响的条款。

除了美国国际贸易委员会和美国贸易代表办公室具有代表性的研究，

还有其他一些知名机构在协定生效前后发布过相关研究报告或评论。布鲁金斯学会定期发布关于国际贸易政策的分析报告。其研究关注《美国-墨西哥-加拿大协定》对美国经济增长、制造业和劳动力市场的影响。布鲁金斯学会的研究认为,《美国-墨西哥-加拿大协定》有助于推动美国的经济增长。协定通过改善贸易条件和增加出口机会,为美国企业提供了更多的市场准入机会。他们还指出,《美国-墨西哥-加拿大协定》改善了与邻国的贸易关系,可能有助于减少美国的贸易赤字,特别是在农业和制造业领域。美国国家经济研究局发布的研究报告通常会深入分析贸易政策对经济的影响,包括《美国-墨西哥-加拿大协定》对美国的影响,比如新协定对各行业、就业市场以及宏观经济的影响。其研究指出,《美国-墨西哥-加拿大协定》对美国制造业有一定的积极影响,特别是在汽车和相关供应链行业。协定通过提高原产地规则的要求,鼓励美国制造商将更多的生产活动留在美国;新协定为美国制造业创造了更多的高薪就业机会,尤其是在汽车和高科技领域。彼得森国际经济研究所探讨《美国-墨西哥-加拿大协定》对美国经济的具体影响,包括对经济增长和生产率的影响,认为新协定对美国经济的一个关键积极影响是提升了生产率和竞争力。新协定通过推动技术创新和鼓励竞争,帮助美国企业提高了在全球市场上的竞争力。新协定加强了美国与加拿大和墨西哥之间的供应链联系,这对稳定制造业供应链和降低生产成本具有重要作用。

自《美国-墨西哥-加拿大协定》生效以来,尽管对美国整体经济的影响相对较小,但在贸易增长、就业稳定和投资促进等方面发挥了积极作用。由于美国经济体量远大于加拿大和墨西哥,其受益程度相对较低,但在某些领域和行业中,新协定带来了实质性益处。根据美国贸易代表办公室的数据,2022 年美国与《美国-墨西哥-加拿大协定》成员国的商品和服务贸易总额约为 1.8 万亿美元,其中出口额为 7 897 亿美元,进口额为 9 743 亿美元。虽然这些数据在美国总经济产出中占比不高,但对美国贸易有显著积极影响。特别是 2022 年,美国对《美国-墨西哥-加拿大协定》成员国的商品出口额为 6 808 亿美元,比 2021 年增长 16.0%,比 2012 年增长 34%。这显示了《美国-墨西哥-加拿大协定》在关税减免和贸易便利化方面的促进作用,为美国制造业和农业提供了更广阔的市场①。

---

① 参考美国贸易代表办公室于 2024 年发布的《美国-墨西哥-加拿大协定》的贸易和投资总结。

在就业方面，根据美国国际贸易委员会的报告，《美国-墨西哥-加拿大协定》为美国经济创造了约 17.6 万个新增就业岗位，主要集中在制造业和农业领域。尽管这些新增岗位在美国庞大的就业市场中所占比例较小，但《美国-墨西哥-加拿大协定》帮助稳定了关键行业的工作岗位，减少了全球供应链中断的风险。例如，新协定强化了汽车产业的区域规则，要求更多汽车零部件在北美生产，这直接保护和增加了美国的制造业就业。

2022 年，美国对协定成员国的服务贸易出口估计为 1 090 亿美元，比 2021 年增长 23.6%。2022 年，美国对协定成员国的服务贸易顺差估计为 260 亿美元，比 2021 年增长 14.0%。虽然服务贸易出口在美国整体经济中占比较小，但《美国-墨西哥-加拿大协定》对金融服务、旅游业等高附加值服务行业的支持明显。这些服务贸易出口为美国带来了显著的外汇收入，并巩固了美国在全球服务贸易中的领先地位。

在投资方面，根据美国商务部的数据，2022 年美国对协定成员国的外国直接投资存量为 5 690 亿美元，比 2021 年增长 9.5%。这些投资主要集中在制造业、非银行控股公司和金融与保险业，对美国企业在北美市场的持续运营和扩展起到了支撑作用。同时，2022 年协定成员国在美国的直接投资存量为 6 231 亿美元，比 2021 年增长 8.0%。这些投资大多来自金融和保险、制造业和存款机构，有助于稳定美国资本市场，促进经济持续发展。

虽然总体来看，《美国-墨西哥-加拿大协定》对美国经济的影响相较于对加拿大和墨西哥经济的影响较小，但其在维持区域贸易畅通、增强供应链韧性、保护关键行业就业和促进双向投资等方面发挥了积极作用。这些经济效益在美国这一庞大的经济体中可能显得不甚突出，但对确保美国在北美经济一体化中的主导地位和全球经济竞争力仍具有重要意义。

## 二、《美国-墨西哥-加拿大协定》对美国的消极影响及争议

在美墨加三国签署并发布《美国-墨西哥-加拿大协定》不久，关于新协定对美国造成的潜在影响这个议题，在美国国内就不断地引发了一些批评和争议。比较有代表性的包括美国卡托研究所和彼得森国际经济研究所的研究人员所发表的相关评论，以及一些民主党领袖发布的关于反对《美国-墨西哥-加拿大协定》的声明。他们反对的核心观点包括：虽然《北美

自由贸易协定》与《美国-墨西哥-加拿大协定》有着直接联系，但是《美国-墨西哥-加拿大协定》带有贸易保护主义色彩；《美国-墨西哥-加拿大协定》可能并不能帮助美国经济，反而会损害美国的竞争力，比如在汽车原产地方面的新规则；《美国-墨西哥-加拿大协定》在劳工标准、环境保护等议题方面还需要做得更多。另外，还有一些美国原政府官员和外交人员批评特朗普政府在《北美自由贸易协定》重新谈判过程的处理方式，认为这些做法负面影响了美国与加拿大和墨西哥之间的同盟关系，对美国的软实力造成了伤害。

美国卡托研究所曾经发布过针对《美国-墨西哥-加拿大协定》的一系列评论。其中，丹尼尔·J. 伊肯森（Daniel J. Ikenson）的评论最具代表性。他批评说，《美国-墨西哥-加拿大协定》是一个高成本的《北美自由贸易协定》边际升级。与《北美自由贸易协定》相比，《美国-墨西哥-加拿大协定》在某些方面稍有改善，在大多数方面大致相同，但是在有些方面则更差。总体而言，伊肯森要是在以下四个方面批评了《美国-墨西哥-加拿大协定》对美国经济产生的消极影响及存在的争议①。

第一，从罗斯福到里根，再到奥巴马，美国两党总统基本上都认为贸易是一项互利的事业，对全球经济增长和繁荣至关重要，对促进国家间和平不可或缺，然而特朗普认为贸易是美国和外国之间的零和竞争。对特朗普来说，美国常年的贸易逆差意味着美国几十年来一直在贸易上亏损，而且一直在亏损，这是因为美国谈判了糟糕的贸易协议。正是在这种背景下，特朗普认为《北美自由贸易协定》是一个失败的协定，并着手修改其条款，使竞争环境向有利于美国生产商的方向倾斜。但这是一个非历史的观点。1994 年《北美自由贸易协定》生效后，北美三国之间的关税几乎全部取消，许多非关税壁垒减少，贸易和投资得到蓬勃发展。

第二，在汽车和服装原产地规则中，北美地区成分的提高以及 40%～45% 的汽车零部件生产由时薪至少 16 美元的工人承担，这些限制生产的措施可能弊大于利。北美汽车制造商根据需求和经济条件，其利用最有效的供应链的能力将被降低，可能会使区域生产商相对于那些对采购限制较少的国家的生产商缺乏竞争力。更严格的原产地规则会导致更高的区域生产

---

① IKENSON D J. USMCA: a marginal NAFTA upgrade at a high cost [N]. Cato Institute, 2020-05-20.

成本，这将鼓励汽车制造商、服装生产商和其他制造商放弃遵守这些规则的成本，转而使用不合格的投入或在整个区域之外生产。这意味着该地区的投资将减少，撤资将增加。

第三，尽管《美国-墨西哥-加拿大协定》没有对《北美自由贸易协定》下的有效税率提高关税，但它确实是第一个不包括任何新的开放重要市场的美国贸易协定。这是一个值得注意的错失良机。2017年，美国消费者在商品上花费了4.1万亿美元，其中进口总额为2.3万亿美元（57%）。相比之下，美国消费者在服务上花费了9.2万亿美元，其中只有5 500亿美元（6%）是进口的。在服务业进口渗透率的6%与商品进口渗透率的57%之间的巨大差距表明，美国在服务贸易仍然存在着巨大的壁垒。《美国-墨西哥-加拿大协定》对减少服务贸易壁垒毫无作用。相反，它重申禁止外国在海运、商业航空服务和货运服务方面的竞争。运输成本占美国人在亚马逊和实体店购买商品价格的很大一部分。与此同时，商务航空旅行是各行业公司开展业务的一项重要成本，在消费者支出中占据重要份额。我们的交通服务行业以及教育、医疗、专业服务行业没有外国竞争，这表明《美国-墨西哥-加拿大协定》本可以更加自由化。

第四，美国市场对外国投资已经普遍开放，但在某些行业，包括金融服务、商业航空服务、通信和采矿，投资限制依然存在。《美国-墨西哥-加拿大协定》没有为在美国的外国投资者提供新的重要渠道。《美国-墨西哥-加拿大协定》也几乎没有向加拿大和墨西哥公司公开任何更广泛的美国政府采购支出。这是一个巨大的错失良机，因为根据各种购买美国货的规定，外国公司和外国产品在争夺美国联邦和州政府每年约1.7万亿美元的采购开支方面受到限制。当然，这将会推高每一个政府项目的成本，并确保纳税人得到最小的回报。鉴于特朗普政府有兴趣提出一项重大的基础设施法案，可能在1万亿美元左右，这是一个应该让我们大家关注的问题。

彼得森国际经济研究所学者的杰弗里·肖特（Jeffrey Schott）对《美国-墨西哥-加拿大协定》有着大量评论。他批评说：《美国-墨西哥-加拿大协定》不能被考虑，也不能被称为是自由贸易协定，因为它是美国最近记忆中第一个建立而不是打破贸易壁垒的协定。该协定更新了1994年的《北美自由贸易协定》，但在大多数领域，更新的条款只是重申了加拿大和墨西哥作为《跨太平洋伙伴关系协定》成员国已经适用的义务。在他看来，《美国-墨西哥-加拿大协定》具有以下五个缺陷，需要得到大力改进①。

第一，《美国-墨西哥-加拿大协定》引入了新的贸易保护主义，这将限制经济增长。新的贸易保护主义措施协议对汽车贸易和投资、政府采购合同和纺织品实施限制，这将限制美国经济增长。与美国官方发布的"事实清单"相反，除非取消或修改这些限制，否则《美国-墨西哥-加拿大协定》将损害美国整体经济。虽然在政治上很困难，但国会应该坚持改进，以弥补美国国际贸易委员会的研究所暴露出的缺陷。白宫高级官员在吹捧《美国-墨西哥-加拿大协定》推动美国经济年增长率0.3%时，误读了美国国际贸易委员会的报告。事实上，该研究估计，总体而言，美国市场准入条款将限制贸易，并将导致美国经济增长下降0.12%。与以往的美国贸易协定不同，《美国-墨西哥-加拿大协定》几乎没有对关税或非关税壁垒做出任何改变；这些限制在几年前根据《北美自由贸易协定》被取消。0.3%的增长率完全是美国国际贸易委员会估计的，《美国-墨西哥-加拿大协定》将通过减少数据、电子商务和知识产权政策的不确定性，吸引更多的美国投资。这一分析错误地将这些成果归功于《美国-墨西哥-加拿大协定》。但是，这些改革已经是墨西哥和加拿大政策的一部分，通过它们加入修订后的《跨太平洋伙伴关系协定》，这些改革通常适用于所有国家，因此美国已经是受益者。此外，美国国际贸易委员会的成本效益分析没有考虑日落条款造成的额外不确定性。如果美国国际贸易委员会的经济学家考虑了日落条款，增加的不确定性将全部或部分抵消协定其他部分减少的不确定性。

第二，《美国-墨西哥-加拿大协定》中的新原产地规则将损害而非帮助美国汽车业的竞争力。特朗普政府认为，通过要求墨西哥许多工厂增加国内生产和提高平均工资，《美国-墨西哥-加拿大协定》将鼓励对美国汽车工厂的新投资。美国贸易官员声称，这项交易将促进340亿美元对美国汽车和零部件生产的新投资，并使美国汽车业就业岗位增加7.6%。但是相比之下，美国国际贸易委员会的研究得出结论，新的汽车原产地规则将增加美国和墨西哥的生产成本，进而降低美国的产量，降低美国对加拿大和墨西哥的汽车出口，并增加美国从非北美自由贸易区国家的进口。总体

---

① SCHOTT F J. Five flaws in the USMCA and how to fix them [R]. Washington DC: Peterson Institute for International Economics, 2019.

而言，美国最大汽车制造商协会《美国-墨西哥-加拿大协定》将提高美国市场的汽车平均价格，并降低美国汽车销量，这与该行业投资和就业大幅增长的估计很难相符。新规则将增加在美国生产汽车的成本，外国供应商将有动力向美国市场出口更多汽车，并支付 2.5% 进口关税。

第三，《美国-墨西哥-加拿大协定》中的药品专利规则需要更好地平衡消费者利益。《美国-墨西哥-加拿大协定》与《跨太平洋伙伴关系协定》相呼应，将对制药公司大有好处的专利条款（某些药品专利的 10 年数据排他性）包括在内，但是并没有充分保护消费者。美国参议院时任财务主席奥林·哈奇（Orrin Hatch）坚持采取措施保护大型制药公司免受非专利竞争，将它们纳入《跨太平洋伙伴关系协定》。这是许多民主党人反对该协定的原因之一。但是《美国-墨西哥-加拿大协定》中相关规定依旧引发了类似的这种担忧。简而言之，药品专利规则的问题在于如何平衡消费者和生产者的利益。消费者希望价格能负担得起；允许仿制药商的竞争将降低药品专利持有人的价格和垄断利润。但那些公司则辩称，收入减少将剥夺它们研发新药的资源。有趣的是，其他《跨太平洋伙伴关系协定》参与者也不喜欢扩大的药品专利保护，当它们在《全面与进步跨太平洋伙伴关系协定》恢复协定时，很快就取消了这些保护。

第四，《美国-墨西哥-加拿大协定》改善了与环境保护相关的规定，但仍然无法解决气候变化问题。在环境领域，《美国-墨西哥-加拿大协定》与其他国家签署的贸易协定相比是最进步的。它具有执行多边环境协定的规定，在渔业补贴方面具有广泛的规则，在打击海洋垃圾方面设定了新义务。这些措施都超过了《跨太平洋伙伴关系协定》。但是新协定须要做出更多环境承诺。批评人士指责，《美国-墨西哥-加拿大协定》之所以没有取得足够的进展，是因为它在能源领域（它们声称有利于行业利益）维持着投资者与国家之间的争端解决（ISDS）程序，并且没有将该协定的承诺与具体的多边环境协定直接挂钩。多边环境协定的措辞可以通过一些简单的措辞加以澄清；ISDS 问题虽更具政治色彩，但也可能被重铸：特朗普官员似乎从未承诺要保留它。奇怪的是，尽管有关绿色协定的讨论相当多，但国会对《美国-墨西哥-加拿大协定》的批评人士却忽略了该协定最严重的缺陷之一：它没有解决全球变暖问题。越来越严重的危机已不容忽视。至少，《美国-墨西哥-加拿大协定》应该增加促进可再生能源的投资和贸易，以及其他鼓励低碳排放的措施。

第五，《美国-墨西哥-加拿大协定》改善了劳工相关的规则，但是须加强执法规定。美国国会应寻求修订，以增加劳动条款，确保有效监督和充分履行保护结社自由和其他核心劳动权利的义务。与环境领域一样，《美国-墨西哥-加拿大协定》劳工一章远远优于美国先前的协议：它建立在《跨太平洋伙伴关系协定》劳工章节的基础上，并受制于该协定的争端解决程序。但它的改进并不能满足一些美国工会领导人的要求，也不能满足 2007 年 5 月 10 日国会-行政部门贸易政策相关协议的所有要求。因此，众议院民主党人应优先考虑修订，以确保迅速全面地逐步取消墨西哥的劳动保护合同（偏向工人利益的集体谈判协议）。墨西哥政府已经通过了《美国-墨西哥-加拿大协定》所要求的劳工改革，应该能够通过额外的程序来加强劳工权利。在参议员罗恩·怀登（Ron Wyden）和谢罗德·布朗（Sherrod Brown）的建设性建议基础上，采取快速反应措施监测《美国-墨西哥-加拿大协定》的义务，应成为加强三方执行措施的一部分。

2020 年 1 月 15 日，美国民主党总统候选人之一、参议员伯尼·桑德斯（Bernie Sanders）发布了反对《美国-墨西哥-加拿大协定》的声明。他指出，这项协定遭到国际机械师和航空工人协会以及联合食品和商业工人工会等的反对。它受到日出运动、塞拉俱乐部、地球之友、环保选民联盟和美国各大环保组织的反对。美国家庭农场联盟对此表示反对，认为该联盟将锁定那些摧毁家庭农场、扩大企业对北美农业控制的规则。桑德斯宣布："我很自豪地与这些工会、环保组织和家庭农民站在一起，反对特朗普的《北美自由贸易协定》2.0 版。""这笔交易为油气公司保留了灾难性的投资者-国家争端解决系统，使它们能够继续将公司利润置于我们的空气、水、气候和健康之上。""在我看来，我们需要重新起草这项贸易协定，以停止美国就业外包，应对气候变化，保护环境，并停止恶性竞争。"①另外，还有一些美国前政府官员和外交人员批评特朗普在《北美自由贸易协定》重新谈判中富有争议的处理方式，包括对加拿大和墨西哥屡次威胁加征关税、针对墨西哥移民的"巨人"言论、与加拿大总理之间的口角之争等。他们认为这些对美国与加拿大和墨西哥之间的盟友关系产生了不良影响，伤害了美国的软实力。在多伦多举行的 2018 年《财富》全球论坛上，美国财政部时任部长劳伦斯·萨默斯（Lawrence Summers）声

---

① 参考桑德斯于 2020 年 1 月 15 日发布的反对《美国-墨西哥-加拿大协定》的声明。

称，谈判达成的《美国–墨西哥–加拿大协定》与《北美自由贸易协定》一模一样，除了在重新谈判进程中局势紧张，这两份协定没有重大分歧。对萨默斯来说，修改后的三边自由贸易协定只为美国带来了一点点好处，其中包括改善制药和乳制品等领域的条件。但他说，这些代价很大：美国盟友——加拿大和墨西哥的疏远。萨默斯指出，在谈判期间，三方之间有太多的戏剧性，而且这种戏剧性的后果不太可能很快消失①。

在拜登政府中，对《美国–墨西哥–加拿大协定》进行直接批评的官员较为少见。总体上，他们并没有对《美国–墨西哥–加拿大协定》本身进行广泛的批评，而是专注于如何执行和改进现有条款。有一些官员对《美国–墨西哥–加拿大协定》的具体实施方式或其在某些领域的不足表达了担忧或提出了改进建议。作为拜登政府的美国贸易代表，戴淇（Katherine Tai）在多次公开讲话中强调了《美国–墨西哥–加拿大协定》的实施，但也指出一些不足之处，尤其是在劳工权益和环境标准的执行方面。她表示，拜登政府致力于确保墨西哥和加拿大严格遵守《美国–墨西哥–加拿大协定》中的劳工和环境条款，以防止美国工人受到不公平竞争的影响。财政部时任部长珍妮特·耶伦（Janet Yellen）曾间接批评《美国–墨西哥–加拿大协定》，特别是在经济公平和工人权利的执行上。她强调需要通过加强执行和监督机制，确保贸易协定不会损害美国的劳动力市场。商务部部长吉娜·雷蒙多（Gina Raimondo）曾提到过《美国–墨西哥–加拿大协定》在科技和制造业领域的一些问题，特别是关于数据保护和知识产权的部分，认为这些条款在执行中可能会影响到美国的创新竞争力。众议院时任议长南希·佩洛西（Nancy Pelosi）及其团队对《美国–墨西哥–加拿大协定》的某些劳工和环境条款表达了不满，认为这些条款的执行机制不够强，可能无法有效地保护美国工人和环境。参议院多数党领袖查克·舒默（Chuck Schumer）批评了《美国–墨西哥–加拿大协定》的某些条款，特别是关于药品专利的部分，认为这可能导致美国消费者支付更高的药品价格。参议员伊丽莎白·沃伦（Elizabeth Warren）批评《美国–墨西哥–加拿大协定》在环保和劳工标准方面做得不够，认为这些不足会导致美国在全球竞争中处于劣势，并损害美国工人的利益。

---

① GAYTAN V. The USMCA and its new anti-corruption provisions [N]. Global Americans, 2019-01-29.

## 第三节 《美国-墨西哥-加拿大协定》对加拿大和墨西哥经济的影响及争议

加拿大和墨西哥的官方机构和领导人在针对《美国-墨西哥-加拿大协定》的相关声明和表态中，均强调新协定总体上将正面积极地促进彼此经济的发展。然而，在加拿大和墨西哥的国内，也出现了各种各样的不同意见和争议。

### 一、《美国-墨西哥-加拿大协定》对加拿大经济的影响及争议

加拿大官方将《美国-墨西哥-加拿大协定》称为《加拿大-美国-墨西哥协定》或者"新北美自由贸易协定"。2020年2月26日，加拿大全球事务部发布了关于新协定对加拿大经济影响评估的研究报告。报告简要回顾了加拿大之前在《加拿大-美国自由贸易协定》和《北美自由贸易协定》框架下的贸易表现，从而强调这些协定对加拿大的经济重要性。该报告还概述了加拿大在《北美自由贸易协定》框架下取得的经济成果。与美国退出《北美自由贸易协定》并按照第232条款对加拿大钢和铝征收关税的无《北美自由贸易协定》作为参考相比，全面综合评估了新协定可能对加拿大产生的经济影响。在这一评估报告中，加拿大全球事务部评估了新协定对加拿大国内生产总值、进出口、若干具体部门可能产生的影响，以及对劳动力市场、两性平等和青年的潜在影响。

该研究报告估计，实施新协定的成果将确保加拿大国内生产总值增长68亿加元（约51亿美元），增长率达0.249%。这些协定的利益维护考虑了汽车产品的新原产地规则、加拿大供应管理部门的增量准入、海关管理和贸易便利化的新规定、原产地程序和金融服务的数据本地化承诺。国内生产总值的增长大部分来自家庭消费，家庭消费将增长0.244%，其次是投资增长，投资将增长0.119%。加拿大出口总额将增长0.505%，进口总额将增长0.641%。重要的是，新协定将确保原本会失去的工作岗位，这意味着保持0.160%的就业率。实际工资也将升值0.504%。该报告认为，新协定的总体成果保留了《北美自由贸易协定》的关键内容，有效地实现了加拿大在《北美自由贸易协定》重新谈判的总体目标。新协定现代化和

更新支持了加拿大进入北美经济并与之融合的原协定，为应对美国实施第232条款关税威胁，提供了重要的稳定性和可预测性。新协议保留了《北美自由贸易协定》中加拿大出口产品的市场准入，强化了北美汽车行业的整合，加强了加拿大作为汽车和汽车零部件生产投资目的地的竞争性地位。新协定同时保留了加拿大的供应管理体系，并且为进入美国市场提供了新的市场准入机会。新协定包括了符合加拿大最近的自由贸易协定的现代化条款，有助于减少繁琐程序、便利贸易和保护政府对包括健康和安全等公共利益进行管制的权利。

新协定对加拿大经济的积极影响，可以从以下四个方面加以分析。

第一，新协定避免了美国可能退出《北美自由贸易协定》对北美及加拿大经济的重大冲击，消除了美国根据232条款对加拿大汽车产品征收关税的威胁，因此对加拿大经济起到了非常重要的稳定作用。新协定维护了北美地区供应链的顺畅运行，保障了加拿大在北美地区的经济利益，这为加拿大持续稳定的经济增长提供了至关重要的三方合作机制平台。《北美自由贸易协定》自1994年实施以来，加拿大与美国和墨西哥之间贸易流量空前增长。1994—2018年，加拿大和美国之间的商品贸易总额增长了2倍，加拿大和墨西哥之间的商品贸易总额增长了近10倍。在加拿大政府看来，美国对于加拿大的经济发展至关重要，贡献特别突出。21世纪初，美国占加拿大全球商品出口的87%，高于20世纪80年代初的60%。自21世纪初以来，美国作为加拿大出口目的地的相对重要性虽有所下降，但是在2018年美国仍占加拿大商品出口总额的75%。

如果美国退出《北美自由贸易协定》，必然将对加拿大的经济造成严重的冲击。加拿大和美国之间的贸易将仅受世界贸易组织规则的制约，而加拿大和墨西哥之间的贸易将继续受《北美自由贸易协定》和《全面与进步跨太平洋伙伴关系协定》的制约。美国和加拿大之间的货物贸易将受到世界贸易组织最惠国关税的约束。根据最惠国待遇，约40.5%加拿大对美国的出口产品和66.7%美国对加拿大的出口产品是免税的，这意味着剩余部分将受到每个国家各自关税的制约。加拿大对美国出口的加权最惠国关税平均估计为1.7%，而美国对加拿大出口的加权最惠国关税平均为2.5%。加拿大对美国的出口将面临高额关税，其中包括卡车（25%）、鞋类（高达35%）和服装（高达32%）。在服务和投资领域，世界贸易组织的规定将为在美国经营的加拿大企业提供可预测性和安全性，但有一个显著和重要的变化：加拿大和美国将不再享受"企业人员临时入境"一章规定的优惠待遇。失去临时入境规定意味着双方人员在边境将面临更多的障碍，这些障碍可能会限制商务旅行，或以其他方式对那些为特定商务目的寻求临时搬迁的人造成挑战。此外，美国对加拿大钢和铝征收的第 232 条关税将继续存在，特朗普政府对加拿大汽车产品征收类似关税的风险将增加。作为结果的一部分，加拿大获得免除美国未来按照 232 条款对加拿大汽车和汽车零部件征收关税的保证。

第二，最终的新协定结果保留了《北美自由贸易协定》的关键性要素，使得其规定更加现代化以应对现代贸易的挑战，新协定减少了边境的繁琐程序，为包括加拿大在内的北美经济一体化市场的工人和企业提供了更强的可预测性和稳定性。加拿大全球事务部指出，总的来说，对《北美自由贸易协定》的现代化，是标志着加拿大与美国和墨西哥经济关系发展的一个里程碑。新协定的结果保留了《北美自由贸易协定》的重要好处，使得协定的规定更加现代化，并且使得加拿大公司更容易从美国和墨西哥市场的优惠准入中获益。因此，管理北美地区贸易的义务将得到更新，以增强企业和工人的可预测性和稳定性，减少边界的繁琐程序，促进贸易，并更好地反映所有加拿大人的利益。这些现代化将使加拿大出口商更容易根据协定要求来获得优惠关税待遇。

加拿大全球事务部指出，新协定对加拿大经济一些重要的影响包括：保留加拿大向美国和墨西哥出口 2 945 亿美元工业品和 874 亿美元能源的《北美自由贸易协定》免税市场准入，并取消与某些能源出口和纺织服装有关的不必要费用；确保加拿大向美国和墨西哥出口 212 亿美元的农业、渔业和林业产品的免税市场准入，并包括对农业生物技术的前瞻性规定，以提高透明度，并建立切实可行的、有利于贸易的办法，使安全的产品进入市场；该协定将通过逐步进入加拿大和美国的乳制品、加拿大的精制糖和含糖产品以及美国的家禽和鸡蛋市场，从而在农业部门创造新的市场准入机会，并且新协定保护和维持了加拿大的供应管理制度；该协议将保持和加强北美汽车生产平台的完整性，并提供新的激励措施，增加北美材料的使用，这将有利于加拿大的钢和铝行业；通过减少出口商的繁琐程序和增加其产品进入市场的确定性而不须面临不必要和任意延误，促进跨境贸易，使加拿大企业更容易要求北美自由贸易协定优惠并利用北美自由贸易协定市场的机会；新协定保留了《北美自由贸易协定》第十九章关于贸易救济的双边专家组争端解决程序，该程序保护加拿大公司和工人免受反倾销和反补贴税措施的不公平适用，特别是在软木木材行业；新协定提高了加拿大服务提供商的可预测性和访问安全性，加拿大对美国和墨西哥的服务贸易出口额为 680 亿美元，新协定包括了对跨境服务贸易、电信等章节的现代化规则更新，并且增加了数字贸易新章节，从而为加拿大相关产业提供了新的市场机遇；新协定维持了加拿大对商务人士临时进入美国和墨西哥市场的优惠准入，这对于确保加拿大投资者能够直接监督其投资以及加拿大服务供应商能够进入这些市场现场履行合同至关重要。

第三，新协定保留了加拿大在《北美自由贸易协定》重新谈判中的一些核心利益的诉求，在新协定的条款规定中反映出加拿大在争端解决机制、能源合作、文化权利保留、原住民和两性平等保护等重大议题中取得的贸易协定成果。对于新协定，加拿大总理特鲁多表示，成功达成新的贸易协定是加拿大的好日子，对加拿大国家和人民来讲都是好事。他声称新协定为加拿大企业、工人和社区在劳工、环境、汽车贸易、争端解决、文化、能源、农业和食品等领域提供了关键性成果①。2020 年 1 月 26 日，副总理弗里兰在致政党领袖们关于新协定的信件中指出，"新协定的进步元素——加强对土著居民的保护、一个独立的环境章节、新的、可执行的劳工标准（举三个例子）将直接惠及加拿大家庭、工人和中产阶级。加拿大工会、加拿大的企业主，从汽车制造商到能源生产商、矿工和建筑商，帮助制定了这些新措施。对于我个人来说，两个关键性的胜利是显而易见的：保留了《北美自由贸易协定》第十九章，针对贸易救济独特的争端解决程序；为文化例外进行了斗争，并挽救了这一例外，这有助于保护加拿大独特的文化和双语特征"②。

第四，当涉及争端解决机制，新协定在《北美自由贸易协定》成果的基础上，通过以下方式进行了改进：保留使用两国专家组解决反倾销和反补贴税争议，这对维护市场准入结果和维护加拿大在贸易救济案件中的利益至关重要；改进《北美自由贸易协定》的国家间争端解决程序，以确保组成仲裁小组审理争端，并以透明和便利的方式开展这一程序。在文化方面，新协定保留了加拿大的文化例外，这使加拿大能够灵活地采用和维持

---

① 参考加拿大 CTV 新闻网于 2018 年 10 月 1 日对"新北美自由贸易协定"的报道。
② 参考加拿大副总理弗里兰于 2020 年 1 月 26 日就"新北美自由贸易协定"致政党领袖的信件。

支持加拿大艺术表达或内容的创作、传播和发展的方案和政策，包括在数字环境中，这有助于保护加拿大的独特身份，并为在出版物、广播、书籍、杂志、电影、视频和音乐的发行或销售等行业工作的 66 多万加拿大人提供更大的安全保障。在原住民方面，新协定使得加拿大得以确保原住民权利的一般性例外，加拿大保留了包括在服务、投资、政府采购、环境和国有企业等领域对原住民人民和企业的政策灵活性；此外，环境方面的成果反映了土著人民在保护生物多样性方面的重要作用。在两性平等方面，加拿大一直将两性平等和赋予妇女经济权利作为其贸易谈判的关键优先事项，新协定已经把与性别有关的规定纳入北美自由贸易区，进一步显示加拿大在这一问题上的领导作用；新协定还包括新的劳工条款，要求缔约方执行防止基于性别的就业歧视的政策；新协定的其他章节也讨论了性别问题，包括有关公司社会责任和中小企业的规定。在能源方面，新协定不再包括《北美自由贸易协定》中的能源比例性条款，原条款对加拿大能源产品出口的能力造成了某些限制，新协定通过取消能源比例性条款，意味着加拿大重新获得了对其能源资源的自主权，对加拿大能源行业的发展和碳排放减排的顺利进行具有积极意义。

数据显示，自新协定生效以来，尽管受到疫情的严重影响，但是加拿大在与美国和墨西哥之间的进出口贸易、外国直接投资等多个关键领域均取得了显著改善。根据加拿大统计局的数据，加拿大对美国的商品出口从 2020 年的约 3 548 亿加元增长至 2022 年的约 4 511 亿加元，增长率约为 27%。加拿大对墨西哥的出口也从 2020 年的约 60 亿加元增长到 2022 年的约 75 亿加元，增幅约为 25%。这些数据表明，加拿大与美国和墨西哥的贸易关系在新协定生效后得到显著加强，推动了整体贸易额的增加。在经济增长方面，虽然 2020 年加拿大的实际国内生产总值因疫情影响收缩了 5.2%，但在新协定生效后的 2021 年，加拿大实际国内生产总值迅速回升，增长了 4.6%，并在 2022 年继续增长至 3.4%。这部分增长不仅是由于经济从疫情中复苏，还受益于新协定带来的贸易稳定性和投资促进作用。在对外直接投资方面，2020 年，外国对加拿大的直接投资为 496 亿加元；到 2022 年，这一数字增加至 674 亿加元，增长约 36%。2020 年，加拿大对美国的直接投资存量约为 6 490 亿加元；到 2022 年，这一数字增长至约 7 320 亿加元，增长约 13%。2020 年，美国对加拿大的直接投资存量约为 4 570 亿加元；到 2022 年，这一数字增长至约 5 200 亿加元，增长约 14%。

2020 年，加拿大对墨西哥的直接投资存量约为 220 亿加元；到 2022 年，这一数字增长至约 270 亿加元，增长约 23%。2020 年，墨西哥对加拿大的直接投资存量较小，约为 10 亿加元。2022 年，这一数字增长至约 12 亿加元，增长约 20%①。

但是，早在《北美自由贸易协定》重新谈判开启之际，加拿大国内出现过诸多不同意见。加拿大政府曾经数次征求公众意见，以协调各种群体的诉求。在特鲁多政府签署《美国–墨西哥–加拿大协定》后，加拿大反对党、智库研究机构的研究人员，以及其他产业代表也产生过相应的争论。这些反对意见主要包括：新协定体现出特朗普政府的"美国优先"立场和单边主义倾向；加拿大在乳制品、制药、汽车配额等领域做出了过多让步；加拿大的多元化发展战略将受到制约，"非市场经济条款"限制了加拿大与中国等国家设立自由贸易区的权利；在环境保护、劳工权益等条款方面上的不足。

第一，由于特朗普政府频繁地使用退出《北美自由贸易协定》和对加拿大征收关税等威胁，最终使得加拿大在新协定中做出了一些让步，加美关系发展在重新谈判过程中受到了一定程度的负面影响。对于加拿大人来说，新协定的变化体现出特朗普政府的"美国优先"立场和单边主义倾向。加拿大全球事务部在针对新协定对加拿大经济的评估报告中，特意提到了在《北美自由贸易协定》重新谈判中，美国出现的贸易保护主义倾向："虽然总的来说，《北美自由贸易协定》一直是一个积极的经济驱动因素，但对全球化和就业错位影响的不满导致一些人，特别是在美国，质疑贸易自由化的好处，呼吁加强贸易保护主义。这种反贸易的普遍情绪气氛促成了美国退出《北美自由贸易协定》的威胁、美国对钢和铝进口征收单方面关税（加拿大的报复措施）以及对汽车和汽车零部件征收第 232 条关税的威胁。"2020 年 1 月 26 日，加拿大副总理弗里兰在给政党领袖关于"新北美自由贸易协定"的信件中提到与美国的谈判过程中，"我们面对美国一系列史无前例的贸易行动。这是一场保护主义的攻势，不像加拿大以前遇到的任何一次"。2020 年 2 月 18 日，弗里兰在国际贸易常设委员会就实施"新北美自由贸易协定"的立法发表讲话，提到"《北美自由贸易

---

① 参考加拿大统计局（Statistics Canada）于 2023 年发布的经济数据。

协定》现代化谈判的强度、范围和紧迫性都是前所未有的。一开始，我们面临美国一连串的保护主义贸易行动，以及美国单方面完全退出《北美自由贸易协定》的真正威胁"①。民意调查发现，加拿大人对美国的好感程度明显下降。49%的加拿大人说，他们对美国有"印象非常好"或"影响大多良好"的看法。这一比例较 2016 年 6 月表达上述同样观点人的占比（62%）大幅下降，下降了 13 个百分点，是自 1980 年以来美国从加拿大人那里获得的最低支持率。在历史上，美加两国即使在出现分歧的时候，加拿大公众也倾向于对美国保持高度尊重，但 40 年间，表示对美国有好感的加拿大人占比首次降至 50% 以下。将近一半（47%）的加拿大人说，新协定对加拿大的影响将比《北美自由贸易协定》更糟，只有不到五分之一（18%）的加拿大人说会更好②。

第二，加拿大在新协定中的乳制品、汽车配额、药品等行业做出了较大让步，引起了加拿大相关行业的反弹，国内出现了一些批评声音。安大略省省长道格·福特（Doug Ford）表示，他担心该省的奶农将受到新贸易协定的影响。虽然他乐观地认为新协定将创造经贸机会，但他担心对安大略省农业部门的影响，也担心钢和铝的关税仍然存在。保守党领袖安德鲁·舍尔（Andrew Scheer）表示，这项协定没有达到自由党政府的既定目标。他抨击特鲁多政府在从乳制、汽车配额到药品专利规则的所有方面做出的让步。他指出："美国正在用他们所获得的来衡量他们的胜利，而我们用没有放弃的东西来衡量我们的胜利。"他在早些时候说："自由党人希望加拿大人相信这是《北美自由贸易协定》2.0 版，但是实际上，这是《北美自由贸易协定》0.5 版。"新民主党呼应了保守党对该协定的许多批评，称新协定将损害奶制品、家禽和鸡蛋的养殖户和生产者。新民主党领袖贾格米特·辛格（Jagmeet Singh）将《美国-墨西哥-加拿大协定》总结为"有新名字，是更糟糕的协定"。他认为在特朗普政府解除对加拿大钢和铝的关税之前，特鲁多总理不应该签署该协定。安格斯·里德研究所的民意调查显示，仅有三分之一的加拿大人对新协定感到满意，45%的加拿大人感到失望。半数受访者表示，加拿大谈判代表在谈判中过于软弱，他

---

① 参考加拿大全球事务部于 2020 年 5 月 5 日发布的关于"新北美自由贸易协定"的新闻。
② 参考加拿大安格斯·里德研究所（Angus Reid Institute）于 2018 年 12 月 12 日发布的民意调查结果。

们放弃了美国在乳制品和家禽市场的更大准入，以及其他让步①。在重新谈判中，加拿大被迫向美国开放约 3.5% 的乳品市场份额。在面对国内奶农的不断抗议后，加拿大政府做出提供经济补偿的承诺。在知识产权方面，该章节包括延长新的生物药品免受仿制药竞争保护的时间，从加拿大先前商定的 8 年延长到 10 年的独家经营期，增加了两年。在未来，加拿大人将为生物药物支付更多的费用。在加拿大人口日趋老龄化之际，这将加剧现有的药费上涨压力。另外，还有一些加拿大批评人士认为，新协定在环境保护、劳工标准、原住民和两性平等领域需要得到更多的改善。

第三，加拿大近年来谋求多元化的发展战略将受到一定程度的负面影响。新协定为加拿大扩大与美国和墨西哥之间的市场准入提供了新的机遇，将使得加拿大进一步强化它与美国与墨西哥之间的经贸关系，但是这也意味着加拿大将更加依赖于北美市场。总之，更为严格的原产地规则也将使得北美区域集团化趋势更加加强。与此同时，新协定所新增加的非市场经济条款将阻碍加拿大与中国等国家建立自由贸易区。新协定的第三十二章第十条款要求缔约国各方在计划与任何非市场国家谈判自由贸易协定时相互通知。如果一方寻求与非市场国家签署自由贸易协定，它必须向其他缔约国提供协定文本以供审查。如果一方签订非市场国家自由贸易协定，其他缔约方有权终止《美国-墨西哥-加拿大协定》。很显然该条款明确针对中国，并对加拿大与中国之间潜在的自由贸易协定产生了阻碍作用。美国一直不承认中国是一个市场经济体。与此同时，加拿大曾经试图与第二大贸易伙伴中国进行自由贸易谈判。该条款在加拿大国内引起极大反响。加拿大《国家邮报》评论认为，新增加的这一条款"令人惊讶"，"等于给了美国否决加拿大和中国达成自由贸易协定的权力"。加拿大新民主党议员特雷西·拉姆齐（Tracey Ramsey）在下议院表示，这一条款"令人震惊"，是"对加拿大独立的严重限制"。

第四，一些加拿大政客的反对立场反映了对新协定在环境保护和劳工权益方面的主要担忧。他们认为新协定在这些领域存在不足，可能无法充分解决相关问题。特鲁多总理在新协定生效后曾表达对协议中某些劳工条款的担忧。他认为，虽然"新北美自由贸易协定"在提升劳动标准方面有

---

① BLACKWELL T. Barely a third of Canadians happy with New North American Trade Deal, Poll Suggests [N]. Financial Post, 2018-10-23.

所改进，但仍存在执行和监督的问题，特别是在保障工人权益方面的措施可能不够充分。弗里兰也对新协定的劳工条款表达过关注。她指出，协议虽然包含了一些提升劳工标准的条款，但在实际执行和监督方面，如何确保这些标准得到有效落实仍然是一个挑战。她曾表示，新协定中的环境条款相比于《北美自由贸易协定》有所改进，但仍未能完全满足她对环境保护的期望。她承认，尽管协议引入了新的环保措施，但对环境保护的承诺可能仍然不够强有力。伊丽莎白·梅（Elizabeth May）作为加拿大绿党的领袖，对《美国–墨西哥–加拿大协定》中的环境条款提出了批评。她认为，《美国–墨西哥–加拿大协定》中虽然包含了某些环境保护条款，但这些条款在实际效果上并不强有力。她指出，相比于需要应对的环境挑战，协议的环保措施显得不够充分，没有体现出应有的严谨性和强度。协议中并没有足够的条款来有效应对气候变化带来的挑战，例如减少温室气体排放或促进可再生能源的使用。她认为，这种不足的措施无法解决全球变暖及其对环境的影响。

### 二、《美国–墨西哥–加拿大协定》对墨西哥经济的影响及争论

墨西哥的先后两任总统，以及一些政府官员在关于《美国–墨西哥–加拿大协定》的发言和正式表态中，都强调该协定总体上对墨西哥的经济发展将产生积极影响。2018 年 11 月 30 日，墨西哥时任总统涅托在参加《美国–墨西哥–加拿大协定》签署仪式中的发言表示："我们今天将签署的协定表达了我们三国为我们每个社会的福祉和繁荣而共同努力的共同意愿。今天是建立在对话和谈判基础上的一个漫长进程的高潮，这一进程使我们能够克服分歧，调和我们的愿景。协定一经签署，将送交国会批准。届时，这种创新的工具将为我们未来的交流提供更包容、更坚实、更现代的基础。《北美自由贸易协定》的重新谈判使我们得以重申北美经济一体化的重要性。25 年来，我们三国一直保持着非常紧密的贸易关系。这种贸易关系改变了墨西哥。今天，我们在国外的贸易额占国内生产总值的 70% 以上。而这也促成了这样一个事实：今天，墨西哥社会广泛重视与世界贸易的好处。修改新的贸易协定的目的是维护北美一体化，坚信我们在一起会更加强大和更有竞争力。"奥夫拉多尔基本上支持前任涅托在重新谈判中的战略和结论。2019 年 6 月 19 日，墨西哥参议院以压倒性多数票批准了新协定，成为三个国家中首个获得立法批准的国家。奥夫拉多尔表示赞

同，他声称投票通过是非常好的消息，这意味着"就业、贸易和外国投资"。2020 年 1 月 16 日，美国参议院通过《美国-墨西哥-加拿大协定》。奥夫拉多尔随后也表示，美国国会通过协定对墨西哥经济而言是"好消息"，有助于刺激外来投资增长。新协定将消除跨国公司考虑投资北美地区生产工厂的不确定性，对墨西哥低迷的经济带来亟须的提振。2021 年 7 月，他在新协定一周年庆典中指出，新协定为墨西哥提供了"经济发展的关键工具"，并强调该协定稳定了墨西哥的外贸关系，特别是在制造业领域的出口表现。墨西哥外交部时任副部长塞尔德·库里（Jesús Seade Kuri）在 2020 年 3 月参加墨西哥汽车物流会议时声称："从整体上看，我认为新协定是对墨西哥的一套很好的规定。正如我所说，这是我从一开始的信念。（投资）数字或多或少反映了这一点，我乐观地展望未来。"①墨西哥经济部部长塔蒂亚娜·克劳提尔（Tatiana Clouthier）在 2021 年 8 月接受彭博新闻社采访时表示，新协定为墨西哥带来了重要的经济机会，尤其是在数字贸易和中小企业的市场准入方面。她指出，墨西哥在新协定的框架下看到了新的商业机会，尤其是在现代化服务业和农业技术领域的竞争力提升。

2018 年 11 月，布恩迪亚和拉雷多的民意调查显示，约 80% 的受访墨西哥人认为新协定对墨西哥经济将是一件好事，《美国-墨西哥-加拿大协定》将有利于他们国家的经济；而相对较少的人（12%）认为它对经济不利。这一支持比例水平甚至高于对《北美自由贸易协定》本已强有力的支持。在《美国-墨西哥-加拿大协定》达成前进行的调查显示，78% 的受访墨西哥人认为《北美自由贸易协定》对他们国家的经济有利。受访的墨西哥人还预计，这项协定将惠及像他们这样的人（63%），很少有人预计会受到损害（19%）。大多数墨西哥人认为美墨之间的经济关系很重要，他们担心贸易战会损害当地经济，认为国际贸易会对本国经济产生积极影响，并期望新签署的《美国-墨西哥-加拿大协定》对本国经济有利②。

首先，由于墨西哥对美国经济的高度依赖性，《美国-墨西哥-加拿大协定》为墨西哥与美国之间发展稳定的经贸关系提供了重要的机制保障。新协定避免了美国可能退出《北美自由贸易协定》造成的经济冲击，也在

---

① PERRY J. Mexico's undersecretary for North America: USMCA is a good deal [N]. Automotive Logistics, 2020-03-03.

② 参考芝加哥全球事务理事会于 2019 年 8 月 7 日发表的评论。

某种程度上降低了特朗普政府对墨西哥加征汽车关税威胁的可能性，因此对墨西哥与美国之间经贸关系的稳定发展具有正面的意义。美国是墨西哥最重要的贸易伙伴。美国是墨西哥最大的出口市场、最大的贸易伙伴和外资来源国。美国对墨西哥的经济发展具有举足轻重的影响力。正如美国商务部时任部长威尔伯·罗斯（Wilbur Ross）于 2017 年 11 月 13 日在接受《华尔街日报》采访时声称，如果美国退出《北美自由贸易协定》，将对墨西哥经济造成灾难性的打击。在《北美自由贸易协定》重新谈判中，墨西哥最为弱势，因此不得不在加拿大之前就对美国做出了较大的让步。尽管如此，《美国-墨西哥-加拿大协定》确实减少了墨西哥与美国之间经贸关系的不确定因素。投资通常与稳定因素挂钩。自从《北美自由贸易协定》的谈判开始以来，经济环境一直受到不确定性的影响，特别是当一些具体问题威胁要破坏协议，或者每次美国政府威胁要退出《北美自由贸易协定》的时候，包括墨西哥在内的北美经济往往受到负面冲击。因此，《美国-墨西哥-加拿大协定》在宏观经济层面，巩固了北美自由贸易区的贸易规则，为北美企业在整个北美的经营提供了更大的确定性。该协定在很大程度上刺激了墨西哥的外来投资，增加就业机会。墨西哥众多行业的投资者和企业重新对在墨西哥市场内运营的可行性有了信心。在最近已经导致在墨西哥投资和创业的公司数量得到大幅增加。墨西哥外交部时任部长比德加赖表示，新协定将为墨西哥带来工作、技术和投资。花旗集团也认为，《美国-墨西哥-加拿大协定》减轻了墨西哥经济下行风险，对墨西哥经济而言是利好消息。2019 年 10 月 18 日，墨西哥财政部时任部长阿图罗·赫雷拉（Arturo Herrera）在大西洋理事会上声称，在全球贸易不确定性可能抑制全球经济增长前景之际，《美国-墨西哥-加拿大协定》将"明显对墨西哥经济给予难以置信的提振作用"[1]。

其次，《美国-墨西哥-加拿大协定》中更为严格的原产地规定无疑将使北美市场形成一个更为排外的市场体系，墨西哥与美国和加拿大之间的经济联系将会更加紧密。更多的制造业供应链环节将收缩回北美区域，墨西哥与美国和加拿大之间的汽车零部件和制成品贸易在《美国-墨西哥-加拿大协定》生效后必将得到更大增长，而与之对应的三国间直接投资、服务贸易也会有所增加。在这种背景下，墨西哥将成为直接受益者之一。虽

---

① 参考北大西洋理事会于 2019 年 11 月 20 日发表的评论。

然新协定包括了提高汽车零部件的工人工资要求，对墨西哥和北美地区的汽车竞争力不利，但是总体而言还是保障了墨西哥在北美地区产业链的经济利益。就工资差异而言，墨西哥在北美仍然是美国最具成本效益的服务提供者。新协定的另一个重要优势是，它将消除数字贸易壁垒，促进所有新的数字产品或服务的增长和贸易，如丰富的数据和电子商务市场。这也有助于缓解人们对墨西哥汇率波动的担忧。货币的稳定将使得企业能够更好地规划未来的财务状况。这一因素将有利于缓解那些对利用墨西哥的服务或投资持谨慎态度的投资者，这对墨西哥的商业增长是个利好消息。

最后，《美国-墨西哥-加拿大协定》对《北美自由贸易协定》的海关和贸易便利化进行了现代化的升级，从而有利于降低货物贸易通关的成本，促进墨西哥对美国和加拿大的出口贸易。新协定在海关和贸易便利化方面比《北美自由贸易协定》要深入得多。之前的贸易协定只有 3~4 页关于海关和贸易便利化，而新协定有 30 页。一些重要新措施包括使用单一窗口系统和接受电子文件，这样改进使得海关系统能够提高效率，简化跨境运输所需的文件。新协定将提高跨境货运的效率，减少边境过关的繁琐程序，降低贸易成本，增强跨境交易的可预测性。这些重要的贸易便利化措施对墨西哥与美国和加拿大之间的贸易关系起到了积极的促进作用。总体而言，《美国-墨西哥-加拿大协定》进一步促进了墨西哥与美国之间紧密的经济融合，确保墨西哥继续成为其他两个签署国的主要贸易伙伴。

近年来的一些经济数据表明，新协定在增强墨西哥与北美市场的经济联系方面发挥了重要作用。通过增加对外贸易、刺激投资流入以及推动制造业就业，新协定对墨西哥整体经济增长和就业市场产生了积极影响。自《美国-墨西哥-加拿大协定》生效以来，墨西哥与美国和加拿大之间的经贸总额出现了显著增长。根据墨西哥国家统计与地理信息局的数据，2023年墨西哥与美国的双边贸易额达到了约 7 370 亿美元。墨西哥对美国的出口额在 2023 年达到了约 5 120 亿美元，占墨西哥出口总额的约 80%。同时，墨西哥从美国的进口额也有所增加，达到了约 3 100 亿美元。《美国-墨西哥-加拿大协定》生效后，墨西哥的制造业就业人数在 2023 年增长了约 5%。特别在汽车和电子行业，就业人数增长显著。根据美国商务部的数据，2023 年美国对墨西哥的直接投资达到了约 170 亿美元，比 2019 年增长了 13.3%。根据加拿大统计局的数据，加拿大对墨西哥的直接投资约为 10 亿美元，比 2019 年增长了 25%。这表明新协定有助于增强美国和加拿大对墨西哥市场的投资信心。新协定促进了墨西哥经济活动和就业机会的增加，帮助改善了墨西哥的整体就业市场。根据墨西哥劳动部的报告，2023 年墨西哥的整体就业率有所上升，失业率下降至 4.3%。2023 年墨西哥制造业就业人数增加了约 5%，墨西哥的制造业和出口导向型企业的就业机会有所增加。

虽然墨西哥国内对于《美国-墨西哥-加拿大协定》的态度总体而言是正面的，但是在墨西哥舆论中也存在着不少争议。这些反对意见主要包括：新协定带有贸易保护主义色彩，显然相比较而言美国获得了最多的利益，为美国带来了更多经济机遇和就业机会；新协定在汽车等行业制定了更加严格的原产地规定，对墨西哥的竞争能力造成了负面影响；严格的劳工和环境标准对于墨西哥这一较贫穷的经济体来说是一个更大的代价；新协定包括了影响墨西哥国家经济主权的相关规定，例如对劳工执法的规定、对宏观政策与汇率问题的规定，以及非市场经济条款，这些新规则限制了墨西哥的经济自主权。此外，还有一些政客和经济学家认为，尽管《美国-墨西哥-加拿大协定》旨在促进区域经济一体化，但它对墨西哥的经济增长带来了复杂的挑战。特别是一些协议规定未能如预期般促进经济增长。中小企业面临的困境尤为显著：协议的实施增加了这些企业在市场竞争中的压力，它们在适应新市场条件上面临困难。它们强调，《美国-墨西哥-加拿大协定》的规则和要求对中小企业尤为具有挑战性，可能导致它们在竞争中处于不利地位。在市场适应方面，《美国-墨西哥-加拿大协定》对市场的影响并非单一的，尤其是对那些依赖出口的小型和中型企业。新协定要求的变化可能导致这些企业在国际市场上失去竞争力。

对墨西哥来说，《美国-墨西哥-加拿大协定》在一些领域是一把"双刃剑"。在原产地规则方面，虽然提高北美地区的原产地新规定有助于刺激该地区的生产，最低工资规则提高了汽车工人的工资，但是北美地区降低了墨西哥的生产竞争力，相对更加有利于美国和加拿大，并且有可能提高汽车价格，降低整个北美汽车业的竞争力。谈判结束时，墨西哥经济部部长表示，70% 的行业已经达到了新的门槛，但有 30% 没有达到。在生物制品领域方面，新协定的相关规则变化，对墨西哥制药行业也是有得有失。新协定设定法律工具来保护这一特定类型产品的临床数据，对行业的发展有益。然而其代价是，墨西哥人为了获得这类生物制品，有可能必须支付的高昂费用。有鉴于此，未来几年墨西哥制药业将出现正反两方面的影响；到底是有正面还是有负面的影响取决于墨西哥的创新投资和进步是否能够超过外国工业的生物制品。墨西哥行业协会表示，墨西哥企业担心，根据新的北美贸易协议调整争端解决机制可能会被用来抑制出口。美国曾提议派遣检查员监督墨西哥的劳工行为，以确保其南部邻国不会不公平地削弱美国的竞争对手。但是墨西哥拒绝了这一提议，双方最终同意将设立专门小组监督墨西哥遵守本国劳动法的情况。墨西哥的企业担心，通过专家组解决争端的细节可能会阻碍出口贸易活动。《美国-墨西哥-加拿大协定》在附录中强调，专家组不限制贸易，但是也指出，在将投诉提交给被投诉方后，投诉方可能会延迟与货物报关相关的海关账户的最终结算。

墨西哥经济学家曼努埃尔·桑切斯·冈萨雷斯（Manuel Sánchez González）深刻批判了《美国-墨西哥-加拿大协定》，并且具有代表性地分析了该协定对墨西哥经济的负面影响。他指出，《美国-墨西哥-加拿大协定》实际上是增加了贸易保护主义，增加了贸易和投资壁垒，而不是减少壁垒①。他认为，这一结果是源于美国在协定重新谈判中发挥了主导作用，以及美国特朗普政府对国际贸易的看法。特朗普指责许多国家，特别是墨西哥和加拿大，通过贸易顺差对其国家有利，但是造成美国的贸易赤字和失业。尽管这一立场缺乏客观性，但美国的意图是推动做出新的安排，促进投资和就业返回其领土，据称这些投资和就业被《北美自由贸易协定》转移。他承认，新协定中包含了一些自由化措施，比如禁止数字贸易的障碍，将加拿大乳制品市场向美国开放，以及墨西哥和加拿大的快递和包裹增加免税。这些规定虽然是有益的，但比协定商定的障碍要少。但是他认为，新协定体现出的保护主义抬头的趋势至少明显体现在两个方面。

一方面，《美国-墨西哥-加拿大协定》限制了合作伙伴国家之间的比较优势和专门化，显然是以使竞争"更加匹配"为借口。这一设想忽视了是企业和个人而不是国家进行贸易和竞争的事实。此外，生产中不仅出现了替代品，而且出现了互补性，可以产生强有力的区域供应链，如《北美自由贸易协定》所促进的供应链。《美国-墨西哥-加拿大协定》限制利用伙伴国家之间的比较优势和专门知识，显然是以使竞争"更加匹配"为借

---

① 参考墨西哥财经新闻于 2018 年 10 月发表的对《美国-墨西哥-加拿大协定》中保护主义的评论。

口。其中，值得一提的是专门针对墨西哥的限制。在汽车部门，规定车辆40%~45%的汽车零部件必须由时薪 16 美元或以上的劳动力生产，由于墨西哥的平均工资低得多，这项规定试图将生产转向富裕的伙伴。同样，新协定使用区域小组作为解决投资者与国家之间争端的机制也受到限制。新协定还实行了严格的劳工和环境标准，这对墨西哥这一较贫穷的经济体来说构成了更高的成本。影响这三个国家的其他国内政策干预包括知识产权规定，例如生物药品数据保护期的延长，以及对使用汇率政策的限制，侵犯人权可以成为保护主义措施的借口。此外，新协定还引入了一项 16 年的日落条款。虽然这一期限可以延长到第 6 年，但显然似乎是为了阻止长期投资。

另一方面，《美国-墨西哥-加拿大协定》的目的是将该地区与世界其他地区隔离开来，特别是与美国认为是威胁的国家，如中国隔离开来。这一类包括汽车业中本已很高的区域最低含量的增加，以及其他行业中原产地规则的加强。为了避免可能使用美国在《北美自由贸易协定》之外的机动车辆关税，美国可以以"国家安全"为由征收税款。在这种情况下，墨西哥和加拿大将不受某些数额的限制，这些数额虽然在目前是有限的，但在将来是一种限制。最后，如果一个合作伙伴决定与不被视为"市场经济"的国家谈判一项条约，则其余的合作伙伴保留退出《美国-墨西哥-加拿大协定》的权利。美国这样做是为了阻止会员国扩大与决定惩罚的国家的关系。总之，在冈萨雷斯看来，《美国-墨西哥-加拿大协定》主要是一份贸易保护主义条约，它可能会阻碍《北美自由贸易协定》产生的贸易和投资趋势。在这种情况下，墨西哥应该执行国内自由化措施，以弥补新障碍的潜在损害。

# 参考文献

毕金华，1992. 北美自由贸易协定及其对美、墨、加经济的影响 [J]. 亚太研究（6）：69-70.

白当伟，陈漓高，2003. 北美自由贸易协定成立前后美、加、墨三国经济增长的比较研究 [J]. 经济评论（5）：103-107.

边永民，2019.《美国-墨西哥-加拿大协定》构建的贸易与环境保护规则 [J]. 经贸法律评论（4）：27-44.

陈芝芸，1993. 北美自由贸易协定的签署及其对拉美的影响 [J]. 拉丁美洲研究（2）：1-7，63.

陈芝芸，王绪苓，1994，评北美自由贸易协定对墨西哥的利弊 [J]. 拉丁美洲研究（6）：50-54.

陈芝芸，1996. 北美自由贸易协定的实施及其面临的问题 [J]. 新视野（4）：68-70.

陈芝芸，1996. 北美自由贸易协定的实施及其面临的问题 [J]. 国际社会与经济（6）：9-11.

陈芝芸，等，1996. 北美自由贸易协定：南北经济一体化的尝试 [M]. 北京：经济管理出版社.

陈继勇，1996. 论 NAFTA 投资条款与美加墨相互直接投资 [J]. 世界经济（5）：30-35.

仇华飞，2002. 北美自由贸易协定与美墨关系 [J]. 史学月刊（2）：98-102.

谌园庭，冯峰，2005. 北美自由贸易协定对墨西哥经济的影响 [J]. 拉丁美洲研究（2）：33-33.

池漫郊，2019.《美国-墨西哥-加拿大协定》投资争端解决之"三国四制"：表象、成因及启示 [J]. 经贸法律评论（4）：14-26.

邓力平，1992. 北美"超强市场"的形成与影响：评美加墨自由贸易协定 [J]. 世界经济（12）：29-35.

邓子基，邓力平，1994. 北美自由贸易区与税收一体化 [J]. 世界经济（6）：41-47.

单沙，1995，墨西哥与北美自由贸易协定 [J]. 外国经济与管理（2）：41-43.

刁大明，宋鹏，2019. 从《美国-墨西哥-加拿大协定》看美国特朗普政府的考量 [J]. 拉丁美洲研究（2）：80-94.

方东葵，1992. 北美自由贸易协定达成后的得与失 [J]. 国际金融研究（9）：62-63.

冯雷，2005. 均衡战略利益：北美自由贸易协定的实施及经验 [J]. 国际贸易（10）：23-27.

郭燕，1994. 北美自由贸易协定中的原产地规则 [J]. 国际贸易（11）：15-16.

高颖，1996. 北美自由贸易区简析 [J]. 国际经济合作（4）：37-40.

高静，1997.《北美自由贸易协定：南北经济一体化的尝试》评介 [J]. 拉丁美洲研究（4）：61-62.

古国耀，2000. 北美自由贸易区：成效及前景浅析 [J]. 暨南学报（哲学社会科学）（2）：104-107.

贾怀勤，1992. 北美自由贸易区的组建及其对世界经济格局的影响 [J]. 国际贸易问题（2）：17-23.

金东烨，惠淑，1995. 关于北美自由贸易协定向东北亚扩展的研究 [J]. 国际政治研究（2）：65-68.

贺双荣，2005. 墨西哥国内外有关北美自由贸易协定对墨西哥经济影响的争论及背景 [J]. 拉丁美洲研究（2）：25-30.

何蓉，连增，郭正琪，2019. 美国-墨西哥-加拿大协定（USMCA）对原产地规则的修订及其影响分析 [J]. 区域与全球发展（6）：48-64.

洪朝伟，崔凡，2019.《美国-墨西哥-加拿大协定》对全球经贸格局的影响：北美区域价值链的视角 [J]. 拉丁美洲研究（2）：25-43.

江时学，1993. 试论北美自由贸易协定 [J]. 拉丁美洲研究（2）：7，11-17.

黎国焜，1992. 北美自由贸易区的形成及发展趋势 [J]. 世界经济研究（6）：7-11.

罗丙志, 1993. 论北美自由贸易协定的经济影响 [J]. 国际经贸探索 (1): 55-60.

刘清文, 1993. 北美自由贸易协定对美加墨及亚太经济的影响 [J]. 国际经贸探索 (2): 28-31.

刘文龙, 1997. 浅析北美自由贸易协定对墨西哥经济的影响 [J]. 国际观察 (1): 41-42.

黎国焜, 1997. 世纪之交北美自由贸易区运行特点及发展趋势 [J]. 世界经济研究 (3): 46-50.

梁丹妮, 2007. 北美自由贸易协定投资争端仲裁机制研究 [M]. 北京: 法律出版社.

李婧, 2008. 浅析《北美自由贸易协定》投资规则中的国民待遇标准 [J]. 福建论坛 (人文社会科学版 (11): 98-100.

廖凡, 2019. 从《美国-墨西哥-加拿大协定》看美式单边主义及其应对 [J]. 拉丁美洲研究 (1): 43-59.

吕晓莉, 2019.《美国-墨西哥-加拿大协定》框架下的加拿大: 妥协中的坚守 [J]. 拉丁美洲研究 (1): 78-98.

李西霞, 2020.《美国-墨西哥-加拿大协定》劳工标准的发展动向及潜在影响 [J]. 法学 (1): 183-192.

欧阳俊, 邱琼, 2019.《美国-墨西哥-加拿大协定》的目标、原则和治理机制分析 [J]. 拉丁美洲研究 (1): 23-42.

时学, 1993. 美国学者罗普教授谈北美自由贸易协定等问题 [J]. 拉丁美洲研究 (4): 54, 60.

柳松, 1994. 由北美自由贸易协定引发的关于"北美洲"界定之争 [J]. 拉丁美洲研究 (2): 59-60.

史晓丽, 2011. 北美自由贸易区贸易救济法律制度研究 [M]. 北京: 法律出版社.

宋利芳, 武晓, 2019.《美国-墨西哥-加拿大协定》对中墨经贸关系的影响及中国的对策 [J]. 拉丁美洲研究 (2): 57-79.

孙南翔, 2019.《美国-墨西哥-加拿大协定》对非市场经济国的约束及其合法性研判 [J]. 拉丁美洲研究 (1): 60-77.

佟福全, 1996. 评墨西哥加入北美自由贸区两年后的利与弊 [J]. 国际经济评论 (5): 57-59.

唐小松，孙玲，2019. 北美自贸协定重谈及其影响 [J]. 广东外语外贸大
　学学报 (2)：5-11.

王海军，1992. 北美自由贸易协定及其影响 [J]. 国际经济合作 (10)：57.

王丽军，1992. 北美自由贸易区及中美贸易 [J]. 国际贸易 (10)：27-29.

吴桂兰，1994. 北美自由贸易区和欧洲经济区简介 [J]. 东北亚论坛 (1)：
　16-17.

王伶，1994. 试析《北美自由贸易协定》中有关争端解决机制的特点 [J].
　法商研究 (中南政法学院学报) (3)：80-84.

王传龙，2000. 论北美自由贸易协定对墨西哥经济发展的影响 [J]. 拉丁
　美洲研究 (4)：59-60.

王晓德，2001. 对北美自由贸易区批评的评析 [J]. 世界经济与政治 (8)：
　38-42.

王翠文，2004. 签订北美自由贸易协定以来墨美关系的复合相互依赖分析
　(一) [J]. 拉丁美洲研究 (6)：53-54.

王翠文，2005. 签订北美自由贸易协定以来墨美关系的复合相互依赖分析
　(二) [J]. 拉丁美洲研究 (1)：64-66.

魏卿，2005. 从 NAFTA 和 MAI 的视角看投资协定中的环境规则 [J]. 经济
　经纬 (1)：147-149.

王学东，2019. 从《北美自由贸易协定》到《美国-墨西哥-加拿大协定》：
　缘起、发展、争论与替代 [J]. 拉丁美洲研究 (1)：1-22.

魏红霞，2019.《美国-墨西哥-加拿大协定》谈判中的各方利益博弈 [J].
　拉丁美洲研究 (2)：44-56.

万军，2019.《美国-墨西哥-加拿大协定》对北美三国投资的影响 [J].
　拉丁美洲研究 (2)：1-24.

晓渔，1994 北美自由贸易协定实施后的评估 [J]. 国际问题研究 (4)：
　40-43.

向宠，1997. 北美自由贸易协定对墨西哥政治的影响：国际政治经济学的
　分析 [J]. 拉丁美洲研究 (3)：31-36.

徐世澄，1998. 北美自由贸易协定的进展和问题 [J]. 拉丁美洲研究 (1)：
　30-32.

杨仲林，1993. 北美自由贸易协定 (概要) [J]. 国际经济评论 (9)：37-48.

杨斌，1993. 北美自由贸易协定对世界经济的影响 [J]. 拉丁美洲研究

（2）：8-10.

叶兴平，2002.《北美自由贸易协定》投资争端解决机制剖析 [J]. 法商研究（5）：129-135.

叶兴平，2002.《北美自由贸易协定》对多边国际投资立法的影响 [J]. 深圳大学学报（人文社会科学版）（3）：27-33.

杨志敏，2004. 墨西哥加入北美自由贸易协定10年历程评价 [J]. 拉丁美洲研究（4）：26-32.

叶兴平，2006. 国际争端解决机制的最新发展：北美自由贸易区的法律与实践 [M]. 北京：法律出版社.

叶兴国，陈满生，2011. 北美自由贸易协定 [M]. 北京：法律出版社.

殷敏，2019.《美国-墨西哥-加拿大协定》投资者-国家争端解决机制及其启示与应对 [J]. 环球法律评论（5）：160-174.

杨幸幸，2019.《美国-墨西哥-加拿大协定》金融服务规则的新发展：以GATS与CPTPP为比较视角 [J]. 经贸法律评论（4）：45-58.

张忠如，1993. 谈北美自由贸易区的形成和影响 [J]. 世界经济与政治论坛（2）：2-4.

宗和，1993. 世界经济区域集团化的新发展：评北美自由贸易协定 [J]. 亚太研究（2）：11-17.

张嵛青，1994. 北美自由贸易协定与关贸总协定之间的关系 [J]. 法学评论（3）：83-85.

郑成思，1994. 北美自由贸易协定与该地区知识产权法 [J]. 国际贸易（5）：16-19.

周忠菲，1995. 北美自由贸易协定的实施及其影响 [J]. 世界经济研究（6）：14-17.

张勇，李阳，2005. 北美自由贸易协定对墨西哥农业的影响 [J]. 拉丁美洲研究（2）：34-38.

张学良，2005. 新区域主义在北美自由贸易区的应用 [J]. 世界经济研究（7）：26-30.

朱雅妮，2008. 北美自由贸易协定货物贸易原产地规则探析：兼谈对中国-东盟自由贸易区原产地规则的启示 [J]. 求索（8）：146-148.

中国社会科学院世界经济与政治研究所国际贸易研究室，2016. 跨太平洋伙伴关系协定文本解读 [M]. 北京：中国社会科学出版社.

张庆麟，钟俐，2019. 析《美国-墨西哥-加拿大协定》之 ISDS 机制的改革：以东道国规制权为视角 [J]. 中南大学学报（社会科学版）（4）：41-50.

张生. 2019. 从《北美自由贸易协定》到《美国-墨西哥-加拿大协定》：国际投资法制的新发展与中国的因应 [J]. 中南大学学报（社会科学版）（4）：51-61.

周念利，陈寰琦，2019. 基于《美国-墨西哥-加拿大协定》分析数字贸易规则"美式模板"的深化及扩展 [J]. 国际贸易问题（9）：1-11.

AUDLEY J J, 1997. Green politics and global trade：NAFTA and the future of environmental politics [M]. Washington DC：Georgetown University Press.

ALLEN L, 2018. The greening of US free trade agreements：from NAFTA to the present day [M]. London：Routledge.

ALSCHNER W, RAMA P, 2019. How much of the transpacific partnership is in the United States-Mexico-Canada agreement [R]. Ottawa：Ottawa Faculty of Law Working Paper.

ANYUL M P, LIONELLO F P, et al., 2001. Mexico beyond NAFTA [M]. London：Routledge.

ACKERMAN F, et al., 2003. Free trade, corn, and the environment：environmental impacts of US-Mexico corn trade under NAFTA [M]. Medford：Tufts University.

ALDANAS G D, 2004. NAFTA：a ten year perspective and implications for the future [R]. Washington DC：Hearing before the Subcommittee on International Economic, Export and Trade Promotion of the Committee on Foreign Relations.

BIERSTECKER T J, DAVID R D, HYBEL A R, et al., 1998. The North American auto industry under NAFTA [R]. Washington DC：Center for Strategy and International Studies (CSIS).

BARROW C, SYLVIE D, MALLEA J, 2003. Globalisation, trade liberalisation, and higher education in North America：the emergence of a new market under NAFTA [M]. Dordrecht：Springer.

BURFISHER M E, LAMBERT F, MATHESON F L, 2019. NAFTA to USMCA：What is Gained [R]. Washington DC：International Monetary Fund.

COOTE B, 1995. NAFTA：Poverty and free trade in Mexico [M]. Oxford：

Oxfam GB.

CLAVEAU G, LEROUX E, 1998. NAFTA on second thoughts: a plural evalua-
tion [M]. Lanham: University Press of America.

CHAMBER E, SMITH P, 2002. NAFTA in the New Millennium [M]. La Jolla:
University of California, San Diego.

CAMERON M A, TOMLIN B, 2010. The making of NAFTA: how the deal was
done [M]. Ithaca: Cornell University Press.

COFFEY P, et al., 2012 NAFTA—Past, present and future (2012 Edition)
[M]. London: Springer.

CIURIAK D, DADKHAH A, XIAO J, 2019. Quantifying the USMCA [R].
Warsaw: GTAP Annual Conference Paper, Warsaw.

DEERE C, ESTY D, et al., 2002. Greening the Americas: NAFTA's lessons for
hemispheric trade [M]. Cambridge: The MIT Press.

DADKHAH A, CIURIAK D, XIAO C, 2019. Evaluating the impact of the
USMCA [R]. Toronto: C. D. Howe Institute Working Paper.

FRANCOIS J F, SHIELLS C R, 1992. Economy-wide modeling of the economic
implications of a FTA with Mexico and a NAFTA with Canada and Mexico
[M]. Darby: DIANE Publishing.

GLICK L A, 1994. Understanding the North American Free Trade Agreement:
legal and business consequences of NAFTA [M]. Boston: Kluwer Law and
Taxation Publishers.

GALLAGHER K, 2000. Free trade and the environment: Mexico, NAFTA, and
beyond [M]. Redwood: Stanford University Press.

GEREFFI G, 2000. The transformation of the North American apparel industry:
is NAFTA a curse or a blessing [R]. Santiago de Chile: United Nations Eco-
nomic Commisssion for Latin America and the Caribean.

GANTZ D A, 2018. The United States–Mexico–Canada Agreement: overview
and analysis [R]. Houston: Baker Institute for Public Policy Report.

GANTZ D A, 2020. The USMCA: Updating NAFTA by drawing on the trans-
pacific partnership [R]. Houston: Baker Institute for Public Policy Report.

HUFBAUER G C, et al., 1993. NAFTA: an assessment [M]. Washington DC:
Peterson Institute for International Economics.

HUFBAUER G C, et al., 2000. NAFTA and the environment: seven years later [M]. Washington DC: Peterson Institute for International Economics.

HAKIM P, LITAN E, et al., 2004. The future of North American integration: beyond NAFTA [M]. Washington DC: Brookings Institution Press.

HURFAUER G C, SCHOTT J, 2005. NAFTA revisited: achievements and challenges [M]. Washington DC: Peterson Institute for International Economics.

HING B O, 2010. Ethical borders: NAFTA, globalization, and Mexican migration [M]. Philadelphia: Temple University Press.

HURFBAUER G, GLOBERMAN S, 2018. The United States-Mexico-Canada agreement: overview and outlook [R]. Vancouver: Fraser Institute.

ITO T, KRUEGER A O, et al., 1997. Regionalism versus multilateral trade arrangements [M]. Chicago: University of Chicago Press.

KOSE M A, MEREDITH G, TOWE C, 2004. How has NAFTA affected the Mexican economy? Review and evidence [R]. Washington DC: International Monetary Fund Working Paper.

KAY T, 2011. NAFTA and the politics of labor transnationalism [M]. Cambridge: Cambridge University Press.

MARTIN P L, 1993. Trade and migration: NAFTA and agriculture [M]. Washington DC: Peterson Institute for International Economics.

MCANT E G, WILKINSON K T, et al., 1996. Mass media and free trade: NAFTA and the cultural industries [M]. Austin: University of Texas Press.

MCKINNEY J A, 2000. Created from NAFTA: the structure, function, and significance of the Treaty's related institutions [M]. London: Routledge.

MARKELL D L, KNOX J H, 2003. Greening NAFTA: The North American commission for environmental cooperation [M]. Redwood: Stanford University Press.

ORME W A, 1996. Understanding NAFTA: Mexico, free trade, and the new North America [M]. Austin: University of Texas Press.

RUGMAN A M, et al., 1994. Foreign investment and NAFTA [M]. Columbia: University of South Carolina Press.

RANDALL S J, KONRAD H W, et al., 1995. NAFTA in transition [M]. Calgary: University of Calgary Press.

RUGMAN A M, et al., 1999. Environmental regulations and corporate strategy: a NAFTA perspective [M]. Oxford: Oxford University Press.

SCHOTT J, et al., 2004. Lessons from NAFTA. Free trade agreements: US strategies and priorities [M]. Washington DC: Peterson Institute for International Economics.

WEILER T, et al., 2005. International investment law and arbitration: leading cases from the ICSID, NAFTA, bilateral treaties and customary international law [M]. London: Cameron.

WILTSE J S, 2003. An investor-state dispute mechanism in the free trade area of the Americas: lessons from NAFTA: Chapter Eleven [J]. Buffalo Law Review. 51 (4): 1145-1198.

WISE C, et al., 2010. Post-NAFTA political economy: Mexico and the Western Hemisphere [M]. University Park: Penn State University Press.

ZAHNISER S, COYLE W T, 2004. US-Mexico corn trade during the NAFTA era: new twists to an old story [R]. Washington DC: US Department of Agriculture Economic Research Service.

ZEPEDA E, GALLAGHER K, WISE T A, 2009. Rethinking trade policy for development: lessons from Mexico under NAFTA [R]. Washington DC: Carnegie Endowment for International Peace Policy Outlook.